JN023700

小中学校家庭科の授業をつくる

5年間を見通すための理論・実践・基礎知識

中西雪夫・小林久美・貴志倫子　共編

学術図書出版社

はじめに

　小学校5年生から始まる家庭科は，高等学校まで必修の教科です。本書は，このうち義務教育である小中学校5年間を見通した家庭科の授業ができるよう，小学校教員および中学校の家庭科教員をめざす学生の皆さんを主な対象として編集したテキストです。

　他教科に比べると履修学年が限られていたり，授業時数が少ないためか，家庭科を「副教科」と呼ぶ人もいるようです。皆さんはこの言葉をどう思いますか？「主要（五）教科」「副教科」の言葉は教育学用語ではなく，受験に必要か否かで教科を分ける受験産業がつくり出した言葉です。受験で課されることが少ない教科は，副え物，というわけです。学校教育に「主要」な教科と「主要ではない」教科があるのでしょうか？　技術革新により，変化が激しく不確かな社会といわれる今日，生きていく上で，子ども達に真に求められるのはどのような学びでしょうか？　家庭科は，その学びにどう貢献しうる教科なのでしょうか？　これらの問いに対し，家庭科教育の意義と重要性を明快に述べて欲しい，次代の義務教育を担う自負と自信をもって家庭科の授業ができる教員になって欲しい，そんな願いをもって本書を編集しました。

　本書は，理論編，実践編，基礎知識編のⅢ部構成になっています。

　第Ⅰ部「家庭科教育の変遷と理論」では，家庭科のこれまでと現在，そしてこれからに分けて，教科の課題と展望を俯瞰できるようにしました。家庭科はどのようなイメージで捉えられているか，学校教育の中でどのように成立し，位置づけられてきたか，そして現代の諸課題に対して果たす役割は何か，学校教育で家庭科を学ぶ意義を考えるための情報を提供しました。

　第Ⅱ部「家庭科の授業設計とその実践」では，授業の計画から実施までの基本的手順と留意事項とともに，教育実習や研究発表会など様々な授業研究を通じて実践された学習指導案やワークシートを掲載しました。具体的な事例を参考にして授業を構想しやすいようにしています。

　第Ⅲ部「教材研究・授業づくりのための基礎知識」では，授業構想に欠かせない教材研究に役立つよう，学習内容に関する用語の定義や，事象の基本原理や仕組み，学習のポイント，小中学校の内容の系統などを解説しています。

　巻末には，家庭科に関する出来事の年表や学習指導要領の変遷を資料としてまとめました。また，大学のオンライン講義でも使えるよう，書き込んで自習もできるワークを付しました。

　執筆者一同，本テキストが，家庭科授業の充実の一助となることを願っています。

　最後に，本テキストの出版にあたって，学術図書出版社の杉浦幹男氏，石黒浩之氏には大変お世話になりました。また，小学校、中学校で家庭科の指導に携わる多くの先生方に貴重な授業実践例をご提供頂きました。この場を借りてお礼を申し上げます。

2023年3月

編集者　中西　雪夫

小林　久美

貴志　倫子

も く じ

第Ⅰ部
家庭科教育の変遷と理論

あなたは家庭科に対してどのようなイメージを持っていますか？　そのイメージの由来は何にあるのでしょう？　第Ⅰ部では家庭科という教科の本質について探ります。そのために，現在の家庭科の実態，これまでの家庭科の変遷，これからの家庭科が目指す方向について解説しています。家庭科を学ぶ意義について改めて考察してみましょう。家庭科という教科の見方が変わるかもしれません。

第1章

家庭科のイメージ

第1節　小・中学生にとっての家庭科

1. 家庭科は未だに女子のイメージ？

　1947（昭和22）年に設置された家庭科は，女子だけで学ぶ教科でないとされ始まってはいるものの，長い間中学校・高等学校では女子だけが学習し，女子が学ぶ教科としてのイメージが強かった。中学校・高等学校での家庭科が男女必修になったのは平成に入ってからのことである。その後，1999（平成11）年には，社会の動きとして男女共同参画基本法が制定され，家庭生活においても，男女相互の協力と社会の支援の下に，子の養育，家族の介護その他の家庭生活における活動について家族の一員としての役割を円滑に果たすことが掲げられた。家庭科が男女共修になってから30年ほど，また，男女共同参画基本法成立から20年ほど経った現在，家庭科のイメージは変わったのだろうか。

　マテル・インターナショナル株式会社が2021年に実施した調査では，小学生の保護者の51.9％が「算数」に男子のイメージ，75.8％が「家庭科」に女子のイメージを持っているという。また，小学生の方は，彼らの半数以上が教科に対するジェンダーイメージが薄らいでいて，ほとんどの教科で「どちらのイメージもない」と回答したにもかかわらず，「家庭科」においては40％以上が女子のイメージと回答している。保護者ほどの根強さは感じられないが，未だに女子のイメージが残っている教科だといえる。

2. 家庭科は好きですか

(1) 好きでも嫌いでもない教科？

　小学生にとって家庭科は，好きでも嫌いでもない教科である。2021年の小学生白書によると，好きな教科の第1位は20.0％の児童が選んだ「算数」で，10位が1.1％の「家庭科」であった。一方，嫌いな教科をみても第1位は24.6％の「算数」で，「家庭科」は11位であり僅か0.3％の小学生が嫌いと回答した。中学生白書においても，好きな教科の1位「数学」（22.7％），9位「技術・家庭」（1.3％），嫌いな教科の1位「数学」（24.5％），9位「技術・家庭」（1.8％）と同様の傾向が示されている。これらの結果を見ると算数は好き嫌いが分かれ，家庭科は特別好きでもないが嫌いでもない教科となっている。

(2) 役に立つ教科

この好きでも嫌いでもない家庭科について，小学生は，「役に立つ」と思っていることもわかっている。全国小学校家庭科教育研究会が実施した全国調査では，家庭科の学習が将来「役立つ」と回答した5年生は97%，6年生は96%もいた。さらに，家庭生活に「役立っている」と回答したのは5年生89%，6年生87%となり，ほとんどの小学生が家庭科を役立つと思っている。また，同調査では，家庭科が好きとの回答は5年生87%，6年生82%であり，先に述べた順位づけでは1番に選ばれなかったが，教科そのものを好き嫌いでいえば，ほとんどの小学生は家庭科が好きなのである。

3. 子どもの家事時間および家庭科の学習

子どもが家事を行う時間は少なく，平成28年社会生活基本調査によれば，10歳以上の小学生の家事時間は一週間平均で男子1日2分，女子4分，中学生では男子3分，女子4分である。このような少ない時間から想像しても自分の仕事として継続的に行っている小中学生は少ないと考えられるが，先に述べた全国小学校家庭科教育研究会が実施した全国調査では，家庭で実践している家事，実践したことのある家事があることもわかっている（表1-1-1）。

また，「包丁を使う」，「針を使う」，「ゆでる」，「ボタン付け」，「ミシンを使う」など家庭科の学習をしてできるようになったことも多くあった。表1-1-1は5年生のものだが，6年生も同じ傾向にあるという。家庭での生活値ではなく，家庭科を通じてできるようになったことが，このようにたくさんあるなら，今は実践につながっていなくても，将来自立した生活を送ることができるであろう。生活する上で必要な基礎的な力は，男女に関係なく，生きるために必要な力である。そのためにも女子の教科というイメージを少しでも払拭し，だれもが家庭で実践したいと思える家庭科の授業を展開する必要がある。

表 1-1-1　できるようになったことと実践

上段：家庭科の学習をしてできるようになったこと（%）
下段：家庭で実践していること（%）

	よく	わりと	あまり	全く
包丁を使う	64	26	7	3
	44	29	20	7
衣服の調節	60	27	10	3
	59	23	12	5
ガスコンロを使う	59	31	7	2
	38	28	23	10
針を使う	57	28	12	3
	24	21	33	22
ゆでる	55	29	11	5
	30	27	30	12
ご飯・みそ汁を作る	54	29	12	5
	37	28	24	11
いためる	52	27	13	7
	35	27	26	12
ミシンを使う	52	30	13	5
	18	18	31	33
清掃	50	35	13	2
	41	33	21	5
ボタン付け	48	30	17	5
	21	18	34	27
整理・整頓	48	34	14	3
	46	32	17	5
音の出し方	44	35	15	6
	42	31	18	9
協力して生活	41	40	15	4
	36	33	22	9
買い物	41	40	15	4
	32	32	25	12
売買契約	39	37	17	7
	32	31	24	13
環境に配慮	34	44	17	5
	33	34	24	9
手洗い洗濯	26	32	27	15
	14	21	32	32

教育家庭新聞．（2021）．全国小学校家庭科教育研究会全国調査より作成

参考文献

学研教育総合研究所．（2020）．中学生白書

学研教育総合研究所．（2021）．小学生白書

教育家庭新聞．（2021）．https://www.kknews.co.jp/post_library/20210920_6a，閲覧日 2022.8.2

マテル・インターナショナル株式会社．（2021）．https://prtimes.jp/main/html/rd/p/000000346.000012996.html，閲覧日 2022.8.2

第2節　学生・社会人・教員が考える家庭科

　義務教育を終えた高校生，またその先の主体的に生活を送っている社会人は，学習してきた家庭科をどのように捉え，どのように評価しているのだろうか。

1. 高校生・社会人の家庭科の評価

(1) 高校生の家事時間と生活の状況

　2016（平成28）年の社会生活基本調査の家事時間は，1週間平均で男子高校生5分，女子高校生7分となっており，小学生，中学生，高校生と学校段階が上がるにつれ，少しずつ家事時間は増加しているものの，生活の状況をみると，また自己管理さえできていない生徒も存在する。日本家庭科教育学会が行った高校生を対象とした全国調査（2016-2017）によると，「ボタンがとれたときに，自分でボタンをつける」ことを「あまりしない」，「しない」という生徒が57.5%，「商品を選ぶときは品質表示を確認する」が51.3%，「包丁やフライパンなどを使って食事をつくる」が49.8%，「食事はバランスを考えて食べている」が37.8%など，これらが「していない」上位の項目として報告された。

(2) 高校生が家庭科で身につけたこと

　同調査によると，家庭科を学習したことによる変化は図1-2-1のようになっている。身についたこととして，「生活に関する基礎的な知識や技能が身についた」がもっとも多く92%，次に，「家庭生活は男女が協力して営むものであると考えるようになった」，「幼児やお年寄り，障がいのある人への理解が深まった」「将来のことやこれからの人生について考えるようになった」「子育ての意義と親の役割について考えられるようになった」と続いている。まだ自己管理ができない生活状況の生徒もいる中で，家庭科の学習によって，男女が協力して生活を送る必要性や自分の人生設計など，しっかりと将来を見据えることができていると捉えられる。

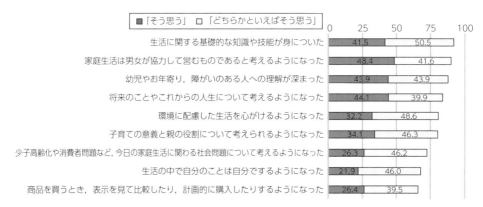

野中美津枝, 鈴木真由子. （2019）. 高校生調査調査の概要. 日本家庭科教育学会（編），
未来の生活をつくる　家庭科で育む生活リテラシー（p.13）明治図書より作成

図 1-2-1　高校生の家庭科を学習したことによる変化（%）

(3) 家庭科を学習してよかった

　日本家庭科教育学会が行った社会人を対象とした全国調査（2016-2017）によると，高等学校で家庭科を学習した社会人の95％が学習して「よかった」と言い男女に差はない。ただし，その理由をみると，男性は自分自身の生活を支える力として家庭科が役に立っていることを理由とし，女性は子育てや家族のために学習したことを生かせたことや自分自身のキャリア形成に役に立っていることを理由としている。男女の理由に多少の差はあれども，社会人は，自分自身が主体的に生活を送り，子育てや介護などの経験をしている。その経験を踏まえて，改めて家庭科の学習意義を感じているようである。

2. 家庭科に望むこと

(1) 高校生・社会人の希望

　高校生の全国調査では，高校生が家庭科の授業に何を望んでいるかについては，食生活58.8％，衣生活12.9％，家族・家庭生活10.8％となり，食生活に関する授業が挙がっている。また，授業形態については，実習が73.0％と高い。内訳をみても77.1％の高校生が調理実習を希望している。社会人の方は，衣食住の知識と技術の習得をもっとも重視したい家庭科の学習としているが，それに劣らず，家族や家庭生活，子どもや高齢者，社会福祉などについての理解も重要としている。

(2) 家庭科教師が考えていること

　家庭科は，学習内容が多岐にわたることや，実習や実験をはじめ校外学習，調べ学習，ロールプレイング，課題解決，ディベートなど学習方法が多様であることで，教員の準備に時間がかかる。さらに，片付けや個別指導などの回収にも多くの時間や労力を要する。

表 1-2-1　家庭科教師が工夫していること

体で学習をしてほしいと思い，実習を減らすことなく実施している
できる限り実習をいれたり，PC，電子黒板を効率よく利用している
生徒たちにさまざまな体験をさせることが欠かせないと考えている
やってみる時間がとれるように題材設定を工夫している
授業以外で保育体験などの課外活動を実施している
実生活に生かせるように，できるだけ実施する機会を作っている

鈴木民子．(2019)．コラム1 家庭科教員の声．日本家庭科教育学会（編），未来の生活をつくる　家庭科で育む生活リテラシー（p.26）明治図書より作成

そのような中であっても家庭科教師は，表1-2-1に示したように実際にやってみることを大切にして授業を運営している。学習指導要領にも実践的・体験的とあるように，家庭科は，やってみることを通して理解され，将来の役に立つものとなると考えられているからである。

　授業を効果的に行うために家庭科教師は何を求めているのだろうか。家庭科教師が求めているものには，家庭科の授業時間の増加，少人数制授業の実施，Ｔ・Ｔ（チーム・ティーチング）を実践するための教員数の増加などが挙げられており，それらによって，より充実した体験的な授業を展開したいと考えている。

第2章

家庭科教育の今

第1節　家庭科の法的位置づけ

1. 教科「家庭」の成立

　家庭科教育の学修にあたり，まず，その位置づけを確認しておこう。

　学校教育における各教科は，教育基本法第5条2項に示される義務教育の目的の実現，すなわち「各個人の有する能力を伸ばす」，「社会において自立的に生きる基礎を培う」，「国家及び社会の形成者として必要とされる基本的な資質を養う」ために設定されている。各教科は，学問体系や社会的（特に国家的）要請，心理的要請などに基づき成立する[1]といわれ，教科「家庭」は，第3章で詳述するように，第二次世界大戦後の教育改革という社会的要請を受け，家政学を主な背景学問として成立した。

　教科「家庭」は，学校教育法施行規則に定められ，一般に「家庭科」と呼称される。義務教育では，小学校の「家庭」と中学校「技術・家庭」の家庭分野を指し，学校教育法第21条に挙げられた普通教育の目標のうち，第4項に関連する教科である。

資料 **2-1-1**　学校教育法（抜粋）（令和4年6月22日改正）

第21条　義務教育として行われる普通教育は，教育基本法（平成18年法律第120号）第5条第2項に規定する目的を実現するため，次に掲げる目標を達成するよう行われるものとする。
1　　学校内外における社会的活動を促進し，自主，自律及び協同の精神，規範意識，公正な判断力並びに公共の精神に基づき主体的に社会の形成に参画し，その発展に寄与する態度を養うこと。
2　　学校内外における自然体験活動を促進し，生命及び自然を尊重する精神並びに環境の保全に寄与する態度を養うこと。
3　　我が国と郷土の現状と歴史について，正しい理解に導き，伝統と文化を尊重し，それらをはぐくんできた我が国と郷土を愛する態度を養うとともに，進んで外国の文化の理解を通じて，他国を尊重し，国際社会の平和と発展に寄与する態度を養うこと。
4　　家族と家庭の役割，生活に必要な衣，食，住，情報，産業その他の事項について基礎的な理解と技能を養うこと。
5　　読書に親しませ，生活に必要な国語を正しく理解し，使用する基礎的な能力を養うこと。
6　　生活に必要な数量的な関係を正しく理解し，処理する基礎的な能力を養うこと。
7　　生活にかかわる自然現象について，観察及び実験を通じて，科学的に理解し，処理する基礎的な能力を養うこと。
8　　健康，安全で幸福な生活のために必要な習慣を養うとともに，運動を通じて体力を養い，心身の調和的発達を図ること。
9　　生活を明るく豊かにする音楽，美術，文芸その他の芸術について基礎的な理解と技能を養うこと。
10　　職業についての基礎的な知識と技能，勤労を重んずる態度及び個性に応じて将来の進路を選択する能力を養うこと。

小学校教育は，「義務教育として行われる普通教育のうち基礎的なもの」（学校教育法第29条），中学校教育は，「小学校における教育の基礎の上に，心身の発達に応じて，義務教育として行われる普通教育」（学校教育法第45条）を施すことが目的であると規定される。ここから，小学校「家庭」では，中学校の「技術・家庭（家庭分野）」へとつなぐ基礎的な事項の習得が，中学校「技術・家庭（家庭分野）」では，義務教育で求められる基礎的な能力の確実な習得が求められていると理解されよう。義務教育で身につけた基礎的な能力は，高等学校「家庭」での，心身の発達や進路に応じた高度な普通教育及び専門教育の素地になる。では，具体的な教科の構造や系統はどのようになっているのか，次項で確認していこう。

2. 教科「家庭」の枠組み

(1) 学習指導要領とは

　学習指導要領は，学校教育における教育課程の基準を定めたもので，文部科学省によって告示される。学習指導要領に基づく教育の標準化は，全国的な教育水準の維持や教育の機会均等の保障を行う意味がある。社会の要請や求められる学力観の変化をうけ，およそ10年おきに改訂されてきた。2017（平成29）年に告示された小学校，中学校の学習指導要領および2018（平成30）年告示の高等学校の学習指導要領では，各教科等の目標や内容の構造が「育成すべき資質・能力」をふまえ整理された。

　学習指導要領は大綱的に示されたものである。その意味内容を理解するにあたっては，これまでの改訂の変遷をふまえるとともに，学習指導要領に影響を与えてきた社会の動向や，教科の背景となる学問の成果等に照らし解釈していくことが必要である。

> コラム　教科書検定制度
> 　日本では，学習指導要領は，教科書編成の基準でもある。現在，家庭科では，小学校2社，中学校3社の検定済教科書から教育現場（自治体の教育委員会等）が使用する教科書を選択する。
> 　基準の中で，各社，特徴ある題材の工夫や教材の選定がなされている。内容ごとに各教科書会社の取り扱いを比較してみよう。

(2) 学習指導要領における「家庭」

　下図は，学習指導要領に示される各学校段階の家庭科の目標の前文である。

小学校家庭	生活の営みに係る見方・考え方を働かせ，衣食住などに関する実践的・体験的な活動を通して，生活をよりよくしようと工夫する資質・能力を次のとおり育成することを目指す。
中学校 技術・家庭（家庭分野）	生活の営みに係る見方・考え方を働かせ，衣食住などに関する実践的・体験的な活動を通して，よりよい生活の実現に向けて，生活を工夫し創造する資質・能力を次のとおり育成することを目指す。
高等学校家庭	生活の営みに係る見方・考え方を働かせ，実践的・体験的な学習活動を通して，様々な人々と協働し，よりよい社会の構築に向けて，男女が協力して主体的に家庭や地域の生活を創造する資質・能力を次のとおり育成することを目指す。

図 2-1-1　学習指導要領（平成29，30年告示）における家庭科の目標

目標の前文から，学習指導要領において家庭科は，小学校から高等学校まで一貫して「生活の営みに係る見方・考え方」を働かせ，「実践的・体験的な活動」を学習の手段として，よりよい生活や社会のために生活を工夫，創造できる資質・能力を育成する教科だと位置づけられていることがわかる。同時に，小中学校では衣食住などに関する身近な生活，高等学校では人々との協働や男女の協力による主体的な生活の創造など，キーワードとなる語句が，各学校段階で書き分けられている。このことは，目標の前文に続く，「知識・技能」「思考力・判断力・表現力」「主体的に学習に向かう態度」に係る資質・能力の目標にも言える。個人，家庭から地域，社会へという空間軸や，現在の生活から，今後の生活を展望したり生涯を見通したりする時間軸で学習の系統が明示されている。授業の設計にあたって，各学校段階の目標や内容の記述を比較検討しておきたい。

　家庭科の内容は，各学校段階に共通して A 家族や家庭生活に関すること，B 衣食住の生活に関すること，C 消費生活・環境に関することに大別される（表 2-1-1）。これらの内容に係る生活事象を，「生活の営みに係る見方・考え方」，具体的には，「協力・協働」「健康・快適・安全」「生活文化の継承・創造」「持続可能な社会の構築」等の視点から捉え，考えたり試したりさせたい。そのために授業では，「生活の課題発見」によって学習の課題を設定し，「解決方法の検討と計画」を経て，「課題解決に向けた実践活動」を行い，「実践活動の評価・改善」を行うことで「家庭・地域での実践」につなぐ学習過程を大切にしたい。なお家庭科では，表2-1-1 中の下線に示すように，全ての学校段階で，個々の生活の課題に対して，テーマを設定して実践し，評価，改善を行うプロジェクト学習が内容の項目として挙げられている。このことからも，教科の最終的な目標は，知識・技能の習得だけでなく，より汎用的な課題解決力とそれに向かう実践的態度の育成にあることを強く意識して欲しい。

表 2-1-1　学習指導要領（平成 29，30 年告示）における家庭科の学習内容

小学校「家庭」	中学校「技術・家庭（家庭分野）」	高等学校「家庭基礎／家庭総合※」
A　家族・家庭生活 (1) 自分の成長と家族・家庭生活 (2) 家庭生活と仕事 (3) 家族や地域の人々との関わり (4) <u>家族・家庭生活についての課題と実践</u>	**A　家族・家庭生活** (1) 自分の成長と家族・家庭生活 (2) 家庭生活と仕事 (3) 家族や地域の人々との関わり (4) <u>家族・家庭生活についての課題と実践</u>	**A　人の一生と家族・家庭及び福祉** (1) 生涯の生活設計 (2) 青年期の自立と家族・家庭 　／青年期の自立と家族・家庭及び社会 (3) 子供の生活と保育 　／子供との関わりと保育・福祉 (4) 高齢期の生活と福祉 　／高齢者との関わりと福祉 (5) 共生社会と福祉
B　衣食住の生活 (1) 食事の役割 (2) 調理の基礎 (3) 栄養を考えた食事 (4) 衣服の着用と手入れ (5) 生活を豊かにするための布を用いた製作 (6) 快適な住まい方	**B　衣食住の生活** (1) 食事の役割 (2) 調理の基礎 (3) 栄養を考えた食事 (4) 衣服の着用と手入れ (5) 生活を豊かにするための布を用いた製作 (6) 快適な住まい方 (7) <u>衣食住の生活についての課題と実践</u>	**B　衣食住の生活の自立と設計** 　／衣食住の生活の科学と文化 (1) 食生活と健康／食生活の科学と文化 (2) 衣生活と健康／衣生活の科学と文化 (3) 住生活と住環境／住生活の科学と文化
C　消費生活・環境 (1) 物や金銭の使い方と買物 (2) 環境に配慮した生活	**C　消費生活・環境** (1) 物や金銭の使い方と買物 (2) 環境に配慮した生活 (3) <u>消費生活・環境についての課題と実践</u>	**C　持続可能な消費生活・環境** (1) 生活における経済の計画 (2) 消費行動と意思決定 (3) 持続可能なライフスタイルと環境
	A(4)，B(7)，C(3) から一つ以上を選択履修。	**D** <u>ホームプロジェクトと学校家庭クラブ活動</u>

※「／」の後ろは家庭総合の内容を示す。「／」のない内容は家庭基礎と共通。
　下線は，筆者。生活の課題に対するプロジェクト学習の内容を示す。

(3) 学習指導要領の枠組みの中での学校・教師の裁量

　以上みてきたように，日本の場合，学習指導要領の枠組みで，教科の総授業時数，学習内容，教科書編成等が標準化されている。学習指導要領に示される家庭科の標準授業時数は表2-1-2のとおりである。その中で，学校や教師にはどんな裁量があるだろうか。

表2-1-2　学習指導要領（平成29，30年告示）における家庭科の標準授業時数・単位数

学校段階	教科科目名	標準時間数・単位数[※]
小学校	家庭	5年生　60時数／年　6年生　55時数／年
中学校	技術・家庭	1年生　70時数／年　2年生　70時数／年 3年生　35数／年
高等学校 （各学科に共通する教科 2科目から1つを必履修）	家庭基礎	2単位
	家庭総合	4単位

※小学校の1単位時間は45分，中学校，高等学校の1単位時間は50分。

コラム　小学校家庭科，なぜ5，6学年のみに？

　理由として1956（昭和31）年の学習指導要領に示されるのは，次の三つである。第一に，家庭生活の諸事象を論理的に追究したり，因果関係を分析・判断したりする知的発達段階に到達していること，第二に，家庭生活の技能習得にかかる手指の巧緻性が発達していること，第三に，家庭生活についての系統的・総合的な理解や技能習得のため，他教科での学習事項を活用する能力が必要なこと。これらの理由を今日の状況に照らして解釈し，家庭科の役割を確認しよう。

　まず，授業計画や時間割など授業時数の配分は，学校や教師に委ねられる。学習内容の時数配分や順番は，各学校の年間指導計画として教科書の指導書等を参考に，学校裁量で作成する。時間割は，小学校であれば45分2枠（90分）としたり，15分を授業単位（1モジュール）とすることも可能である。計算や漢字，外国語の習得などで広く取り組まれているのと同様，たとえば，手縫いや包丁の扱いなど基礎技能の習得に，毎朝1モジュールを3日間集中的に配する工夫なども考えられる。

　授業時数の他，授業担当者（教科専科やチームティーチング）や具体的な題材構成，教材，学習方法の選択，学習空間（教室や特別教室，校外施設）等の決定も，学校現場の裁量である。子どもの実態や地域の資源に応じ，オーダーメイドで学習の内容や環境を采配していくことこそ，専門職としての教師に求められる力である。家庭科の実習・実験等では，空間や，調理器具・ミシン等の物的資源，実習補助などの人的資源が必要となる。よりよい教育環境のために，裁量を積極的に生かしたい。

　さらに，日々の教育実践を通じ，家庭科の枠組みそのものを含む学習指導要領や教育環境に改善の余地を見いだした場合，所属長や教育委員会，文部科学省，あるいは教科書会社など関連機関に対し，要望や意見を言うことができる。教師自身が批判的思考をもって学習指導要領をとらえ，個人として，あるいは学会や研究会等の組織を通じ，改善に向けた働きかけをしていくことが大切である。

引用文献
1) 安彦忠彦．（2009）．学校教育における「教科」の本質と役割．学校教育研究，24，20-31．

第2節　家庭科教育の意義と独自性

1. 家庭や社会との関わりにおける家庭科教育の意義

（1）家庭教育と家庭科教育

　家庭科教育は，家庭教育と混同されがちである。両者は本来どのような関係にあり，家庭科教育の意義とは何であろうか。

　家庭は，子どもにとって最も身近な生活の場であり，教育の場でもある。家庭科教育は，学校教育の一教科として，基本的生活習慣や日常生活を営むためのマナーなどを育む家庭教育を基盤として行われる。家庭教育と家庭科教育は，子どもの成長と幸福，社会的自立を願う点で共通の目的をもち，生活能力を身につける教育内容の面でも共通項がある。ただし，その担当者や方法には多くの相違点がある（表2-2-1）。家庭科教育は家庭教育に比べ，より計画的，意図的に生活に必要な力を身につけさせる。例えば，○○の仕方（○○には，調理，清掃，洗濯，買い物など家庭の仕事を入れることができる）を教える場合を考えてみよう。家庭教育では多くの場合，保護者が日常的に行っている方法が伝授され，子どもが再現できるようになれば目的達成とみなされる。家庭科教育も，○○の仕方に関わる知識・技能を身につけ，できるようになることは目的の一つである。加えて，○○の仕方に含まれる原理や原則の科学的根拠を探究したり，他者との交流により各々の家庭の方法が唯一でなく，異なる生活の価値に照らした多様な選択肢があることに気付いたり，それらを吟味してよりよい方法を創意工夫したりして，より汎用的な資質・能力の獲得を目指す。この点において，家庭科教育は，家庭教育とは明確に異なる。

　家庭科教育は，機能が低下したと指摘される家庭教育の単なる代替ではない。家庭教育と対立するのでも，同化するのでもなく，相互に連携をはかり，子どもに批判的・論理的思考，課題設定と課題解決の力を育み，よりよい生活を創造しようとする態度形成を促す教育活動である。家庭科教育の意義は，科学的知見と学校教育の使命に基づき，今を生きる子どもが自らの

表2-2-1　家庭教育と家庭科教育の違い

	家庭教育	家庭科教育（小学校）
対象	家庭に属する一人または少人数の子	同年代（5，6学年）の多人数の子
担当者	保護者（父母，祖父母など）：一般に家庭教育に関する専門教育を受けることはない	教員（学級担任，専科など）：家庭科教育に関する一定の専門教育を受けた有資格者
計画性	低く，状況や必要に応じ適宜行われる	学習指導要領に示される教育課程に基づき時数，実施時期の年間指導計画を立てて実施される
方法	家族等との触れ合いを通して行う，経験に基づく習慣的な行動様式の伝達	実践的・体験的活動を通して行う，理論と実践の蓄積に基づく科学的な知識・技能の伝達と思考判断，態度形成
内容	基本的生活習慣，生活能力，人に対する信頼感や思いやり，情操，自尊心・自立心，基本的倫理観，社会的なマナー　等	家族・家庭生活，衣食住生活，身近な消費生活と環境に関する内容
質・量	保護者の価値判断，経済力等により多様個に応じた柔軟な対応	発達に応じ標準化された教科書等の教材／教具や教育目的の施設／設備によって一定程度の質・量を確保（ただし教員の解釈，指導力により多様）限定的な個別対応
評価	一般的に評価は行われない	評価規準の設定による到達度評価

注）家庭教育については，文部科学省「子どもたちの未来を育む家庭教育」http://katei.mext.go.jp/index.html を参考に作成

生活の基盤や暮らしのあり方に目を向ける機会を提供し，現状を受け入れるだけでなく，より
よい生活を問い，自ら選び取っていける生活実践者として子どもを育成することにある。

（2）家庭科教育への期待

　経済成長が必ずしも社会の発展や生活の満足感につながっていないのではないかとの国際的
課題を背景に，幸福度を測る指標研究が進んでいる。経済開発協力機構（OECD）の「よりよ
い暮らし指標（better life index）」は，住宅や雇用，所得など物質的な生活条件と，社会的な
つながりや教育，環境，ワークライフバランス，主観的幸福など生活の質を含む 11 項目から
捉えられている。日本の幸福度指標は，家計の所得や資産，就業率の安定など経済的資本や，
教育による高い認識能力，平均寿命の長さなどが，他国に比べて恵まれた状況にある。他方，
住宅の条件や環境の質，相対的所得貧困の割合，社会的支援の欠乏，性別による仕事時間の差，
主観的満足度や健康状態の認識などの指標で OECD 平均を下回っており，幸福度を下げる要
因と評価されている。同調査では子どもの幸福度も指標化しており，日本の子どもは OECD
加盟国と比較し，読解力や問題解決能力など学力は最高水準にある一方，貧困の割合が高く，
親と過ごす時間が大幅に少ないことが明らかにされている。こうした幸福度調査から見えてく
るのは，日本の社会的課題とされる住まいの条件や環境の保全，個人の生活や家族との関わり
など，多くが家庭科教育の学習内容に関連する，ということである。

　幸福に関する教育界の論考では，教育哲学者ネル・ノディングスの議論が注目される。ノディ
ングズは，これまで学校教育が，企業社会同様，統制と支配，競争などの男性原理で構成され
てきたと指摘し，その対抗原理として，専心没頭する関係性を築くという意味をもつケアリン
グ概念で教育を再生することを提起している [1]。『幸せのための教育』（原題 Happiness and
Education）で，個人生活における幸せの要因を，家庭を築くこと，郷土と自然を愛すること，
親業，そして個人の能力と対人関係の発達 [2] と整理して，学校教育の役割を考察している。
アメリカの学校事情を念頭においたノディングズの指摘を，日本の教育に照らして読み解くと，
多くの部分で，これまで家庭科教育が担ってきた役割を，その限界や課題も含め学校全体の教
育原理として再構築しようとする提案と解釈できる。

　日本では，グローバル社会に対応できる人材育成という側面から，学力向上はもとより，伝
統文化や道徳の強化，外国語や ICT スキル習得に焦点を当てた教育改革が進められてきた。

　道徳の教科化の議論に対し，鷲田清一は，学校と並び子どもの教育の場であった地域から子
どもに関わる多様な大人がいなくなったとし，その理由に，子どもを産むのは病院，料理をす
る人も減って，魚を捌ける人はほとんどいないなど，全てプロに任せるだけの生活になったこ
とを挙げ「人々が自分たちの手で命の世話をしなくなった」[3] と論じている。その再生の契機
として，家庭科の教科書に言及し，「現代社会におけるモラルそのもの，生きるために，命を
守るために必要なことが書かれている」と，求められる道徳教育の入り口として家庭科が重要
な教科であると指摘している。

　さらに家庭科教育への期待を考える上で触れたいのが，人工知能（AI）の可能性を研究し，
2011 年から国立情報学研究所で「AI ロボットは東京大学に合格できるか」プロジェクトを率

いた新井紀子の指摘である。新井は，同プロジェクトの成果と限界を挙げた上で，AI 時代には，AI が苦手とし人間が優位に立てること，すなわち物事の意味を考える読解力を有した子どもの育成が必要であると警鐘を鳴らしている。「重要なのは柔軟になることです。人間らしく，そして生き物らしく柔軟になる。（中略）意味を考えることです。生活の中で，不便に感じていることや困っていることを探すのです。」[4] と述べ，AI に代替されない仕事として，作り手のストーリーを有した手仕事による洋服やセーターなどのモノづくり，汚部屋整理コンサルタント，シェアリングを前提としたアパート経営など，楽しく，人間らしく，誇りを持って生活できるような仕事，個別具体の生活課題を解決していくような仕事の可能性を挙げている。

　子どもの幸せに真に求められる教育，よりよい生活やキャリア獲得のために人間にしかできない思考や行動を促す教育とは？　こうした問いを家庭科教育に寄せられる期待と捉えたい。

2．背景学問との関わりにおける家庭科教育

　家庭科教育の成立に関わる社会的要請とともに，学問体系の面から教科の意義をみてみよう。

　家庭科は，「家庭生活を中心とした人間生活における人間と環境の相互作用について，人的・物的両面から，自然・社会・人文の諸科学を基盤として研究し，生活の向上とともに人類の福祉に貢献する実践的総合科学」と定義される家政学を背景学問にもつ。家政学では，生活の質の向上を求め，家庭生活と衣食住生活に係る専門領域について，福祉・健康・防災・環境・国際を視点に教育・研究が行われている（図 2-2-1）。

　家庭科の教科理論は，家政学の祖エレン・リ

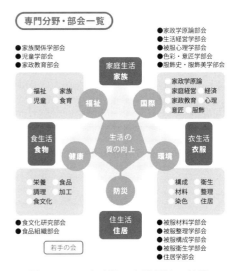

図 2-2-1　家政学の専門領域の射程
出典：日本家政学会 https://www.jshe.jp/about/index.html

チャーズの環境制御の思想を受け継ぐ生態学的消費者教育や，市民社会の形成を重視するシティズンシップ教育の視点などから論じられてきた。いずれも家庭科の特徴を「総合性」におき，生活の自立と共生のために，人，モノ，コトについての知識や技能を習得し，その過程で人・モノ・コトの相互の関わりや諸環境との関係をとらえる教科であると捉えている。日本家庭科教育学会は，1997 年に「家庭科の 21 世紀プラン」を構想し，教科が育む生きる力とその能力育成の認識・手段の基盤を整理した。その中で小学校段階では「生活を理解する能力」として「家族の中の自分を知り，家族と共に健康な暮らしに必要な生活技能を理解し，実践できる資質・能力」を，中学校段階では，「生活を科学的に実践する能力」として「生活者としての自己認識と日常生活に関する科学的認識を基礎にして，生活を自律的に営む資質・能力」を，高等学校段階では「生活を想像する能力」として「多文化共生社会をめざす中で，個人・家族の生活を展望し，家庭生活や市民生活を創るために必要な資質・能力」を育む[5] としている。

　家庭科の学習指導要領の構成には，家政学の総合的実践科学としての特徴や教科の理論的検

討そして学会組織による学校段階の系統性や資質・能力の整理が寄与していることが伺える。こうして今日，家庭科は，家庭生活を中心とした人間の生活の営みを対象に，自分と家族や地域の人々，乳幼児，高齢者など人に関わる内容と，衣食住に必要なモノ，そして，それらを消費する行為や時間の使い方，環境などコトに関わる内容を学ぶ教科と位置づけられている。

3. 学校教育における家庭科の独自性

　家庭科の独自性を，9頁のコラムで示した家庭科が高学年から始まる理由をヒントに考えてみよう。生活事象の論理的追究や因果関係を判断できる知的発達段階は，ピアジェ (Piaget, J.) のいう形式的操作期に該当する。家庭科学習に形式的操作を要するのは，生活事象に対する社会的あるいは科学的認識を深めることを目指すからである。この点で家庭科は，社会科や理科に近いが，社会科学，自然科学いずれかに寄ることなく生活の主体として生活認識を深めていくという特徴がある。また，家庭科学習に道具や手先を器用に使う手指の巧緻性を要するのは，認識形成のみならず生活の実践者として学びを直接的に日常に生かすことを目指すからである。巧緻性を養う点で，例えば生活科や総合的な学習の時間での調理体験や，図画工作科での製作は家庭科学習の素地となる教育といえ，家庭科での調理や製作に関連する。ただし，生活科における自然体験や図画工作科における感性や情操を培う造形的な創造活動とは異なり，家庭科では，目的や状況にあわせて暮らしをよりよくする生活実践力を育むために実践的・体験的活動を行うのである。家庭科には，生活事象の総合的な理解や技能習得のために他教科等での学習を活用する能力が求められており，その総合性と実践性に教科の独自性をみることができる。

　学級担任が複数教科を教える小学校では，家庭科を各教科と関連づけた年間指導計画や題材を構想しやすい。いのちとくらしの営みに対して，科学や技術がどう生かされ，現実の家庭生活にはどのような問題があり，なぜそうなっているか，どうすれば問題解決できるかなど，生活の見方を鍛えて実践力を育み，家庭生活の基盤をつくる核の教科として家庭科を捉え，授業設計に挑戦しよう。

引用文献
1) ネル・ノディングズ. (1997). ケアリング - 倫理と道徳の教育（立山善康他訳）. 京都：晃洋書房.
2) ネル・ノディングズ. (2008). 幸せのための教育（山崎洋子他訳）. 東京：知泉書館.
3) 鷲田清一. (2013). 道徳は「教える」ものなのか. 中央公論, 7月号. 54-59.
4) 新井紀子. (2018). AI vs 教科書が読めない子どもたち. 東京：東洋経済. p.279
5) 日本家庭科教育学会編著. (1997). 家庭科の21世紀プラン. 家政教育社. p.116
参考文献
日本家庭科教育学会. (2007). 生活をつくる家庭科 - 実践的なシティズンシップ教育の創造. 東京：ドメス出版.
OECD Better Life Index Initiative. (2020). How's life in Japan 2020. https://www.oecd.org/statistics/Better-Life-Initiative-country-note-Japan-in-Japanese.pdf 閲覧日 2022.7.25
住田和子編著. (2003). 生活と教育をつなぐ人間学－思想と実践－. 東京：開隆堂.

第3章
家庭科教育のこれまで

本章では家庭科教育の変遷をたどり，家庭科教育の意義と課題について考えていく。「家庭科」は太平洋戦争終結後に誕生した教科であるが，家庭科誕生後の変遷だけではなく，戦前の女子教育にさかのぼって考えることで，家庭科教育の意義や課題を浮き彫りにする。

第1節　戦前の家庭科的教育

1. 江戸時代の女子教育

江戸幕府は封建社会を支える思想的基盤を儒教に求めた。儒教の最も重要な徳目である「仁」は，自己を大切にすることであり，他者に対する思いやりの心と言える。「忠」「孝」もまた重要な徳目であり，主君や身分が上の者に対する忠義，忠誠を示す「忠」と，親や年長者を敬い大切にする「孝」は身分制度の主従関係，上下関係を説明するのに都合が良かったのである。その中で，女性の身分は男性よりも下に位置づけられ，三従の教えに象徴されるように女性差別の側面があった。

江戸時代の教育もまた身分によって異なる。庶民の子は寺子屋で日常生活に必要な読み書きそろばんを学び，武家の子は藩校で教養として儒学などを学んだ。女子には学問よりも生活に必要な技能の習得とたしなみが求められ，やはり身分によって内容は異なった。武家や大商人の女子は茶道，華道，琴，和歌等の師匠を招いて自宅で学んだ。庶民の女子は裁縫技能の習得が重視され，母から娘へ家庭内で伝授するのが基本であったが，裁縫の上手な女性が近所の女子を集めて教えるお針子と呼ばれる習慣もあった。運針の縫い目が女性の生き方を表すとして，精神修養の意味合いもあった。このことがその後の女子教育の中核となる裁縫教育へも引き継がれていくことになる。

2. 近代的学校制度と女子教育

（1）学制の制定とのその後

明治政府は欧米に追い付くために各分野の改革を進め，教育改分野では1872（明治5）年の学制の制定により，近代的学校制度が導入された。しかし，庶民にとって学問は生活を営む上では不必要と考えられ，就学率は上がらなかった。学問が不必要であるという考えは女子に対してより強く，政府は学齢期の女子の就学率を高めるために，明治5年に女児小学に「手芸」を設置した。「手芸」の内容は女性が生活を営む上で必要な裁縫，紡績，機織であり特に裁縫

が重視された。その後，学制が廃止され1979（明治12）年に教育令，1986（明治19）年に小学校令が制定され，義務教育が確立し授業料も廃止されるなどして就学率は次第に上昇していく。

（2）裁縫教育と家事教育

　教育令により，「手芸」に代わって小学校中等科と高等科（第4〜第8学年）に「裁縫」が設置された。毎週3時間が当てられており，第8学年では羽織，帯，袴に至る高度な内容が扱われていた。

　小学高等科（第7，8学年）女子には「裁縫」に加え「家事経済」が新たに設置された。男子が「経済」を学ぶのに対して女子は「家事経済」を学ぶことになる。家事経済の内容は，洗濯，住居，什器，食物，割烹，理髪，出納等の経済に関する事項であった。しかし，1886（明治19）年の小学校令により「家事経済」はわずか5年で廃止されてしまった。その25年後の1911（明治44）年に高等小学校の理科の授業のうちの1時間を，女子のための「家事の大要」の学習に当て「理科のうち家事」として復活した。その8年後の1919（大正8）年に理科から独立して高等科の女子の選択科目となり，1926（大正15）年に女子の必修教科となった。一方の「裁縫」は設置学年や週時数の増減はあれども，第4学年以上において概ね週3時間が確保され続けた。

　「裁縫」と「家事」の変遷には大きな差があるが，1911（明治44）年以降戦時下に至るおよそ35年にわたり日本の女子教育の中核を担う教科となった。関口富左は「女子教育に裁縫科を設定し，女子の入学をうながす方向となるなど，明治時代における『女子教育と裁縫科』の関係は，時代的背景に左右されつつ，『良妻賢母』主義の教育を中心として重要視されてゆくのである。」[1]と述べている。

表3-1-1　「裁縫」「家事」授業時数の変遷

学年	裁縫教育の週時数								家事教育の週時数							
	第1	第2	第3	第4	第5	第6	第7	第8	第1	第2	第3	第4	第5	第6	第7	第8
明治5 (1872)	尋常小学（下等小学）				尋常小学（上等小学）				尋常小学（下等小学）				尋常小学（上等小学）			
	小学校（初等科）			小学校（中等科）			小学校（高等科）		小学校（初等科）			小学校（中等科）			小学校（高等科）	
明治14 (1981)	（女児小学で「手芸」）			3	3	3	3	3								3*1
	尋常小学校				高等小学校（2・3・4年制）				尋常小学校				高等小学校（2・3・4年制）			
明治19 (1986)					2-6	2-6	2-6	2-6								
明治23 (1890)					3	3	3	3								
明治33 (1900)			○	○												
明治36 (1903)			○	○			4	4								
	尋常小学校				高等小学校				尋常小学校				高等小学校			
明治41 (1908)				1	2	3	4	4								
明治44 (1911)				1	2	3	5	5							3*2	3*2
大正8 (1919)					3	3	4	4							○*3	○*3
大正15 (1925)					3	3	4	4							4*3	4*3
	国民学校（初等科）				高等科				国民学校（初等科）				高等科			
昭和16 (1941)				2	2	2	5	5							5*3	5*3

○：時数の設定なし
＊1．家事経済，＊2：理科のうち家事，＊3：家事

引用文献

1）関口富左．（1980）．女子教育における裁縫の教育史的研究－「府縣教則」よりみた裁縫教育の実状について（明治8〜9年）．家政学雑誌，31-10

第2節　戦後の家庭科教育

　家庭科の正式な教科名は小学校，高等学校では「家庭」であり，中学校では「技術・家庭」である。しかし，home という意味の家庭や，home education を指す家庭教育との混乱を避けるため，一般的に使われている家庭科，家庭科教育という表記を用いる。

1.　家庭科の誕生

　太平洋戦争終結後，日本の非軍事化・民主化を進めるため，GHQ（連合国軍最高司令官総司令部）の主導のもとに政治，経済，社会全般にわたる戦後改革が行われた。日本国憲法の制定や家父長制的家族制度を廃止する民法改正，財閥解体などである。

　日本の将来を担う子どもたちに民主主義的な考え方を浸透させるために，教育改革にも重点がおかれ，日本の文部省と GHQ の一組織である CIE（民間情報教育局）が教育改革を進めた。非軍事化の観点からは修身・地理・歴史教育が禁止され，民主化の観点からは男女共学の単線型六三三四制が創設された。教育課程においては，道徳教育の実施，社会科と家庭科が新設された。戦前の道徳教育は教育勅語に基づいた「修身」で行われていたが，その主権在君観，神話的国体観は民主主義的教育とは適合しないものとみなされた。道徳教育は当初は特設の時間に行うのではなく，学校教育全体で行うものとされていたが，1958（昭和 33）年告示学習指導要領によって，「道徳の時間」（年間 35 時間）を中心に実施することになった。

　「社会科」と「家庭科」はそれぞれ，民主的な社会と民主的な家庭の建設について学ぶ教科として新設された。民主的な家庭とは男女が平等な立場で協力して築く家庭といえよう。新設された教科についての周知と理解を深めるため，新しい教育課程の講習会が日本各地で開かれた。講習会で CIE のドノヴァン（Ellen R.Donovan）は新教科家庭科の理念を次のように説明した。

　　①　家庭科は「裁縫」と「家事」を合わせて一教科とした教科ではない。
　　②　家庭科は単なる技能教科ではない。
　　③　したがって，家庭科は女子のみで学ぶ教科ではない。
いわゆる家庭科の三否定の理念である。

　戦前の女子教育の中核を担った「裁縫」「家事」は女性を差別した良妻賢母主義に基づく教科であり，家庭科は民主的な家庭すなわち民主的な人間関係による家庭の在り方を学ぶ教科であるから，家庭科は「裁縫」「家事」とは正反対の理念の教科であると言える。二つ目の否定の「単なる技能教科」とは技能の習得を第一義の目的とする教科を意味している。家庭科では，技能の習得が最終目的ではなく，民主的な家庭生活を実現するためには男女ともに生活に必要な技能を習得していることが前提と位置づけることができる。したがって，三つ目の否定にあるように，女子のみで学ぶ教科ではない，つまり男女で学ぶ教科という理念を示したものである。

2. 誕生直後の家庭科

　家庭科の具体的な教育課程は 1947（昭和 22）年発行の学習指導要領家庭編（試案）に示され，小学校，中学校，高等学校に家庭科が設置された。しかし，三否定の理念に示された男女必修の家庭科でスタートしたのは小学校だけであった。

(1) 小学校の家庭科存廃論

　新設家庭科を担当したのは戦前の裁縫教員であったため，家庭科における裁縫教材が高度化したことに対して，CIE からの批判が高まった。また，民主的な家庭建設の教育は社会科で扱うという意見も多かった。このような状況で家庭科の廃止論が台頭し，小学校家庭科の存廃論が展開された。家庭科存続派は手指の巧緻技能は小学生から指導するのが効果的であるなどの発達心理学の観点からいくつかの根拠を示したり，既製服が浸透していなかったため裁縫技能が必要であるという社会的要請などを根拠とした。また，学校教育法で小学校では衣食住について学ぶことが明記されていたことも存続に向けた大きな要因となった。1950（昭和 25）年の教育課程審議会答申をもって存続が決定したものの誕生直後の家庭科は混迷を極めた。

(2) 中学校　職業・家庭科

　中学校では，女子にも「生産技術教育」を，男子にも「家庭経営能力を身につけさせる教育」を施すという趣旨で，男女ともに職業分野，家庭分野の学習をすることになった。とりわけ，女子の職業分野の学習については社会的要請が大きかった。文部省は進学者にも非進学者にも必要な普通教育として職業科を確立させたい意向があり，職業科における実習を普通教育における啓発的経験と規定した。当初，家庭科と職業科は独立していたが，家庭科の実習も啓発的経験の一系列とみなされ，1951（昭和 26）年発行の中学校学習指導要領職業・家庭編（試案）において，農業，工業，商業，水産，家庭の中から，生徒が希望に応じた科目を選択することになった。

(3) 高等学校　家庭科

　高等学校では 1949（昭和 24）年発行の学習指導要領家庭編高等学校用において，女子には 14 単位履修することが望ましいと記述されていたが，男子の修得単位に関する記述はなかった。

資料 3-2-1　学校教育法（昭和 22 年 3 月 29 日法律第 26 号）

第 2 章　小学校
第 17 条　小学校は，心身の発達に応じて，初等普通教育を施すことを目的とする。
第 18 条　小学校における教育については，前条の目的を実現するために，左の各号に掲げる目標の達成に努めなければならない。
一　学校内外の社会生活の経験に基き，人間相互の関係について，正しい理解と協同，自主及び自律の精神を養うこと。
二　郷土及び国家の現状と伝統について，正しい理解に導き，進んで国際協調の精神を養うこと。
三　日常生活に必要な衣，食，住，産業等について，基礎的な理解と技能を養うこと。
四　日常生活に必要な国語を，正しく理解し，使用する能力を養うこと。
五　日常生活に必要な数量的な関係を，正しく理解し，処理する能力を養うこと。
六　日常生活における自然現象を科学的に観察し，処理する能力を養うこと。
七　健康，安全で幸福な生活のために必要な習慣を養い，心身の調和的発達を図ること。
八　生活を明るく豊かにする音楽，美術，文芸等について，基礎的な理解と技能を養うこと。

第3節　家族に関する学習とものつくりの学習の変遷

1. 小学校家庭科における家族に関する学習

　現行の学習指導要領の書式に近い形になった1956（昭和31）年発行の学習指導要領では，民主的な家庭生活建設の根幹となる「家族関係」領域が筆頭に掲げられていた。しかし，家庭科の授業を担当したのは戦前の裁縫教員が多数を占めていたことから，家庭科の時間の多くが被服領域の実習に当てられていた。また，前述したように，小学校家庭科存続の根拠として裁縫技能の習得に対する社会的要請を示したことにより，家庭科は技能習得教科としての性格を強めていくことになった。1958（昭和33）年告示の学習指導要領では，家族の人間関係について学ぶ「家族関係」領域と時間・金銭・労力などの管理について学ぶ「生活管理」領域という全く異なる内容が「D家庭」という一つの領域に統合されたうえ，最後尾に格下げされてしまった。「家族関係」領域に代わって筆頭に位置づけられたのは「被服」領域であった。家族に関する学習を軽視する傾向はその後も続き，1977（昭和52）年告示の学習指導要領では，整理・整頓や掃除，気候に合わせた住まい方について学ぶ「すまい（住居）」領域と統合されることになる。家族の学習の復活は1989（平成元）年告示の学習指導要領まで待つことになる。

表3-3-1　小学校家庭科の領域の変遷

```
昭和 31（1956）年  家族関係    生活管理    被服    食物    住居
                                                        ↓
昭和 33（1958）年  A 被服    B 食物    C すまい    D 家庭
昭和 43（1968）年  A 被服    B 食物    C すまい    D 家庭
                                                   ↓
昭和 52（1977）年  A 被服    B 食物    C 住居と 家族

平成 元（1989）年  A 被服  B 食物  C 家族 の生活と住居
平成 10（1998）年  1 家庭の仕事や 家族 とのふれあい（以下略）
平成 20（2008）年  A 家庭生活と 家族    B 日常の食事と調理の基礎    C 快適な衣服と住まい
                 D 身近な消費生活と環境
平成 29（2017）年  A 家族 ・家庭生活    B 衣食住の生活    C 消費生活・環境
```

2. 中学校「技術・家庭科」の誕生

　小学校と中学校の学習指導要領は1956（昭和31）年，1958（昭和33）年とわずか2年の間に立て続けに改定された。その後の改訂の間隔がほぼ10年間隔であることを考えると，異例の短さである。その理由は，1957（昭和32）年10月にソ連が人類初の人工衛星の打ち上げに成功したことに由来する。宇宙開発を競っていたアメリカをはじめとして世界中が震撼し，人工衛星の名前にちなんで「スプートニク・ショック」と呼ばれた。科学技術（science technology）に関する教育は専門教育で扱うものと捉えられており，普通教育に科学技術を位置づけている例は少なかったが，世界中の国々で科学技術教育を取り入れるカリキュラム改革が行われた。当時の日本は高度経済成長の真っただ中であり，産業界からも技術者・技能者養成の要望があり，科学技術教育の普通教育への導入の下地はできていた。中央教育審議会「科学技

術教育の振興方策について（答申）」（昭和 32（1957）年 11 月）を受け，教育課程審議会は 1958（昭和 33）年 3 月に「小学校・中学校教育課程の改善について」を答申し，中学校の職業・家庭科を改め，小学校図画工作において扱っている生産的技術を合わせて中学校の技術科を編成することとし，男子向きには工的内容を，女子向きには家庭科的内容を学習させることになった。男子は生産技術を，女子は生活技術を新設技術科で学ぶという計画であり，中学校家庭科消滅の危機であったが，家庭科関係者が家庭科の内容を科学技術すなわちものつくりを重点化することで中学校家庭科存続の請願が受け入れられ，技術・家庭科として再出発することになった。

　以上の経緯により，技術・家庭科の女子向きの内容である家庭系列からは家族の内容が削除された。唯一人間関係を連想させる保育の領域があるが，具体的な内容は幼児食，間食，幼児服，おもちゃ作りの実習というものつくりが主たる内容である。こうして，中学校家庭科では，家族に関する学習が削除され，ものつくりの教科としての性格を強めていくことになる。

表 3-3-2　職業・家庭科と技術・家庭科の内容の比較

中学校学習指導要領職業・家庭編 昭和 31 年発行	中学校学習指導要領　技術・家庭 昭和 33 年告示	
第 1 群：栽培，飼育，農産加工 第 2 群：製図，機械，電気，建設 第 3 群：経営，簿記，計算事務，文書事務 第 4 群：漁業，水産製造，増殖 第 5 群：食物，被服，住居，家族，家庭経営 第 6 群：産業と職業，職業と進路，職業生活	男子向き 　設計・製図 　木材加工・金属加工 　栽培 　機械 　電気 　総合実習	女子向き 　調理 　被服製作 　設計・製図 　家庭機械・家庭工作 　保育

3. 家族に関する学習の復活

　高度経済成長が終末を迎え，物質的豊かさの享受と引き換えに，環境破壊，公害問題，ごみ問題，都市部への人口集中・地方の過疎化などが社会問題になった。1980 年代には家庭内暴力や校内暴力が社会問題化し，生産性重視の働き方による家庭での父親の心理的不在，偏差値主義の受験競争などが家族の人間関係が希薄化させ，「家庭の教育力の低下」が原因であると考えられた。1989（平成元）年告示の学習指導要領では，家庭の教育力を回復するために学校において「家族の大切さ」の教育に重点を置くことになり，家庭科でも家族の学習が見直されることになった。

　小学校では「C 住居と家族」が「C 家族の生活と住居」に変り，住居領域と同居ではあるものの，先に記述されるようになった。中学校の家庭系列では新設された「家庭生活」領域に 30 年ぶりに家族の内容が位置づけられ，復活した。その後の改訂では小学校，中学校いずれにおいても家族に関する学習が筆頭に位置づけられるようになった。なお，中学校の技術系列にはパソコンの普及など情報化社会の進展に伴い，情報リテラシーの教育が取り入れられ，「情報基礎」領域が新設された。高等学校家庭科では，とくに「親になるための教育」に重点が置かれた。なお，高等学校においては家族に関する内容が削除されたことはなく，小学校，中学校ほど軽視されることはなかった。これは，高等学校卒業後数年で家庭を築く生徒もいることから，重点が置かれてきた。

4. ものつくりの学習の意義

　家庭科における民主的な家庭建設の教育とものつくりの教育との関係については様々な議論があるが，家庭科では男女を問わず，裁縫や調理など生活に必要な最低限の技能を習得して生活者として自立することが，民主的な家庭建設につながると考えることができよう。

　また，文化鍋で炊飯をすることや，手縫い，ミシン縫いを学習することが児童・生徒の実生活に合っていないという意見がある。白飯を食べる，服を着るという事象だけを考えれば，説明書どおりに炊飯器のスイッチを入れるだけであるし，白飯や衣服を買ってくれば済むが，炊飯や被服等を製作する手順や方法で様々なことを学ぶことができる。さらに，手作りできるようになれば，生活のなかでの選択肢が増えることになる。豊かな生活を営むためには，選択肢が増えるということは重要なことである。

5. 家族の学習と衣・食・住生活の学習

　日本家政学会は家庭科カリキュラム構想の概念図の中で家族と保育の学習を中心に位置づけている。その周囲に食生活，衣生活，住生活が重なるようにして位置づけられている。当時の学習指導要領では被服，食物，住居という「物」としての概念が用いられていたが，ここでは人と物との関わりを意味する「生活」という概念が用いられている。家族・保育と衣・食・住生活を包み込むように家庭経営領域が位置づけられている。家庭経営とは，時間，金銭，労力等の生活資源を管理して生活をマネージメントすることである。その外側には生活経営領域がある。家庭生活は家庭内だけで完結するのではなく，地域，社会，自然との関わりの中で成り立っていることを表している。さらに外周には私たちの生活と相互に影響しあっている環境問題や福祉問題の視点，情報化や国際化の視点，生活文化継承の視点から家庭科のカリキュラムを構成することが示されている。

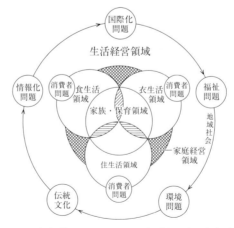

図3-3-1　家庭科カリキュラムの概念図（日本家政学会）
(社) 日本家政学会編「新時代への家庭科教育」，東京書籍 (1988)，p.177
をもとに作成

第4節　男女の履修形態の変遷

1. 女子のみ必修の家庭科へ

　男女で学ぶ教科として誕生した家庭科であったが，一貫して男女共通必修の理念が貫かれたのは小学校だけであった。中学校，高等学校の家庭科で男女共通必修が実現するのには，家庭科誕生から50年の歳月を要した。

　中学校では必修教科である職業・家庭科（農業，工業，商業，水産，家庭）の1科目としてスタートし，男女を問わず生徒の希望に応じて選択できることになっていたが，現実には家庭科を選択した男子は少なかった。職業科が廃止され，技術・家庭科が誕生すると，男女別修が明確になり，教科書にも「技術・家庭（女子向き）」「技術・家庭（女子用）」という表題が印刷されていた。

　高等学校では男女ともに選択教科としてスタートしたが，男子の履修者は極めて少ないうえ，女子の履修率も思うように伸びなかった。折しも小学校で家庭科存廃論が展開される中，家庭科の衰退を危惧した高等学校家庭科関係者の間ではせめて女子だけでも必修にするべきという声が高まり，全国家庭科教育協会（ZKK）は1952（昭和27）年に高等学校家庭科の女子のみ5単位必修の請願書を国会に提出した。女子のみ必修にすることは，「男女の特質」を生かした教育を施すことであり，男女平等教育の本質を覆すものではないというのがZKKの理論であった。こうして1956（昭和31）年告示の高等学校学習指導要領で家庭科の女子には4単位履修させることが望ましいと記されることになり，1970（昭和45）年告示の高等学校学習指導要領で女子のみ4単位必修が明記された。その後，家庭科女子のみ必修を肯定する根拠のひとつに男女特性論が持ち出されるようになった。

2. 男女共修の家庭科へ

　女子のみ必修の家庭科が定着していく中，家庭科誕生時の理念である男女で学ぶ家庭科を主張する家庭科関係者も多く，「家庭科の男女共修を進める会」や「家庭科教育研究者連盟」などでは家庭科のカリキュラムを自主編成して男女共修の家庭科授業を実施した。東京都高等学校教職員組合でも自主編成を行い，長野県や大阪府では自主教科書を編集するなど，自主編成運動は全国に広がっていった。京都府ではすべての府立高等学校において「家庭一般」2単位が男女必修になった。

表3-4-1　家庭科男女共通必修に向けた国内外の動向

1966（昭和41）年	「家庭科教育研究査連盟」発足
1973（昭和48）年	京都府立高等学校「家庭一般」2単位を男女必修
1974（昭和49）年	「家庭科の男女共修をすすめる会」発足
1975（昭和50）年	国際婦人年世界会議（メキシコシティ）
1976（昭和51）年	国連婦人の10年（昭和60（1985）年まで）
1977（昭和52）年	中学校技術・家庭科の男女相互乗り入れ
1979（昭和54）年	国連で「女子に対するあらゆる形態の差別に関する条約」採択
1980（昭和55）年	同条約に日本が署名
1989（平成元）年	学習指導要領告示
1992（平成4）年～1994（平成6）年　小・中・高等学校で新学習指導要領準拠の教育課程実施	

1975（昭和50）年にメキシコで開催された国際婦人年世界会議では，国際婦人年の目標達成のためにその後10年にわたり国連婦人の10年とすることを宣言し，1979（昭和54）年12月，国連総会において「女子に対するあらゆる形態の差別の撤廃に関する条約」（以後「女子差別撤廃条約」と記す）が採択された。

女子差別撤廃条約では，教育の分野において，女子に対して男子と平等の権利を確保することを目的として，同一の教育課程を享受する機会を確保することが明記された。同条約に署名するためには，国内にある女性を差別する制度等に適切な措置を取ることが条件とされた。文部省は女子のみ必修の家庭科は男女の特性に応じたものであり同等の教育であることを主張したが認められず，学習指導要領の男女別修の制度を廃止する方向で改訂を進めることになった。

こうして，1989（平成元）年告示の学習指導要領で，小学校から高等学校まで男女で共に学ぶ家庭科が実現した。

3. 家庭科男女共修の成果

男女共修の家庭科を学んだ高校生の8割以上が「家庭科を学んでよかった」と回答しており，家庭科学習後の自己の変容として上位に挙がっているのは，子どもを産み育てることや親になること，生命の尊厳などの家族・保育の領域の学習に関する事柄であった。また，家庭生活は男女で協力して営むものと考えるようになったことは，家庭科の全領域を通して男女で学んだことによる成果と言える。男女共修世代の社会人は家事シェア率が高い，ジェンダーフリーの意識が高いという調査結果もある。男女共修家庭科の成果は大きい。

表3-4-2　家庭科学習後の意識変容が大きかった項目

項　　　　目	「そう思う」「やや思う」（%）
子育ての意義と親の役割への理解が深まった	79.1
家庭生活は男女が協力して営むものと考えるようになった	77.5
子どもがかわいいと思うようになった	76.2
子どもは大人が守るべき存在であると思うようになった	75.9
生命の尊厳について理解が深まった	75.7

4. 家庭科男女共通必修が招いた課題

小学校から高等学校までの男女共通必修家庭科が実現されたことは家庭科誕生以来の念願であったが，そのことが中学校と高等学校の家庭科の内容のレベル低下という新たな課題を招いた。顕著なのは被服の製作実習の内容である。男女共通必修前の中学校学習指導要領の被服領域では1年生でスモックを，2年生でスカートを，3年生でパジャマを製作することが示されていた。現行学習指導要領では，具体的な製作物は示されていないが，教科書では直線縫いだけでできるバッグやカバーなどの小物づくり，やや高度な技術を要するハーフパンツなどが製作例として示されている。中学校家庭科の被服の製作実習の内容が大幅に削減されたのは，男女共通必修の実現により，授業時数が半減してしまったことによる。男女共通必修前の女子は家庭系列の授業を245時間受けていたが，男女共通必修後は245時間の中で技術系列と家庭系

列の授業を受けねばならず，家庭系列の授業は122.5時間しか受けられなくなってしまったのである。高等学校家庭科は中学校家庭科家の学習の上に積み重ねられるので，当然高等学校家庭科の内容もレベルが低下せざるを得なくなった。

表3-4-3　中学校家庭科被服製作教材の比較

昭和52年告示			平成29年告示
被服1 第1学年 作業着 （スモック）	被服2 第2学年 日常着 （スカート）	被服3 第3学年 休養着 （パジャマ）	C衣食住の生活 生活を豊かにするため の布を用いた製作 （製作例の記載なし）

　また，高等学校においては，女子のみ必修の時代は「家庭一般」4単位必修であったが，男女共通必修化に伴い「家庭一般」と新設の「生活技術」「生活一般」の3科目の中から1科目4単位を選択必修することになった。「家庭一般」は女子のみ必修時代の「家庭一般」をほぼ踏襲しているが，被服製作実習のレベル低下は否めない。「生活技術」には「家庭生活と電気・機械」「園芸」という技術系列の内容が盛り込まれた。「生活一般」の内容は「家庭一般」に準じたものであったが，4単位のうちの2単位は「生活一般」と関係のある技術や情報，体育で代替することができた。施設・設備の整備や担当教員の確保ができない学校への特別措置である。新設の2科目は男子向けの家庭科という見方もできる。男女共通必修直後は，7割の高等学校が「家庭一般」を選択していたが，現在ではその後新設された2単位の「家庭基礎」を選択する高等学校が8割を超えている。つまり，高等学校家庭科においても学習内容の半減という事態を招いてしまったと言えよう。

　このように家庭科教育は男女の履修形態や教育内容が時代の影響を大きく受けてきた過去の歴史がある。家庭科が家庭生活を対象とする限り，これからもその時代の社会状況や価値観の変化の影響を受けながら教育内容や学習指導方法も変わっていくものと考えられる。

参考文献
田結庄順子編著．（1996）．戦後家庭科教育実践研究．千葉：梓出版社
大学家庭科教育研究会編．（1993）．男女共学家庭科研究の展開．京都：法律文化社
常見育男．（1972）．家庭科教育史．増補版．東京：光生館
村田泰彦編著．（1984）．生活課題と教育．東京：光生館
朴木佳緒留，鈴木敏子．（1990）．資料からみる戦後家庭科のあゆみ－これからの家庭科を考えるために－．東京：学術図書出版社
文部省．（1981）．学制百年史．京都：帝国地方行政学会
文部省．（1981）．学制百年史 資料編．京都：帝国地方行政学会

第4章

家庭科教育のこれから

第1節　SDGs と家庭科

1. SDGs とは～国際的な動向をふまえて～

(1) SDGs（Sustainable Development Goals）

　SDGs とは直訳すれば「持続可能な開発目標」である。この目標が掲げられるまでの経緯とその意義を概説する。先進国の高度経済成長期を経て，1970 年代には地球環境問題に対し警鐘を鳴らす動きが出てきた。1972 年に国連人間環境会議（ストックホルム）で「人間環境宣言」が採択され，国連環境計画（UNEP）が設立された。「持続可能な開発」の概念は 1980 年に国連環境計画・国際自然保護連合・世界自然保護基金が提出した「世界自然保護戦略」が初出である。その後も 1992 年の国連環境開発会議（地球サミット），2002 年の持続可能な開発に関する世界首脳会議（環境開発サミット），2012 年の国連持続可能な開発会議などを経て，2015 年の国連サミットにおいて「持続可能な開発のための 2030 アジェンダ」が採択され，2016 年 1 月 1 日「持続可能な開発目標（SDGs）」が正式に発効した。要するに地球環境を持続可能なものとするための国際的な枠組みであり，具体的な目標を 17 に集約して示し，2030 年までの達成を目指している取り組みである。

> ※ SDGs ロゴおよびアイコンなどの詳細は，外務省「JAPAN SDGs Action Platform」Web ページやパンフレット「持続可能な開発目標（SDGs）と日本の取組」などを参照。（右はパンフレットの URL です。）

(2) SDGs と教育との関連

　このような取り組みに連動する教育界の動向として，「持続可能な開発のための教育（ESD：Education for Sustainable Development）」がある。前述の 1992 年の地球サミットにおける話し合いで，その際に，教育の重要性が唱えられ，ESD の概念は広く世界に知られるようになった。2002 年の環境開発サミットで，当時の小泉純一郎総理大臣が 2005 年から 2014 年までの 10 年を「国連 ESD の 10 年」として提唱したことから，学校教育でも ESD の先進的な授業が展開されている[1]。

　また，2015 年は 2001 年から 15 年間で達成することが宣言された「ミレニアム開発目標

（MDGs）」の節目にあたる年であった。2000年の国連ミレニアムサミットで「国連ミレニアム宣言」を採択し，21世紀の国連の役割に関する明確な方向性が示された。さらにこの会議では「国連ミレニアム宣言」と，1990年代に開催された主要な国際会議で採択された国際開発目標を統合する試みもなされ，それらを共通の枠組みとしてまとめたものが「ミレニアム開発目標（MDGs）」であった。八つの目標が掲げられ，2015年までに達成することが宣言されたが，一定の成果はあったものの，まだまだ課題が多く残る結果となり，2015年以降の新たな開発課題が注目されていた。このような動きと呼応するかのようにSDGsが示されたのである。

2. これからの家庭科で育む資質・能力とSDGsとの関連

　一方，教育の分野では，このような地球規模の課題解決に取り組むにあたり，未来を担う子どもたちがどのような資質・能力をそなえていればよいのか研究が進められていた。これまでにない，こたえがすぐに出ないような課題を解決していくにはどのような資質・能力が求められるのか。全体的な動向としては，知識だけではなく，スキル，さらに態度を含んだ人間の全体的な資質・能力として「コンピテンシー」の育成が多くの国で課題となっていた。これらの動向をふまえ，わが国では，国立教育政策研究所において研究が進められ，「21世紀型能力」が提唱され[3]，教育目標はコンテンツからコンピテンシーへ，教育方法は教授からアクティブラーニングへと転換され，これらの研究動向が現行の学習指導要領にも反映されている。

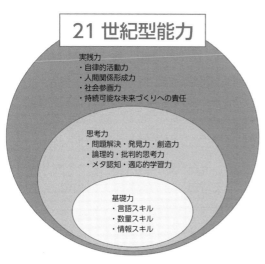

図4-1-1　21世紀型能力

出典：国立教育政策研究所「平成24年度教育課程の編成に関する基礎的研究報告書5　社会の変化に対応する資質や能力を育成する教育課程編成の基本原理」

　家庭科は従来より，この21世紀型能力に対応する学習内容と学習方法が求められてきた教科であり，親和性が高いといえる。家庭科自体が生活全般にかかわる総合的な内容であること，生活主体を育む教科であることから，図4-1-1の基礎力にあたる部分は，小学校5-6年生で家庭科を学習し始める前提となる他教科の学習にあたる。さらに5-6年生でも家庭科と同時進行で学んでいく。

　家庭科は教科の目標に実践力をつけることを小中高ともに明示しており，生活の主体者を育成し，自立と共生を目指す教科である。内容的にも小中高と時間軸と空間軸を広げながら，ヒトやモノとかかわりをもたせつつ，地球規模の大きな課題も自分ごとに引き付けて生活の中でできることから解決していくという内容となっている。自分ごととして課題解決していくための知識とスキルを身につけ，ヒトやモノとかかわりながら自立を目指し，社会参画し，持続可能な生活を創っていく教科なのである。その学習方

法として，体験的な活動を多く取り入れ，ヒトやモノとかかわりながら，図中の思考力に含まれている能力を駆使して課題解決をしていく学習を行う教科といえよう。このような教科の特性からSDGsと関連づけた学習を行っていく際には，他教科と連携しながら，家庭科の本質を追求することにもつながっていくと考える。

3. 家庭科の学習内容とSDGsとの関連

　2022年から現行学習指導要領が高等学校でも年次進行とともに実施され，小中学校ではすでに全面実施されている。中学校や高等学校の新しい家庭科の教科書ではSDGsと家庭科の内容の関連を大きく打ち出した構成にしている教科書が目につく。例えば，表紙裏などに見開きで大きくとりあげたり，分野別の章の扉の頁で，これから学ぶ内容がSDGsのどの目標と関連しているか番号を書かせたり，内容別にSDGsの見出しを付けたりする等，関連がすぐにわかるような工夫がされている。下表はSDGsと学習指導要領の内容との関連を示した筆者の見解である。

表 4-1-1　SDGsと家庭科の学習内容との関連

関連するSDGs／家庭科	関連する小中高家庭科学習指導要領の内容（扱う内容の例示など）
1 貧困をなくそう	家族・消費（エシカル消費など）
2 飢餓をゼロに	食生活（フードロスなど食生活や食材購入の見直し）
3 すべての人に健康と福祉	家族（高齢者や乳幼児とのかかわり・共生社会）
5 ジェンダー平等の実現	家族・家庭生活（家庭の仕事など）
6 安全な水とトイレ	衣食住生活（洗濯・調理・そうじ・衛生的な管理など）
7 クリーンエネルギー	衣食住生活（省エネ・エコクッキング・自然エネルギーなど）
8 働きがいと経済成長	家族・家庭生活（家庭の仕事・生活時間・ワークライフバランス等）
11 住み続けられるまちづくり	家族・家庭生活・住生活（ユニバーサルデザイン）・環境
12 つくる責任・つかう責任	消費者市民社会（消費者の権利および責任ある消費など）・環境
13 気候変動に長期的な対策	衣食住生活（快適・健康・安全な生活および維持・管理と自然環境）
14 海の豊かさを守る	衣食住の生活との関連（生活排水や食材の購入・調理など）・環境
15 陸の豊かさを守る	衣食住の生活との関連（土壌汚染や食材の購入など）・環境

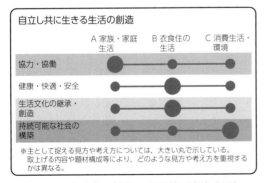

図 4-1-2　家庭科，技術・家庭科（家庭分野）
における見方や考え方

出典：文部科学省教育課題部会　家庭科，技術・家庭科ワーキング（第8回）資料7-1

　見方や捉え方，アプローチの仕方等によって，どの内容がどのSDGsの目標と関連づけられるかということについては，意見が分かれるところではあろうが，このような関連づけもできるのではないかと考えている。さらに，家庭科の学習指導要領では，今回，生活の営みに係る見方・考え方として，協力・協働，健康・快適・安全，生活文化の継承・創造，持続可能な社会の構築の4点が示された。この四つの視点と家庭科のA・B・Cの内容との関連は図4-1-2のとおりである。

この四視点から家庭科の具体的な内容について扱うことが求められており，この視点自体もSDGsとの関連が強いものとなっている。

4. 教員養成課程の学生の SDGs の意識と実態～小学校家庭科の内容と関連して

筆者らは小学校教員養成課程の家庭科に関する 3 年次の科目（分担 3 コマ）で，教材研究の仕上げとして SDGs と関連づけた課題を課している[注1]。学生は割り当てられた SDGs の内容と家庭科の内容を検討し，家庭科の複数分野もしくは他教科と連携した授業構想を考えるのである。課題に取り組む前の学生の実態としては，年々 SDGs の認知度は高くなっており，2022年度の履修者は「内容をよく知っており説明できる（2%）」「知っており，内容はある程度理解している（46%）」と半数は内容まで理解していた。最も関心を持っている目標は「4 質の高い教育をみんなに（66%）」「1 貧困をなくそう（62%）」で，6 割を超えていた。実際に行動していると思う目標で最も多いのが「12 つくる責任・つかう責任（29%）」「海の豊かさを守ろう（24%）」「5 ジェンダー平等の実現（23%）」であり，あとの目標は 1 割以下であった。大学生でも自分の生活の中で実行にうつすのは困難であることが見てとれる。提出された課題の内容としては，家庭科の分野では「C 消費生活・環境」が多く，他教科では社会や理科と連携させる構想が多い傾向にある。この課題を通して，家庭科の内容が現代的課題と結びついていること，他教科との連携により学びが深まること，地球規模の課題を自分ごととしてとらえて生活の中での実践につなげること等を認識させる一助となると考えている。このような認識をもって家庭科の教材研究に取り組み，深い学びにつながる授業をつくる力をつけたい。SDGsとの関連を考えることは，家庭科の授業の目標・内容・方法を検討する際の手立ての一つとしても有効であることが示唆される。

引用文献
1）竹下浩子．（2020）．ESD（持続可能な開発のための教育）と家庭科．中西雪夫・小林久美・貴志倫子共編．小学校家庭科の授業をつくる　理論・実践の基礎知識　第 2 版．学 p32．東京：学術図書出版社

注
注 1 ）日本家庭科教育学会九州地区会第 24 回研究発表会で，成果の一部を報告した。

参考文献
荒井紀子・高木幸子・石島恵美子・鈴木真由子・小高さほみ・平田京子編著．（2020）．SDGs と家庭科カリキュラムデザイン．東京：教育図書
日能研．（2017）．国連　世界の未来を変えるための 17 の目標　SDGs　2030 年までのゴール，神奈川：日能研

第 2 節　ジェンダーと家庭科

　本節では，ジェンダーと家庭科に関して，女性だけでなく，男性への家庭科教育や男性の生活状況をも視野に入れながら，主に理論的に考察していく。この分野においては，これまで主に女性が研究対象とされてきた。しかし，男性に焦点を当てることなしに，女性に集中しがちな家事負担などの問題は解決しない。まず，ジェンダー研究が家庭科教育にもたらした有益な概念である，家事労働と性別役割分業について解説を行う。次に公的な家事労働教育の歴史をジェンダーの視点から分析し，家事教育の歴史はジェンダーの歴史であったことを確認する。最後に，ジェンダーと家庭科をめぐる現代的課題を男性の立場に特に焦点を当てて，具体的に提示しながら，家庭科の社会的意義や家庭科の教育実践がジェンダー論の生み出した概念を超えていく可能性について考察していく。

1.　ジェンダー研究が家庭科教育にもたらした概念

　「家事労働」という概念はジェンダー研究において，経済学を相対化させつつ深められてきた。家事を労働と見なすことにより，家事労働の無償性を暴き出し，この家事労働をだれが行うのか，家事労働をどのように社会的・経済的に評価していくのかが議論され，新たな知見が生み出され続けている。これらの問いは，1960 年代に行われた主婦論争を引き合いに出さずとも，歴史的にも現在においてもアポリア（解けない難問）である。そこには，近代以降に割り振られた男性への賃労働と女性への家事労働の間の非対称性が存在する。これを「性別役割分業」という。資本主義社会では経済力が生き延びる手段であるため，女性が担うとされる家事労働より男性が担うことが期待される賃労働のほうが重視されている。価値が低いとされる家事労働をどのようにして男性が分担するようになるのか，政策レヴェル・教育レヴェル・生活レヴェルで考える必要がある。一見軽視されている家事労働であるが，衣食住を整えることで賃労働者の明日の労働を保障し，子どもを産み育てることで次世代の労働力を保障している。この二重の保障行為を「労働力の再生産」といい，様々な社会保障制度では補いきれない労働である。

2.　ジェンダーと家庭科の歴史的背景

　明治期，学制公布後も女子にまで授業料を支払うことが困難等の理由から，尋常小学校への女子の就学率が伸びず，それへの対応として家事・裁縫という女子のみの教科が成立した。また，女子の中等教育機関であった高等女学校でも家事・裁縫の時間は多く，良妻賢母教育の中核を担う教科であった。男子には中学校から旧制高等学校，帝国大学へとつながるエリート養成機関が制度化された一方で，女子はこれらのルートから外され，家事労働教育の対象であることが自明視されていた。義務教育以降男女で異なる教育制度に終止符を打ったのが敗戦後の米国による教育改革であった。1947 年家庭科が誕生し，ドノヴァンによって三否定が出された。そこでは「女子のみの教科ではない」と戦前の家事・裁縫との断絶が明示されたが，戦後の家庭科の歩みは女子必修か，男女共修かを揺れ動いてきた。1950 年代の小学校家庭科でも男女

の差異が考慮された。高等学校家政科の縮小から家庭科教育の場を確保する必要や戦後教育の男女平等の「いきすぎ」を批判した「特性」論により 1960 年，高等学校普通科家庭科女子必修化となる。民間団体では男女共修の家庭科教育実践が模索された。女子差別撤廃条約を批准するために，カリキュラムを男女平等にする必要から，1989 年に高等学校家庭科が男女共修となった。特に戦前，男子にのみエリートコースが制度化されていたため立身出世が期待され，男性が家事を学ぶ義務から免れてきた事実を今一度強調する必要がある。教育改革によって男子への家事労働教育の機会が開かれると同時に家事労働の義務も生じるようになったが，今現在男子への家事労働教育（家庭科）はどれだけ効果を発揮し，どのくらいの男性が家事労働に従事しているのだろうか。

3. 家庭科における今後の課題

(1) 性別役割分業をどう乗り越えるか

　家庭科教員は 9 割以上が女性であり，非常に女性に偏った職種である。この事実は当事者がどう思おうとも，家事＝女性がするもの，教えるものというメッセージを暗に伝えてしまっている。家政学関連学部が女子大学に多く，男性が家庭科の教員免許を取得する道が狭められていることも背景にある。田中（2015）によると，家庭科の教員免許の一種が取得可能な国公私立大学の総数は 108 校あり，そのうち女子大学は 39 校であり，全体の 36.1％ を占めているという（p.5）。またこのことは，男性が栄養学等の家政学を学び，家政学関連の職業につく自由が奪われかねない傾向が続いているともいえる。女性のほうがどの大学にも進学でき，様々な学問を学ぶ自由が保障されているのが一般的な現状である。教育における男女平等を考える際，男性が被っている不利益，つまり生活を学ぶ権利の侵害についても目を向ける必要がある。女子大学での工学部増設など，女性の職業教育は熱心に進められているが，男性の家事教育（生活教育）が進んでいるとは言い難い。

　教育現場が性別役割分業の固定化に寄与してしまっている背景には，「男女共同参画」社会において女性の就労のほうが男性の家事参加より重視されがちな現状がある。しかし，男性の家事参加が女性の就労を促す側面もあるため，両者はコインの裏表の関係にある。「かっこよく」ではなく，褒められることもなく，当然のこととして男性が家事をし，それが認められる社会の構築が急がれている。徐々に増えているとはいえ，日本人男性の家事・育児時間は先進国の中でも低いままである（図 4-2-1，図 4-2-2）。

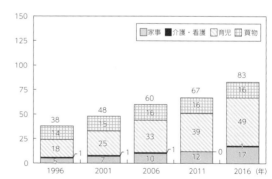

（備考）1. 総務省「社会生活基本調査」より作成。
2. 家事・育児関連時間（太字の数値）は，夫婦と子供の世帯における6歳未満の子供を持つ夫の1日当たりの「家事」，「介護・看護」，「育児」，「買い物」の合計時間（週全体平均）。

図 4-2-1　6 歳未満の子どもを持つ夫の家事・育児関連時間の推移

出典：内閣府，令和 2 年版　男女共同参画白書

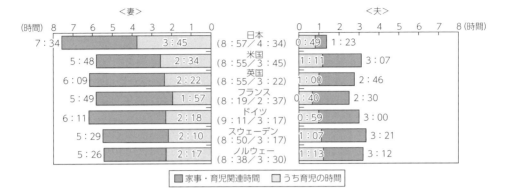

＜妻＞　　　　　　　　　　　　　　　　　　　　　　　＜夫＞

	家事・育児関連時間（夫と妻の合計）	うち育児の時間

(備考) 1. 総務省「社会生活基本調査」(平成 28 年)，Bureau of Labor Statistics of the U.S. "American Time Use Survey" (2018) 及び Eurostat "How Europeans Spend Their Time Everyday Life of Women and Men" (2004) より作成。
2. 日本の値は，「夫婦と子供の世帯」に限定した夫と妻の 1 日当たりの「家事」，「介護・看護」，「育児」及び「買い物」の合計時間（週全体平均）。
3. 国名の下に記載している時間は，左側が「家事・育児関連時間」の夫と妻の時間を合わせた時間。右側が「うち育児の時間」の夫と妻の時間を合わせた時間。

図 4-2-2　6 歳未満の子どもを持つ夫の家事・育児関連時間（週全体平均）（1 日当たり，国際比較）
出典：内閣府，令和 2 年版　男女共同参画白書

　男性が家事・育児に従事することが社会的（特に農村部）に受け入れられているとは言い難く，男性＝仕事（賃労働者）という職場・世間の慣習を変えていくのは容易ではない。この常識がまかり通り続けた結果，高齢化が進む中，配偶者と死別・離婚した高齢者男性の生活問題がクローズアップされている。家事ができない，家事がしたくない，家事をするべきではないと思っている高齢男性の中には，生活上の困窮者も多い。戦後の家庭科教育が家事への関心の低い男子生徒を見過ごしてきた責任が少なからず存在する。高齢男性は，高度経済成長期を通じて，賃労働専従者であることが期待されるあまり，「生活すること」を奪われてきた者も多く，彼らへの支援が今必要である。

　一方若い世代では，家計を考えたとき，経済力の低い男性ほど妻が賃労働に従事し，その結果専業主夫になる可能性（危険性）は高まる。ここから主夫には社会的「敗北」のイメージがつきまとう。家事技術の高い「かっこいい」主夫がメディアを賑わせており，主夫という言葉は広まりつつあるが，主夫になりたがる男性が多いとは言えない。母親や祖母が家事の一切を引き受ける家庭で育ち，家庭科を自分には関係がないと捉えている男子生徒にどう教えるのか，現代の家庭科教育の大きな課題である。「男子も家事をやりましょう」の掛け声だけでは何も変わらない。独身率の上昇の関するデータや配偶者や母親に先立たれた場合のシミュレーション等，将来の生活を具体的にイメージさせ，なぜ家事を学ぶ必要があるのかを理解させる授業が考えられる。男性の非正規雇用の増大において，家事労働に従事することになる男性の可能性は上昇していることを知らしめ，男子生徒に対する家庭科へのモチベーションを上げることも一つの手段である。また，女性の低賃金や根強い社会規範等，なぜ家事労働が女性に割り振られてきたのかを分析する視座を示すことも性別役割分業是正に欠かせない。戦後誕生した家庭科が，ホームプロジェクトや家庭クラブで重視してきたのも，この家庭に介入し，疲弊した

母親を守るために家庭を変革する視点であった。

(2) 「生活」をどう捉え返すのか ― 家事労働概念の相対化 ―

　今の日本社会では，受験科目でない家庭科は軽視され，生活も私的なこととして軽視されている。その結果として，多くの人が健康上の問題を抱えながら長時間労働に従事しており，生存の危険性にさらされているのである。だからこそ生活の擁護，生活教育の擁護が急務なのである。

　資本主義社会において家庭科は，一言で言ってしまえば価値転換の教科である。カネにならず社会的評価も低い家事労働を生きるスキルとして再評価していくことが，家庭科に求められている。価値が低いとされる家事労働の「価値」をどのように教えていくのか。権力ある者は家事労働を免れ，権力なき者は家事労働に従事する。この古代ギリシアからの前提を覆す立場に家庭科は置かれているのである。特に男性の長時間労働がいまだ解決されていない日本社会において，男性が「生活」を尊び楽しむ重要性を伝えることは，これまで権力を持つがゆえに恥じらいの感が強かった，男性の生活文化を開花させることに繋がる。食文化，衣文化等は，主に権力なき女性によって育まれ，女性（母，姑）から女性（娘，嫁）へと伝えられてきた。このような性質を持つ生活文化を男性にも伝えていく場が家庭科である。

　資本主義社会の賃労働重視の価値観を転換していくために，カネで買いにくいものを家庭科は重視する必要がある。それが人間の再生産であり，具体的には保育，教育，介護に関するスキルと価値を伝達することが家庭科の砦となる。今まさに家事労働の外部化が急速に進行し，カネさえあれば女性でも単身でも家事労働を免れる道が開かれているが，人間のケア労働は外部化が難しい領域である。ケア労働の中心である，愛情を注ぐこと，相手が納得するコミュニケーションをとることは，労働概念や経済効率性を超えている。だからこそ，万人に開かれた学校という場でケア労働の技術（アート）と重要性を伝える必要がある。

　ジェンダー研究は家事労働という概念を生み出し，女性への抑圧を可視化することに貢献したが，家事を「労働」という概念で捉えたとき，つまり経済効率の側面から見たとき，見失ってしまうものも存在した。それが生活という営みに含まれる豊かさと生活を守るという自主性である。言い換えれば，教養としての家庭科，生存のための家庭科，このバランスを取ることが家庭科に求められている。家庭科は，生活の豊かさを守り，自分と家族を守ることを教えながら，ジェンダー研究が産み出し，洗練させてきた家事労働と性別役割分業という二つの概念を乗り越える場である。

参考文献
天野正子．（1996）．「生活者」とはだれか．東京：中公新書．
堀内かおる．（2013）．家庭科教育を学ぶ人のために．京都：世界思想社．
増田仁．（2014）．高度経済成長期における家事労働者形成過程の再検討．東京：風間書房．
田中和江．（2015）．男性家庭科教員の割合と家庭科教員養成の現状について．女子栄養大学教育学研究室紀要，12，3-11．
上野千鶴子．（1997）．家父長制と資本制．東京：岩波書店．

第3節　防災教育と家庭科

　日本は，地理的な特徴から，台風，豪雨，洪水，土砂災害，地震，津波，火山噴火，豪雪など様々な自然災害が発生しやすい国土である。重ねて，近年では，豪雨，台風などの気象災害が激甚化・頻発化している状況がみられるとともに，首都直下型地震や南海トラフ巨大地震の発生も懸念されている。今後は，自然災害等の危険に際して自らの命を守り抜くため主体的に行動する態度と安全で安心な社会づくりに貢献する意識を高めていく必要がある。学校教育における防災教育の充実に向けては，1. 教育課程における防災教育の位置づけ，ならびに 2. 地域の自然や社会の特性を踏まえ，3. 教科等での指導の機会の充実を図っていくことが重要である。

1. 教育課程における防災教育の位置づけ

　学校における防災教育は，生活安全や交通安全とともに安全教育の中に位置づけられている。そのため，各学校においては，安全教育の目標を踏まえ，防災教育を推進していくことが求められる。

　安全教育の目標は，「日常生活全般における安全確保のために必要な事項を実践的に理解し，自他の生命尊重を基盤として，生涯を通じて安全な生活を送る基礎を培うとともに，進んで安全で安心な社会づくりに参加し貢献できるよう，安全に関する資質・能力を育成すること」である。安全教育の内容は，生活安全，交通安全，災害安全の各領域について整理されており，災害安全に関する内容は，様々な災害発生時における危険について理解し，正しい備えと適切な判断ができ，行動がとれるようにするため，表4-3-2 の ①〜⑫ の内容が示されている。

　学校における防災教育は，災害安全に関する教育と同義とされており，減災についての教育の意味も含まれ，安全教育の一環として行われるものである。防災教育で目指している「災害

表4-3-1　学校教育における安全教育の目標と安全に関する資質・能力

安全教育の目標

　日常生活全般における安全確保のために必要な事項を実践的に理解し，自他の生命尊重を基盤として，生涯を通じて安全な生活を送る基礎を培うとともに，進んで安全で安心な社会づくりに参加し貢献できる資質・能力の育成を次の通り目指すことである。

小学校における安全教育の目標	安全に行動することの大切さや，「生活安全」「交通安全」「災害安全」に関する様々な危険の要因や事故等の防止について理解し，日常生活における安全の状況を判断し進んで安全な行動ができるようにするとともに，周りの人の安全にも配慮できるようにする。また，簡単な応急手当ができるようにする。
中学校における安全教育の目標	地域の安全上の課題を踏まえ，交通事故や犯罪等の実情，災害発生のメカニズムの基礎や様々な地域の災害事例，日常の備えや災害時の助け合いの大切さを理解し，日常生活における危険を予測し自他の安全のために主体的に行動できるようにするとともに，地域の安全にも貢献できるようにする。また，心肺蘇生等の応急手当ができるようにする。

安全に関する資質・能力

知識及び技能	様々な自然災害や事件・事故等の危険性，安全で安心な生活を実現するために必要な知識や技能を身に付けている
思考力，判断力，表現力等	自らの安全の状況を適切に評価するとともに，必要な情報を収集し，安全な生活を実現するために何が必要かを考え，適切に意思決定し，行動するために必要な力を身に付けていること
学びに向かう力，人間性等	安全に関する様々な課題に関心を持ち，主体的に自他の安全な生活を実現しようとしたり，安全で安心な社会づくりに貢献しようとしたりする態度を身に付けていること

文部科学省（2019）．学校安全資料「生きる力」をはぐくむ学校での安全教育より作成

表 4-3-2　災害安全に関する内容

① 火災発生時における危険の理解と安全な行動の仕方
② 地震・津波発生時における危険の理解と安全な行動の仕方
③ 火山活動による災害発生時の危険の理解と安全な行動の仕方
④ 風水（雪）害，落雷等の気象災害及び土砂災害発生時における危険の理解と安全な行動の仕方
⑤ 放射線の理解と原子力災害発生時の安全な行動の仕方
⑥ 避難場所の役割についての理解
⑦ 災害に関する情報の活用や災害に対する備えについての理解
⑧ 地域の防災活動の理解と積極的な参加・協力
⑨ 災害時における心のケア
⑩ 災害弱者や海外からの来訪者に対する配慮
⑪ 防災情報の発信や避難体制の確保など，行政の働き
⑫ 消防署など関係機関の働き

に適切に対応する能力の基礎を培う」ということは，『生きる力』を育むことと密接に関連しており，学校の教育活動全体を通して展開していく必要があり，児童生徒等の発達段階を考慮し，地域の特性を踏まえ教科等での指導の機会を充実していく必要である。

2. 地域の自然や社会の特性を踏まえた指導

　学校保健安全法第30条では，「学校は地域の実情に応じて地域や関係機関との連携を図るよう努めること」とされており，第二次学校安全の推進に関する計画においても，「学校及び学校設置者は，地域の自然条件等に関して専門的知見を有し，活動を行っている関係機関・団体や民間事業者と連携して，効果的な取り組みを進めていくことが必要である」とされている。防災教育では，地域の自然や社会の特性を踏まえ，指導内容を検討することが重要である。例えば，学校が所在する地域の災害の歴史や被害の想定の把握である。自然災害伝承碑や自治体等が作成しているハザードマップなどから，学校が所在する地域の災害リスクを把握しておくことである。その際，ハザードマップは，過去の災害履歴など一定の災害規模を想定して作られており，その災害規模を超えることがあることを捉えておく必要がある。また，地域の災害リスクを取り上げる際には，自然の二面性について留意する必要がある。災害の直接の原因となる自然について理解するときに，自然は人間に対して多くの恩恵を与えてくれており，自然には恩恵と災害の二面性があることを児童生徒が意識できるように指導することも大切である。

3. 教科等での指導の機会の充実

　平成29年に告示された学習指導要領においては，教育課程の編成に際し，「各学校においては，生徒や学校，地域の実態及び生徒の発達の段階を考慮し，豊かな人生の実現や災害等を乗り越えて次代の社会を形成することに向けた現代的な諸課題に対応して求められる資質・能力を，教科等横断的な視点で育成していくことができるよう，各学校の特色を生かした教育課程の編成を図るものとする」ことが示され，「未曽有の大災害となった東日本大震災や平成28年の熊本地震をはじめとする災害等による困難を乗り越え次代の社会を形成するという大きな役割を担う生徒に，現代的な諸課題に対応して求められる資質・能力を教科横断的に育成することが一層重要となっている」と解説されている。今後は，防災を含む安全に関する教育は，各

教科等でも行う必要があるが，学校安全の推進に関する計画に係る取組状況調査（文部科学省，2018）の結果をみると，指導している教育活動の時間は，学校行事80.7％，学級活動76.2％は高いものの，教科での実施は49.1％と低い状況である。今後は，各教科において，防災の視点を取り入れた授業実践を行い，教科の目標と防災の視点との整合性を図ることが必要である。学校の教育活動全体を通じた計画的な指導，すなわち，教科等横断的な視点で関連性をもたせながら組み立てていくことが重要である。小・中学校学習指導要領（平成29年告示）解説総則編の付録には，学習指導要領における「防災を含む安全に関する教育」について，育成を目指す資質・能力に関連する各教科等の内容のうち，主要なものを抜粋し，通覧性を重視して作成した表が掲載されている。これらを参考に，各教科等における安全に関する内容を教職員が共通理解し，各学年・各教科等の縦と横のつながりを考慮した指導となるよう計画を行っていく。防災に関する内容について，教科等における位置づけや具体的な学習内容などを把握し，有機的に関連づけ，学習の発展性を考慮した指導となるよう計画し推進していくことが大切である。

4. 家庭科と防災教育

　学習指導要領の改訂に伴い，『生きる力』をより具体化し，教育課程全体を通して育成を目指す資質・能力を明確化するために，目標に各教科等の特質に応じた見方・考え方が示されることになった。家庭科では，生活の営みに係る見方・考え方として，「家族や家庭，衣食住，消費や環境などに係る生活事象を，協力・協働，健康・快適・安全，生活文化の継承・創造，持続可能な社会の構築等の視点で捉え，よりよい生活を営むために工夫すること」として示されており，安全というキーワードが重要な視点とされている。私たちが生活をしていく中で，安全というのは重要な視点であり，家庭生活を取り扱ってきた家庭科は，従来から教科の中で安全に関する教育を取り扱ってきた教科であるといえる。平成29年の学習指導要領の改訂においても，家庭科における防災を含む安全に関する教育内容をみると，表4-3-3のように示されている。

　小学校では，B（2）ア（イ），B（6）ア（イ）と（6）イの内容と，第3章：指導計画の作成と内容の取扱いにおける3実習の指導が，中学校では，B（3）ア（イ），B（5）ア，B（6）ア（イ），B（6）イ，内容の取扱いク，第3章：指導計画の作成と内容の取扱いにおける3実習の指導が挙げられている。衣・食生活では，施設・設備の安全管理や学習環境の整備，火気，用具，材料などの取扱いなど実習指導での安全面の教育が挙げられていた。住生活では，快適な住まい方，住居の機能と安全な住まい方，の内容が挙げられている。具体的には，小学校において，安全な住まい方を考える上で大切なことである整理・整とん清掃の学習が位置づけられ，中学校において，幼児や高齢者の家庭内の事故を防ぎ，自然災害に備えるための住空間の整え方を重点的に扱い，安全な住まい方の学習の充実が図られている。

　家庭科教育における先行研究をみると，防災の視点を取り入れた授業実践が報告されている。例えば，衣生活では，永田ら（2019）が，中学校家庭科における防災リュックの製作[1]，食生活では，高木（2017）が，小学校家庭科における災害後の生活状況の課題，災害直後から短期

表 4-3-3 家庭科における防災を含む安全に関する教育

小学校	中学校
〔第5学年及び第6学年〕 B 衣食住の生活 　次の(1)から(6)までの項目について，課題をもって，健康・快適・安全で豊かな食生活，衣生活，住生活に向けて考え，工夫する活動を通して，次の事項を身に付けることができるよう指導する。 (2) 調理の基礎 　ア 次のような知識及び技能を身に付けること。 　(イ) 調理に必要な用具や食器の安全で衛生的な取扱い及び加熱用調理器具の安全な取扱いについて理解し，適切に使用できること。 (6)快適な住まい方 　ア 次のような知識及び技能を身に付けること。 　(イ) 住まいの整理・整頓や清掃の仕方を理解し，適切にできること。 　イ 季節の変化に合わせた住まい方，整理・整頓や清掃の仕方を考え，快適な住まい方を工夫すること。 第3 3 (1) 施設・設備の安全管理に配慮し，学習環境を整備するとともに，熱源や用具，機械などの取扱いに注意して事故防止の指導を徹底すること。 (2) 服装を整え，衛生に留意して用具の手入れや保管を適切に行うこと。 (3) 調理に用いる食品については，生の魚や肉は扱わないなど，安全・衛生に留意すること。また，食物アレルギーについても配慮すること。	〔家庭分野〕 B 衣食住の生活 　次の(1)から(7)までの項目について，課題をもって，健康・快適・安全で豊かな食生活，衣生活，住生活に向けて考え，工夫する活動を通して，次の事項を身に付けることができるよう指導する。 (3) 日常食の調理と地域の食文化 　ア 次のような知識及び技能を身に付けること。 　(イ) 食品や調理用具等の安全と衛生に留意した管理について理解し，適切にできること。 (5) 生活を豊かにするための布を用いた製作 　ア 製作する物に適した材料や縫い方について理解し，用具を安全に取り扱い，製作が適切にできること。 (6) 住居の機能と安全な住まい方 　ア 次のような知識を身に付けること。 　(イ) 家庭内の事故の防ぎ方など家族の安全を考えた住空間の整え方について理解すること。 　イ 家族の安全を考えた住空間の整え方について考え，工夫すること。 ※内容の「B衣食住の生活」については，次のとおり取り扱うものとする。 　ク (6)のアについては，簡単な図などによる住空間の構想を扱うこと。また，ア及びイについては，内容の「A家族・家庭生活」の(2)及び(3)との関連を図ること。さらに，ア(イ)及びイについては，自然災害に備えた住空間の整え方についても扱うこと。 第3 3 実習の指導に当たっては，施設・設備の安全管理に配慮し，学習環境を整備するとともに，火気，用具，材料などの取扱いに注意して事故防止の指導を徹底し，安全と衛生に十分留意するものとする。（略） 　家庭分野においては，幼児や高齢者と関わるなど校外での学習について，事故の防止策及び事故発生時の対応策等を綿密に計画するとともに，相手に対する配慮にも十分留意するものとする。また，調理実習については，食物アレルギーにも配慮するものとする

間の食生活を乗り切る備えを学ぶ授業 [2]，小林ら（2017）が，中学校家庭科における災害時の食の課題を知り，実践を通して必要な備えや工夫を学ぶ授業 [3]，消費生活では，末川ら（2018）が，災害時に発生した消費生活問題及び発信された消費生活情報をもとに，防災学習の検討 [4] を行っている。家庭生活と関係している家庭科は，教科の特性に合わせて題材や教材を工夫することで，防災教育の充実が図れる教科である。しかし，一方で，小林ら（2019）は，全国の小・中・高等学校の家庭科教員を対象とした防災・災害に関する食教育の意識と実態を明らかにしており，必要性は高いという回答を得ながらも，実際の学習状況は必ずしも高い結果になっていないと報告 [5] しており，更なる充実に向けては，授業実践や教材開発など行っていく必要がみられる。

参考文献
1) 永田智子，小林裕子，村田晋太朗．（2019）．中学校家庭科におけるリメイク学習教材の開発－不要になったジーンズで作る防災リュック－．兵庫教育大学研究紀要54，117-125．
2) 高木幸子．（2017）．小学校家庭科において防災教育の視点から学ぶ授業内容の検討，新潟大学教育学部研究紀要人文・社会科学編10（1），283-290．
3) 小林裕子，永田智子．（2017）．中学校家庭科における「災害時の食」の授業開発と有効性の評価．日本家庭科教育学会誌60（2），65-75．
4) 末川和代，天野晴子．（2018）．中学校家庭科「消費生活」にかかわる防災学習の検討－災害関連消費生活問題及び防災ブック等の分析を通して－．消費者教育38，131-142．
5) 小林裕子，永田智子．（2019）．家庭科教員の防災・災害に関する食教育の意識と実態：小・中・高等学校家庭科教員対象全国調査より．日本家庭科教育学会誌62（3），140-149．

第4節　教科担任制と家庭科

1. 教科担任制推進の経緯と意義

(1) 教科担任制推進の経緯

　小学校における教科指導は，一般的にはいわゆる学級担任制で実施され，学級担任が全てもしくはほとんどの教科を一人で指導するのが通常であった。しかし，2021 年にまとめられた中央教育審議会答申「『令和の日本型学校教育』の構築を目指して〜全ての子供たちの可能性を引き出す，個別最適な学びと，協働的な学びの実現〜」（中央教育審議会，2021）で，2022 年度を目途として小学校高学年から教科担任制を導入することが提言された。教科担任制は中学校や高等学校で採られている方法であり，各教員がそれぞれ特定の教科を担当し，複数の学級で指導するものである。

　小学校の教科担任制の推進はこれまでたびたび議論の俎上に載りつつも，あまり進展がみられなかった。とはいえ，学級担任外教員が特定の教科を担当する専科指導が実施されている場合もしばしばある。家庭科は専科教員が担当することの多い教科のひとつであり，文部科学省（2019）によれば，専科指導が実施されている割合は，第 5 学年で 33.9%，第 6 学年で 35.7% となっている。高学年で家庭科よりも専科指導の割合が高いのは，音楽（第 5 学年：54.0%，第 6 学年：55.6%），理科（第 5 学年：45.1%，第 6 学年：47.8%）である。一方で，国語・算数が全学年で 10% 未満であるほか，社会や外国語活動も 20% に満たないなど，教科による差が大きい実態があった（図 4-4-1）。教科担任制は，専科指導が低調であるという現状を改めるという目的に加え，教員の多忙化解消の方途としても注目され，結果として 2016 年の中央教育審議会答申「幼稚園，小学校，中学校，高等学校及び特別支援学校の学習指導要領等の改善及び必要な方策等について（答申）」では専科指導の充実が指摘された。その後，専科指導の拡大にとどまらず教科担任制を導入することで学級担任の持ちコマ数を減らし，過重な負担を正常化するという教員の働き方改革の視点から議論がさらに進められ，上述の 2021 年の答申における教科担任制推進へと結実した[1]。

　以上のような経緯を踏まえると，小学校教員が教科指導に対する専門性を高めることができるようにするための研修の充実，そして加配教員を増やすなどして人員配置の柔軟性を持たせることが小学校における教科担任制の成否の鍵を握るといえるだろう。

(2) 教科担任制推進の意義

　先に紹介した 2021 年の中央教育審議会答申では，小学校高学年に教科担任制を導入することのメリットが主として三つの観点から整理されている。

　第一に，義務教育の 9 年間を見通した指導体制の構築である。小学校から中学校へ進学した際の変化に伴う様々な不適応が「中 1 ギャップ」と呼ばれているが，小学校における学習から中学校におけるより高度な学習への円滑な接続は学校教育における喫緊の課題とされてきた。そのため，小・中学校における系統性を見据えた指導が求められており，その方策のひとつと

して教科担任制の有効性が指摘されているのである。児童の立場から言い換えると，小学校の学級担任制から中学校の教科担任制への移行が緩やかになることで，中学校進学後の学習への不安を軽減する効果が生まれるということである。第二に，教科指導の専門性を持った教員によるきめ細かな指導の充実である。担当する教科の教材研究にとくに注力することで，より熟練した指導ができるようになり，児童の学習内容の理解度・定着度の向上と学びの高度化を図ることが期待される。児童にとっても，専門性ある教員による指導は，よりわかりやすく，学ぶ楽しさを感じるといわれる。第三は，教師の負担軽減であり，教材研究・教材作成などの授業準備に要する時間・労力を削減し，業務の効率化が実現するという利点が指摘されている。このほか，学級担任だけでなく複数の教員が一人一人の児童に接する機会が生まれ，多面的な児童理解が可能になることも教科担任制の利点として挙げることができる。

　答申のその他の特色として，新たに専科指導の対象とすべき教科として外国語・理科・算数が例示されたことがある。その背景にはグローバル化の進展，STEAM 教育の充実・強化に向けた社会的要請の高まりがあることが述べられている。音楽，図画工作，家庭のようなすでに多くの学校で専科指導が実施されてきた教科以外で，今後どのように進展するのかを注視したい。

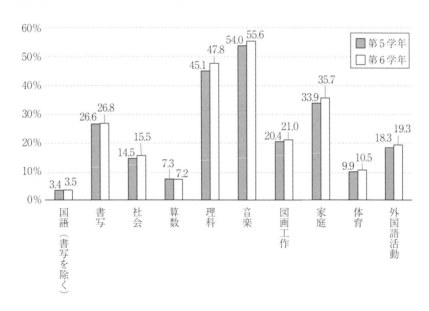

図4-4-1　小学校における専科指導の実施割合（%）
出典：「平成30年度公立小・中学校等における教育課程の編成・実施状況調査」
（文部科学省，2019）の調査結果をもとに筆者作成

（3）教科担任制に対する教員の意識

　東京都教育委員会による教員を対象とした意識調査（東京都教育委員会，2017）では，専科指導に対して「全ての学年で充実すべき」と回答した教員が43.6%，「高学年を中心に充実すべき」と回答した教員が41.0%，「現状のまま」が7.7%などという結果であった。また，効果的であると考える教科（複数回答）は，音楽が69.6%，図画工作が69.1%，家庭はこれら2教科に次ぐ58.2%であった。専科指導の充実は多くの教員に望まれていること，そして（東京都

の場合は）家庭科の専科教員の配置率は音楽や図画工作に及ばないにも関わらず，多数の教員が専科教員による家庭科の指導に有効性を感じ，肯定的に捉えられていると言える。

専科教員の利点（複数回答）としては「専門的な指導」が66.2％で過半数であり，「多面的・多角的な児童理解（44.0％）」，「学級担任の負担軽減（37.3％）」が続いている。他方，「中学校教育への円滑な接続」は中央教育審議会答申では筆頭に挙げられているが，有益であると感じる割合は10.2％と低く，小中接続の円滑化への影響については実感が薄いことがうかがえる。

2. 教科担任制と家庭科

(1) 家庭科の指導における問題

家庭科は第5・6学年の児童が学ぶ教科であり，学級担任制のもとでは高学年を担任する教員のみが指導することになる。したがって長期にわたり家庭科を指導する機会がない教員や，久々に家庭科を担当することになり戸惑いを覚える教員も多い。山下ら（2016）は，家庭科を専門としない教員が抱える困難として，学習活動時間の見通しがもちにくいことやスキルの不足を挙げている。前者の学習活動時間についての見通しについては，調理実習や製作実習など実践的・体験的な活動をおこなう時間の多い家庭科であるが，実践的・体験的な活動を取り入れた授業を組み立てる力は，他教科での経験が応用しにくいためであると結論づけている。後者のスキルの不足については，とくに生活の営みを説明する科学的な知識の不十分さが指摘されている。日々の食事を用意するといった日常生活を営むための知識と技能は十分に有していても，その背後にある科学や文化に関する体系的な知識の不足を感じる場合が多いようである。

また，浅井ら（2018）は，指導的立場にある指導主事等に面接調査を実施し，小学校家庭科に関する問題を総合的に検討している。履修学年・教科担当者に係る問題として，高学年のみの教科であるために経験が少なく，指導技術が蓄積されにくいこと，第5学年と第6学年で担当者が異なる場合は系統性を持たせるのが難しいこと，専科指導の場合でも必ずしも家庭科を専門とする教員が担当するとは限らないことなどを挙げている。履修学年が限定されているために指導機会にブランクが生じ継続的な研鑽ができないことは教科担任制により解消しうるが，校内事情によって担当者が頻繁に交代することや，家庭科を専門とする教員が必ずしも家庭科担当とならないことは，単に教科担任制を推進するだけでは解決しない根深い問題である。

(2) 教科担任制と家庭科の専門性

教科担任制により，家庭科を専門とする教員が家庭科を指導する場合，プライバシーへの配慮，安全管理と事故防止，そして個に応じた指導に，とりわけその専門性が発揮されると考えられる。

家庭科の目標のひとつに「家族の一員として，生活をよりよくしようと工夫する実践的な態度」を養うことがあるため，当然ながら学習したことを家庭・地域で実践することが期待される。しかしながら児童の家族構成や家庭生活の実態は多様であり，中にはそもそも家族の触れ合いや団らんが困難であることも考えられる。また，ステップファミリーや里親家庭の児童に対して生育歴を問うことは取り返しのつかない心の傷を負わせることになりかねない。家庭科

を専門とする教員はそうでない教員に比べ，家族の多様性に対してより深い理解があると考えられ，不適切な指導を避けることができる可能性が高いといえるのではないだろうか。また，調理実習におけるジャガイモを原因とした食中毒の発生やアレルギー疾患を有する児童の増加など安全面での課題も山積しており，家庭科を専門とする教員が学校栄養職員や養護教諭と連携・協働することが事故の防止に効果をもたらす。

　加えて，個に応じた指導の可能性も専門の教員が指導することにより広がるといえる。中学校の家庭科教員からは，小学校で学習する基礎的・基本的な知識・技能，とくに調理や手縫い・ミシンの技能が定着していない生徒がみられ，小学校の学習内容を復習するのに多くの時間を要するといった悩みが聞かれる。とくに小中一貫校等で中学校教員が小学校でも指導する場合は，児童のつまずきを丁寧にフォローし，学校や地域の実情に応じて系統性ある指導計画を立てることが可能になる。

(3) 教科担任制とジェンダー・セグリゲーション

　中学校・高等学校の教科担当教員については歴然とした性別格差が存在する。周知の通り家庭科教員のほとんどは女性であり，小学校の学級担任制のもとでも男性教員は女性教員と比較して家庭科を指導してこなかったことが報告されている（堀内，1994）。ジェンダー不平等な価値観を学校において再生産しないためにも，教科担任制の推進を大義名分として，「家事を得意としているから」といった安直な理由で女性教員ばかりに家庭科を担当させることは強く戒められる。

注
1) 2021年の中央教育審議会答申において教科担任制推進が提言されるまでの経緯は，奥田（2022）に詳しい。本稿の記述も，奥田（2022）に拠った。

参考文献
浅井玲子・柳昌子・財津庸子・貴志倫子・伊波富久美・岡陽子・中西雪夫・山口明美．（2018）．小学校家庭科授業の問題：九州地区家庭科リーダーの面接調査から．琉球大学教育学部紀要，92，81-96．
中央教育審議会．（2021）．「令和の日本型学校教育」の構築を目指して〜全ての子供たちの可能性を引き出す，個別最適な学びと，協働的な学びの実現〜（答申）．
堀内かおる．（1994）．ジェンダー視点による小学校家庭科担当者に関する一考察：家庭科および「家庭生活指導」をめぐる理論枠組として．鳥取大学教育学部研究報告 教育科学，36（1），147-160．
文部科学省．（2019）．平成30年度公立小・中学校等における教育課程の編成・実施状況調査 調査結果．https://www.mext.go.jp/component/a_menu/education/micro_detail/__icsFiles/afieldfile/2019/04/10/1415063_2_1.pdf，閲覧日 2022. 8. 15
奥田修史．（2022）．小学校教科担任制導入提言の特徴と課題：今日の政策動向とこれまでの論議との関連（特集 現代における小学校教授組織改革の意義と課題）．学校経営研究，47，1-8．
東京都教育委員会．（2017）．小学校教育の現状と今後の在り方検討委員会 提言．https://www.metro.tokyo.lg.jp/tosei/hodohappyo/press/2017/12/14/documents/01_02.pdf，閲覧日 2022. 8. 15
山下綾子・河村美穂．（2016）．担任教師が家庭科を教える困難は何か：家庭科を初めて教える若手教師の授業実践から．埼玉大学教育学部附属教育実践総合センター紀要，15，31-37．

第5節　学びの過程と家庭科授業

1.　学びの過程へ働きかける家庭科授業

　人は，対象について"わかった"と"わからなくなった"を繰り返しながら，理解を深めていく。すなわち，ある段階で"わかった"と思っていても，実は"わかったつもり"であり，それを問い直し続けていくことが学ぶということといえよう。家庭科が学習対象としている"生活"について理解を深めていく過程も同様である。その過程とそこに働きかける家庭科授業の関係[1]を図4-5-1に示した。

　家庭科授業も他教科と同様に，"よくわからない，知らない"状態への働きかけ(2)に，多くの時間を相対的には割くことになる。しかし，学習対象（生活）を自分の問題として捉えて，理解を深めていくためには，生活について"わかったつもり"になっている学習者への働きかけ(3)，(3')……が重要である。また，学習が始まる以前からすでに生活を営んでいるために，学習者は対象を意識さえしていないこともあり，そこへの働きかけ(1)も重要となる。

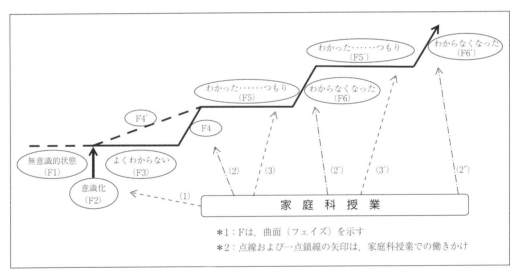

図4-5-1　生活について理解を深めていく各局面と家庭科授業
出典：伊波富久美. (2014). 「わかったつもり」を問い直す家庭科での学び. あいり出版.

2.　家庭科で目指す学び

　さて，家庭科教育は"家庭生活をよりよくしようとする実践的な態度の育成"を目指しているわけであるが，家庭科授業での学びを"実践"に生かしていくためには，どのように授業を展開していく必要があるだろうか。

　学習者が自ら実践に移せるようになるためには，学習対象を"自分の問題として"引き寄せることが重要であり，学習対象が"自分にとって"どのような意味を持つのか明らかになることが求められる。

　ヴィゴツキーは，その"自分にとっての意味"が確定されていく過程を「即自」，「対他」，「対

自」の過程として捉えた[2]。それを家庭科における"生活についての理解を深めていく過程"で示すと図4-5-2のようになる。

　すなわち，当初は，学習対象（生活）に対して無意識的であったり，わかったつもりになっていたりと，自分と'対象となる生活'との関わりが，まだ曖昧な状態（即自）から，他者との相互作用を通して（対他），しだいに，その対象が自分にとってどのような意味を持つものなのか明らかになっていく（対自）過程であり，それが家庭科の授業で目指される。したがって「対他」の過程，すなわち他者やモノとの相互作用の場をどのように構成していくのかが，家庭科の授業づくりの要点となる。

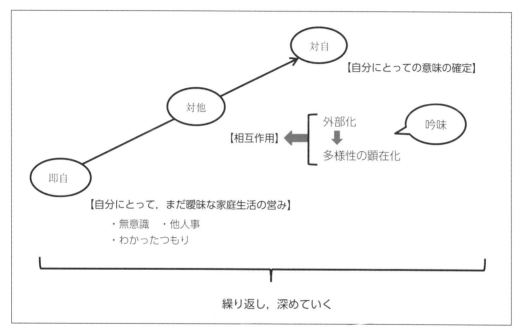

図 4-5-2　家庭科で目指す学び

3.　相互作用を促す授業づくり

　家庭科授業においては，まず，学習者自らが，"いかに自分が生活に意識を向けていないか"，"わかったつもりになっているか"あるいは"他人事としているか"（即自）を，学習者自身が意識できる機会を確保した上で，「対他」の過程をつくっていく。

　例えば，題材「エプロン」において，"エプロンの働き"について学ぶ授業（図4-5-3）では，まず「エプロンは何のために着ける？」と問う。子どもたちは「服が汚れないために着ける」と即答できるだろうが，「他には？」と問われると，それ以外はなかなか思いつかないことを自覚するだろう。そのような"エプロンの働き"について，"わかったつもり"になっている，あるいはエプロンを誰がどのような目的で着用しているのか"意識を向けてさえもいない"状態（即自）に働きかけていく。

　次の段階では，自分の周りでエプロンを身に着けている様々な人々について，事例を持ち寄るように促していく（図4-5-4）。例えば，「うちでは洗車する時に，大きなビニール製のエプ

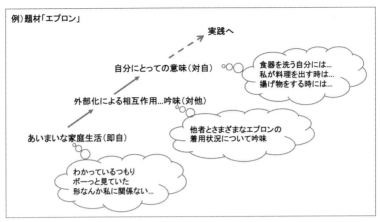

図 4-5-3　エプロンの働きについて学ぶ過程

ロンをしている」,「ガーデニングの時は，丈が短くポケットがたくさん付いているエプロン」,
「魚屋さんのは，黒いビニール製」,「カフェの店員さんは，明るい色の可愛らしいフリル付き」,
「スーパーの店員さんは皆，同じ柄のエプロン」,「給食の調理員さんは，かっぽう着型」など，
調べてきたことを発表させ〔外部化〕,「なぜそのような形や素材，色になっているのだろう？」
と問うことで多様なエプロンの働きに目が向くようにする。どのような人が，どのような場面
でどのようなエプロンを身に着けているのか，着用状況に照らしながら，そのエプロンの長所
や短所，妥当性について他者とともに吟味していく。当初は，「服を汚さないため」しか考え
つかなかった学習者が，自分の家での着用だけでなく，他者の着用状況や目的についても相互
に検討していくことで，自己表現や所属の表現，身体防護，活動をしやすくする等の様々なエ
プロンの働きに気付いていくであろう。それらをエプロンの働きにとどまらず，"被服の機能"
についての学習へ繋いでいく展開も可能である。

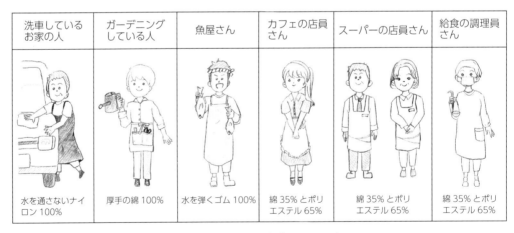

図 4-5-4　エプロンを着けている人々

　このように現実の生活を教室に持ち込んで外部化し，多様性を顕在化させ相互作用を促すこ
とで，それまで自分の家庭の営みしか見えていなかった自らの視野を広げ，生活を多様な側面
から捉えられるようにしていく。なお，多様性は，実習などにおいて直接モノと関わってみる

ことでも生じ得る。例えば，調理実習の試食時に，食感の好みが個々の学習者によって異なることを顕在化させる[3]ことで，対象を多面的に捉え，例えば「高齢者のいる我が家では，食材をレシピよりもっと柔らかく煮た方が良いのでは？」などと各家庭での状況に応じた調理方法について考察し合うことが可能になる。

以上のように多様性に目を向けた上で，生活者一人一人の状況に照らしながら，その営みの長所や短所，妥当性などについて，相互に吟味し賞味する[4]場を設定していくことが重要であり，それが「対他」の過程といえる。

そのような過程において，最終的にその対象が"自分にとって"どのような意味を持つ（位置づけになる）のか再検討することで，授業当初は曖昧に捉えていた"自分と対象との関係"が明確になってくる。エプロンの事例であれば「では，自分がエプロンを着ける場合には，…」と自分の問題に戻して，どのような状況の時に，どのエプロンを着ければ良いか，その状況や目的に照らして判断することができるようになるだろう。「沢山の食器洗いをする自分には，胸や腹がしっかり覆える形で，洗濯にも耐える素材のエプロンが良いなあ。」，「友達を招いて料理を出す時は，楽しい雰囲気になるよう明るい色のエプロンを着けよう。」，「お家の人が揚げ物をする時は，かっぽう着型がヤケドをしなくていいよとアドバイスしてあげよう。」，「我が家は食器洗い機があるから，片付けの時より調理作業に便利なハンドタオルが付けられるエプロンにしよう」など，自分や自分の家庭の状況や目的に応じたエプロンの着用について考えることができるようになる。

これが，"自分の問題として"学習対象を捉え，引き寄せることができた「対自」の状態である。この段階まで来れば，学習者は自ら実践へ移すようになるだろう（図4-5-3）。それこそが家庭科教育でめざされる実践的態度の育成といえる。

以上のように，「即自」から「対自」への移行を目指して授業を構想していくが，それで学びが終了するのではなく，図4-5-2に示したように，「即自」から「対自」への移行を繰り返すことで，学びは深まっていく。

家庭科の授業においては，学習者が対象を自分の問題として捉えられるよう，自分にとっての意味を明らかにしていく場を保障し，家庭で実践できるようにしていくことが肝要である。

引用文献
1）伊波富久美．(2014)．「わかったつもり」を問い直す家庭科での学び－自らにとっての意味を確定する家庭科授業をめざして－．京都：あいり出版．111．
2）ヴィゴツキー，L.S.（2008）．ヴィゴツキー心理学論集．柴田義松他訳．東京：学文社．239．
3）前掲書1)．36-45．
4）佐伯胖．(1995)．学びへの誘い．佐伯胖，藤田英典，佐藤学（編），東京：東京大学出版会．22-23．
参考文献
ヴィゴツキー．L.S.（2005）．文化的歴史的精神発達の理論．柴田義松監訳．東京：学文社．

第6節　課題解決学習（PBL）と家庭科

1. 学校教育における課題解決学習

(1) 2つのPBL（Problem-Based-Learning と Project-Based-Learning）

　まず課題解決学習について，問題解決学習（Problem-Based-Learning）とプロジェクト学習（Project-Based-Learning）の視点から考えていきたい。

　問題解決学習（Problem-Based-Learning）は，溝上（2016）によれば，「実世界で直面する問題やシナリオの解決を通して，基礎と実世界とを繋ぐ知識の習得，問題解決に関する能力や態度等を身につける学習」[1]とされている。提示された問題に対して，解決策を考えるという学習の流れである。一方プロジェクト学習（Project-Based-Learning）は，溝上によると，「実世界に関する解決すべき複雑な問題や問い，仮説を，プロジェクトとして解決・検証していく学習」[1]であり，「学生の自己主導型の学習デザイン，教師のファシリテーションのもと，問題や問い，仮説などの立て方，問題解決に関する思考力や協働学習等の能力や態度を身につける」[1]ことが特徴とされている。学習者が自ら課題を設定し，解決方法を検討するという学習の流れである。このような特性から，プロジェクト学習は探究的な学習ともされている。

　溝上は，二つの学習方法には問題・課題の設定方法に違いがあるとしている。その違いとは，前者は教師側で用意をするのに対し，後者は学習者が設定をするところにある。複雑化・多様化した現代社会においては，今までにない問題に直面することもあるため，予め用意された問題とその対処法だけでは対応できない場合がある。したがって，これからの時代を生き抜くためには，何が問題なのかを見出し，ときには今までにない新たな解決方法を模索していくことも必要となる。このような状況を踏まえると，今日学校教育で取り入れようとしている課題解決学習は，自ら課題を設定し解決方法を模索していくプロジェクト学習が該当するものと考えられる。さらに，学習者が自ら課題を設定するという点では主体的な学びも期待できる。

(2) 問題解決と課題解決

　しかしながら，学校教育においては「問題解決」も「課題解決」もあまり区別されずに取り扱われている。そこで，「問題解決」と「課題解決」の違いについても論じておきたい。

　まず「問題解決」は，不十分さや欠点等の「問題」を解決することになるため，もともと存在する不十分さや欠点といったマイナスをプラスに変えていく活動となる。つまり何か不十分さや欠点がある（問題がある）ということが前提となる。一方，「課題解決」は，設定した課題の解決を目指すのだが，何らかの問題から課題を設定するということもできるが，問題がなかったとしても課題を設定することもできる。例えば，現状でも不足なくできていることをもっとよくしたい，あるいはこういうことまでできるようになりたいということで課題を設定することが可能である。つまり，ある目標や理想に向けて課題を設定するという方法である。したがって，課題解決はプラスをさらにプラスに変えていくという活動にもなる。

(3) 課題解決学習の効果

　課題解決学習は課題発見や解決方法の検討といった様々な段階をたどるため，授業に取り入

れる際は各段階ごとに学習場面を設定することになる。そして各段階では，思考を巡らせ，ときには他者との対話や協働が必要となる。したがって，課題解決学習を通じて，思考力や判断力，問題発見・解決力，他者と協働する力，他者理解などの資質・能力を育むことができる。

　また，課題解決学習に取り組むことで，どのようにすれば課題を設定できるのか，あるいは解決できるのかという課題解決の術を体験的に学ぶことができる。つまり，課題解決の方法自体を学ぶことにもなる。また，課題を解決していくことで，自己の成長や改善を実感することもできるだろう。そうした実感により，学びに向かう力が高まるだけではなく，実践的な態度も養われる。このように課題解決を体験的に学ぶことにより，実生活で課題に直面した時でも，その手法を活かすことができるようになると考えられる。

2. 家庭科における課題解決の位置づけ

(1) 家庭科における課題解決学習の必要性

　家庭科はよりよい生活を創造する力を備えた生活主体の育成を目指す教科である。それでは家庭科が掲げる「よりよい生活」とは，どのような生活なのか。様々に解釈することができるが，「今（現状）よりもよくする」とも考えられる。そして，今（現状）よりもよくするための方法の一つは，課題を解決していくことである。子どもたちが自身の課題を一つ一つ解決していけば，必然的によりよい生活に近づいていく。課題解決学習とは，まさに生活のよりよさを追究・実現するものと考えることができるため，家庭科において必要不可欠な学習である。

(2) 課題解決学習の流れ

　課題解決のプロセスとして有名なのは，PDCAサイクルだろう。ある目的に対する行動を計画（Plan）し，計画に沿って実行（Do）をする。そして，実行した内容を評価（Check）することで課題や問題を明らかにして改善（Action）を図るという流れである（図4-6-1）。

　一方これまで家庭科でも，ホームプロジェクトや学校家庭クラブ活動を中心に，課題解決プロセスの一つであるSee-Plan-Do-Seeが取り入れられてきた（図4-6-2）。まず，自身の生活から課題を発見あるいは設定（See）して，課題の解決方法を検討し実践の計画を立てる（Plan）。そして，計画に沿って実行（Do）をして，実行した内容を振り返り・評価をすることで新たな課題を見出して改善案を検討する（See）という流れである。

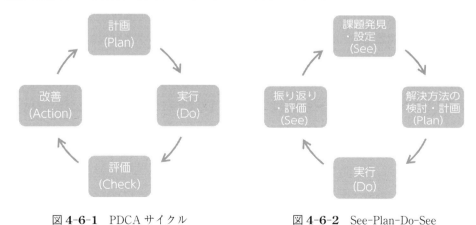

図4-6-1　PDCAサイクル　　　　　図4-6-2　See-Plan-Do-See

この二つを比較すると，実践の計画である「Plan」と実行の「Do」，そして実行後に振り返り・評価をして新たな課題をみつけ改善案を検討する「Action」と「See」という段階は共通している。しかし，See-Plan-Do-See は，計画である「Plan」の前に課題発見・設定である「See」の場面があることが特徴である。特に家庭科では，子どもたちに内在する生活課題を顕在化する必要がある。あらかじめ提示された課題で学習を進めてしまうと，課題やその解決方法等が子どもたちの生活と乖離してしまい，自身のよりよい生活を築くことに結びつかなくなってしまう可能性がある。また，学習を自分事として進めることも困難となり，学習の必然性や動機が持てなくなってしまい，学習意欲の低下を招く恐れもある。したがって，自身の生活のよりよさを追究する家庭科では，特に最初の「See」である課題設定が大切である。

(3) 学習指導要領における課題解決学習

2017 年・2018 年改訂の学習指導要領において，家庭科では課題解決力等の資質・能力を育むための具体的な学習過程が示された（図4-6-3）。

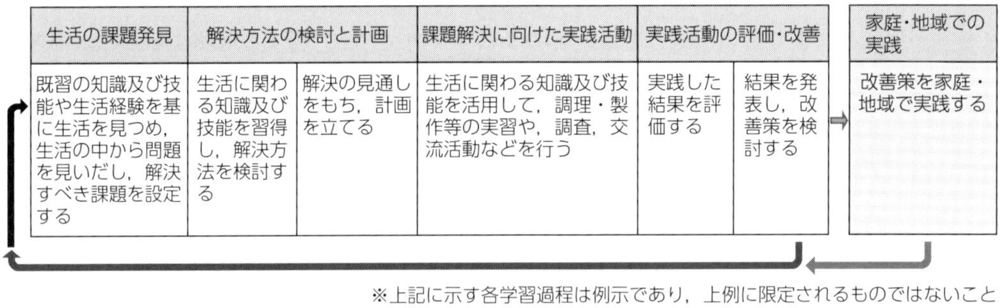

生活の課題発見	解決方法の検討と計画		課題解決に向けた実践活動	実践活動の評価・改善		家庭・地域での実践
既習の知識及び技能や生活経験を基に生活を見つめ，生活の中から問題を見いだし，解決すべき課題を設定する	生活に関わる知識及び技能を習得し，解決方法を検討する	解決の見通しをもち，計画を立てる	生活に関わる知識及び技能を活用して，調理・製作等の実習や，調査，交流活動などを行う	実践した結果を評価する	結果を発表し，改善策を検討する	改善策を家庭・地域で実践する

※上記に示す各学習過程は例示であり，上例に限定されるものではないこと

図 4-6-3　家庭科，技術・家庭科（家庭分）の学習過程参考例[2]

この学習過程の特徴は，「実践活動の評価・改善」を最初の「生活の課題発見」につなげているところにある。これまでの家庭科の授業をみると，課題解決学習の流れを1度して終わることが多かった。例えば，家庭科で学んだことを踏まえ夏休みに家庭で行う実践を学校で検討し，夏休み中に実践，夏休み後に報告会をして終わるという事例である。この場合，学校では実践の振り返りをして終わり，振り返り後の実践は各自に委ねられる。しかし，今回提示された学習過程では，実践の評価・改善をして新たな課題を見出し次の実践につなげることが明示された。つまり，課題発見・計画・実践・振り返りと課題解決のプロセスを一度で終わらせるのではなく，振り返りをした後さらに次の課題発見・計画・実践・振り返りの流れにつなげる必要性が示されたのである。したがって今後は，一連の課題解決のプロセスを次の課題解決につなげられる題材構成や指導計画を検討しなければならない。

3. 課題解決学習と批判的思考

(1) 批判的思考

批判的思考は，一般的には「情報を鵜呑みにしない」や「疑問を持つ」といった意味で用いられている。しかし，道田（2015）が，批判的思考が日常的文脈において批判（懐疑）と結び

つけてイメージされる一方で，学術的文脈においては批判を前面に出して語られることがほとんどないと指摘したように，批判的思考には上記の意味以外にも様々な側面がある。Ennis（1987）は，批判的思考を「何を信じ行うかの決定に焦点を当てた合理的で反省的な思考」[3]と示し，実践的かつ創造的な思考と捉えていた。また楠見（2016）は，批判的思考を「証拠に基づく論理的で偏りのない思考」，「自分の思考過程を意識的に吟味する，省察的（reflective）で熟慮的な思考」[4]と定義づけている。さらに道田（2015）は，批判的思考に関する概念を整理し，批判的思考が「批判的・懐疑的」「合理的・論理的」「反省的・省察的」という観点から語られていることを示した。このような批判的思考は，よりよい問題解決や意思決定の際に働く思考とされている。

　以上を踏まえると，批判的思考はある情報や選択に対して「本当にそうなのか」「もっとよい方法はないのか」という疑問を持ち，多様な視点で捉えつつ吟味・検討を通して真偽や妥当性を明らかにする，あるいはよりよい方法を追究する思考といえる。疑問を持つという点では「批判的・懐疑的」であり，問い直すという点では「反省的・省察的」，多様な視点から吟味・検討して追究するという点では「合理的・論理的」である。そうして導き出された考えや意見は「創造的」にもなり得る。そして生活のあらゆる場面で必要とされる「実践的」な思考なのである。このような多義的である批判的思考は，端的に言えば「様々な視点からじっくりと深く考える」ことであり，そのためには「疑問（問い）を持つ」ことが大切になる。

(2) 批判的思考と課題解決学習

　課題解決のためには，批判的思考を働かせることが重要となる。まず，課題発見・設定にあたって，特に子どもたちに内在している課題を顕在化するためには，子どもたちが自身の生活を問い直すということが必要となる。解決方法の検討と計画では，多様な方法を思案し，その中からよりよい（あるいはよさそうな）方法を選択しなければならない。実践をしている最中でも，どうすればよいのか，どのようにすればうまくいくのか考えを巡らせる。そして，実践の評価・改善の際にも，実践に問題はなかっただろうか，あるとしたら何が原因だったのだろうか，もっとよい方法はないのかと様々な視点から実践を見つめ直す。つまり課題解決の学習の各段階で批判的思考を働かせることが必要となる。

(3) 批判的思考と家庭科

　批判的思考は意思決定の際に働く思考であることから，これまでの家庭科では，商品の選択・購入の際に働く意思決定プロセスにおいて批判的思考の必要性が語られてきた。しかし，生活を送る際には，常に意思決定をしている。何を食べるか，何を着るか，どのように住まうか，どのような生活を送るかなど，意思決定の連続である。つまり，主体的に生活を築くためにも，商品購入の場面だけではなく生活のあらゆる場面において批判的思考を働かせる必要がある。

　さらに，道田（2004）は，「問題解決には『創造』が必要であり，創造のためには（主に自分に対する）『批判』が必要である」[5]とし，「すぐれた意思決定はきわめて批判的思考的であり，創造的な問題解決には，批判的思考的な技能が活かされている」[5]と述べている。また，土屋（2015）は家庭科における批判的思考力を「生活に関わる課題や問題を導き出し，解決方法を考え，さらに自分の実生活での行動を創出する力」[6]とした。生活を創造するためにも批

判的思考は欠かすことはできない。

　家庭科では，生活の中にある「当たり前」を問い直すことで，生活課題を見出していくことが必要となる。そして，新しい生活の在り方を追究・創出することも目指している。そうした教科のねらいや特性を踏まえても，家庭科教育において批判的思考は欠かすことできない。

4. 課題解決学習の実現に向けて

　課題解決学習を実現させるためには，主体的・対話的で深い学び（アクティブラーニングの視点）の観点から検討する必要がある。特に他者との対話・協働は有効である。他者と関わることで他者の価値観に触れるため，自分にはなかった新たな考えや視点に気付くことができる。また，自分の考えに対して客観的な意見が述べられることで，改めて自分の考えを見つめ直す契機にもなる。さらに他者と協働することで，多様な視点から解決方法の検討や評価・改善も可能となる。「三人寄れば文殊の知恵」ということわざどおり，他者とともに考えることでよりよい方法や新たな考えを創出することができるのである。

　批判的思考をいかに働かせるかもポイントとなる。批判的思考を働かせる方法としては，批判的思考の三つの特性を踏まえつつ，子どもたちに疑問を抱かせるような発問や教材，学習形態の工夫などが考えられる。また，多様な視点を持たせるという点では，上述した他者と関わることも有効である。その他にも，「生活の営みに係る見方・考え方」を働かせることも重要であるだろう。例えば，生活の営みに係る見方・考え方で示されている「健康・快適・安全」という視点から改めて衣食住生活を見つめたとき，新たな気付きが生まれる，または課題がみつかる可能性がある。生活を家庭科的な視点で丁寧にみつめることが，子どもたちにとっては今までにない視点となるのであれば，批判的思考を働かせるための有効な手段となり得る。

引用文献
1) 溝上慎一. (2016). 第1章 アクティブラーニングとしての PBL・探究的な学習の理論. 溝上慎一・成田秀夫編. アクティブラーニングとしての PBL と探求的な学習. 東京：東信堂, 5-23
2) 文部科学省. (2017). 小学校学習指導要領（平成29年告示）解説　家庭編. 東京：東洋館出版社, 15
3) Ennis,R.H.. (1987). A Taxonomy of Critical Thinking Disposition and Abilities. Teaching thinking skills, 9-26
4) 楠見孝. (2016). 第1章　市民のための批判的思考力と市民リテラシーの育成. 楠見孝・道田泰司編. 批判的思考と市民リテラシー－教育，メディア，社会を変える21世紀型スキル－. 東京：誠信書房, 2-19
5) 道田泰司. (2004). 批判的思考は良い思考か？. 琉球大学教育学部紀要, (64), 333-346
6) 土屋善和. (2015). 家庭科における批判的思考力の検討－ Ennis,R.H. の批判的思考論に着目して－: 日本教科教育学会誌. 38 (3), 1-11

参考文献
道田泰司. (2015). 第1部　批判的思考とはなにか 1-1 近代知としての批判的思考. 楠見孝・道田泰司編. 批判的思考21世紀を生きぬくリテラシーの基盤. 東京：新曜社, 2-7

第Ⅱ部
家庭科の授業設計とその実践

　第Ⅱ部は，授業の計画から実施までに必要な基本的手順と留意事項と共に，教育実習や研究発表会など様々な授業研究を通じて実践された学習指導案やワークシートを掲載しています。具体的な事例を参考にして授業を構想し，実際に学習指導案を書き，模擬授業を行ってみましょう。

第5章

授業の計画

第1節　授業の成立

1. 授業の要素

　授業が成立するためには，目標，学習者，教師，そして教材が不可欠である（図5-1-1）。授業とは，目標達成のために行われる営みで，その成否は，教師，学習者，教材の相互作用によって決まる。指導力のある教師が，効果的といわれる教材を準備しても，教材が対象となる学習者の生活実感とずれていたり，他の行事等の影響で学習者が集中力を欠く状態であれば，よい授業が成立するとは限らない。同様に，学習者が一見活発に教材に関わっていても，教師が教材の意味を深く理解せず，学習活動の目的や学習すべき知識・技能が不明瞭であれば，授業が成立しているとはいえない。以下，授業の諸要素の相互作用にかかる具体的な留意点を見ていこう。

図 5-1-1　授業の要素

2. 授業成立の要件と留意点

(1) 教師と教材

　日本の場合，授業の内容は学習指導要領に規定される。教材研究にあたり，まずは学習指導要領に示される教科の目標，内容等を読み解き，その上で適切な授業目標を設定し，教材を吟味することが求められる。教科書教材をはじめ，先行して実践された授業事例集などから教材を集め，授業目標を達成しうるかを検討しよう。教材の価値を引き出し指導できるかは，教師自身の力量による。その教材でなければならない理由や，教材から導き得る視点を複数挙げるなどして，教材を見る目を養いたい。例えば，「調理の基礎」のうち「ゆでる」ことを理解させようと目標設定する場合，教材として「青菜のおひたし」，「ゆでいも」，「ゆで野菜のサラダ」などが考えられる。ゆで時間によるかさの変化に着目させたいなら「青菜のおひたし」，様態の変化に着目させたいなら「ゆでいも」や「ゆで卵」，素材に応じたゆで方の習得なら複数の食材を使う「ゆで野菜のサラダ」のように最適な教材は異なる。

　なお，教材の検討にあたっては，教具や教室，安全性の考慮も必要である。「ゆで卵」の例では，写真や図を示すのか，実際の卵をビーカーや鍋で調理するのかなど，具体的な手段に関わる提示方法や器具などが教具となる。使用する器具等の数や使用可能性，教室の作業空間に制約がない

か，安全・衛生面で環境が整っているか，さらに器具や材料等の購入を伴う場合，予算や期日面で準備可能かなどにも留意する。また調理教材の場合，食物アレルギーへの配慮も欠かせない。

(2) 教材と学習者

　教材選択にあたっては，学習者の興味関心や知識・技能レベルの実態に合致しているかの検討が大切である。家庭科の授業計画ではとくに，子どもの生活経験や事象に対する関心，家族との関わりに注意を払いたい。なお，子どもの生活は，個々の家庭だけでなく，地域社会の生活環境や時代背景にも影響を受けている。直接的観察や調査から子どもの実態把握だけでなく，教師自身が社会の動きに関心を向け，歴史的あるいは文化的文脈で現代の生活の特徴を捉えるなど，視野を広げておきたい。

(3) 学習者と教師

　学習者と教師の相互関係に関し，家庭科ではとくに，子どもたちとの人間関係と学習規律，潜在的カリキュラムに留意が必要である。

　家庭科は，自分自身の生活を振り返ったり，学習した知識・技能を家庭生活の状況に応じて活用する実践計画を立てたりする機会が多い。プライバシーに配慮する必要があり，個々の生活状況を本人の意志に反し発表させるような場面は，設定すべきではない。一方で，各々の家庭生活の工夫を交流したり，他者と家族や家庭生活への率直な思いを共有したりする活動は，家庭科学習を自分事とする契機となる。家庭生活や家族のことを子どもが本音で表出できるよう，学習者と教師との信頼関係を築くことはもとより，子ども同士が互いを受け入れ，多様性を認めあえる心理的安心性を確保したい。

　学習規律に関しては，実習時のルールを徹底させたい。家庭科室使用時の共通ルールを明示したり，作業中断や注目の合図を決めたりして，一貫性のある指導が必要である。このことが，安全・衛生の指導や時間管理を確実に行うことにつながる。

　学習指導要領に示される教育課程が，顕在的カリキュラムであるのに対し，教師が無意識的，無自覚のうちに発する言動により子どもに伝わる価値観や知識，行動の様式のことを潜在的（隠れた）カリキュラムという。家庭科では，教師自身の家族観や生活の価値観が表出しやすい。例えば，「みそ汁をつくるとき，お母さんはどんな工夫をしていますか。」との発言は，家事担当者は母親や女性，とのジェンダー観の刷り込みになり得る。男女共同参画の視点から「家の人」や「保護者」などの表現を用いたい。さらに教師自身，調理の基礎や布を用いた製作などの知識・技能が不足したまま指導にあたるケースも散見される。それは，「これらのことはできなくても良い」との学習内容軽視の価値観を伝え，子どもの学習機会を奪うことになる。小中学校教員に求められる調理や縫う基本の技能は，高度な職人技ではない。子どもに対する指導ポイントを押さえることは言うまでもないが，他教科同様，教師自身の確実な知識・技能の習得が，授業成立の最低限の要件と心得よう。

第2節　年間指導計画

1. 年間指導計画の立て方

　小学校は，45分の授業を1時数とし，家庭科は第5学年に60時数，第6学年に55時数と定められている。学習指導要領の家庭科の目標を達成するために，学習内容に合わせて，2年間の計画を立てる必要がある。家庭科の内容は「A家庭生活・家族」，「B衣食住の生活」，「C消費生活・環境」の三つの内容となっているが，これらを順番に配置するのではない。児童の家庭生活での実践に結びつくように，題材を決め，それに合わせてAからCの内容を関わらせながら計画していく必要がある。年間指導計画立案の際には，指導の効果が高まるように，以下のようなことに留意したい。

　①児童・学校・地域の実態に即しつつ，中学校への繋がりも考え系統的に学習できるように計画する。また，道徳教育をはじめ，他教科，活動等との関連にも配慮する。

　②A，B，Cの順序にこだわらず，題材のまとまりを考えた構成にする。

　③第5学年の最初に「A家庭生活・家族」(1)自分の成長と家族・家庭生活を配置する。

　④「A家族・家庭生活」(4)家族・家庭生活についての課題と実践は，2学年間で一つか二つ課題を設定する。

　⑤学期や学年の区切りなどに自分の家庭生活で実践できるような題材を効果的に配列する。

　⑥設備や備品の重なりを避けるため，2学年分を考える。

　⑦調理実習，布を用いた製作の実習は，両方の学年に配置しなければならないため，難易度に配慮しながら配置する。

　⑧季節や気候を考えた計画にする（旬，気温，学校行事，年中行事など）。

　⑨障害のある児童などに配慮した指導計画も計画しておく。

　年間指導計画は，次のような手順で立てるとよい。

　①題材を組む：題材は，家庭科の目標に合わせつつ，児童・学校・地域の実態も考慮し，テーマごとに複数の題材を作成する。②配時する：各題材の目標がどれくらいの時間や活動で達成できるか考え，必要な時数を割り振りしていく。③題材の配置：第5学年は60時間，第6学年は55時間で配置し，学期毎のまとまりにも気をつける。また，祝日や行事などの振替休日なども考慮し，1か月ごと，1週間ごとの配置数も確認する。

2. 年間指導計画の例

　年間指導計画の例として，小学校家庭科の教科書の目次を並べ，それぞれに時数を配時した（表5-2-1）。

　教科書の構成に従った年間指導計画における実習教材に着目してみると，調理では第5学年でお茶の入れ方やゆで卵，第6学年ではポテトサラダなど平易な内容から難しい内容へ段階を踏んで計画していることがわかる（表5-2-2）。

表 5-2-1　年間指導計画の例と学習指導要領の内容

月	学期	第5学年（60時間）	学習指導要領の内容	第6学年（55時間）	学習指導要領の内容
4	1学期・前期	ガイダンス（1時間）		9．見つめてみよう生活時間（2時間）	
		1．私の生活，大発見！（4時間）	A(1)ア	(1)生活時間を見つめてみよう	A(2)ア
		(1)どんな生活をしているのかな	A(2)ア	(2)生活時間を工夫しよう	A(2)アイ
		(2)自分にできそうな家庭の仕事を見つけよう	A(2)アイB(2)ア(イ)	(3)生活時間を有効に使おう	A(2)イ
5		(3)できることを増やしていこう	A(2)イ	10．朝食から健康な1日の生活を（10時間）	
		2．おいしい楽しい調理の力（6時間）		(1)朝食の役割を考えよう	B(1)ア(ア)
		(1)調理の目的や手順を考えよう	B(2)ア(ア)	(2)いためる調理で朝食のおかずを作ろう	B(2)ア(ア)(イ)(ウ)(エ)
		(2)ゆでる調理をしよう	B(2)ア(ア)(イ)(ウ)(エ)		B(3)ア(ア)(イ)
6		(3)工夫しておいしい料理にしよう	B(2)イ	(3)朝食から健康な生活を始めよう	B(2)イ
		3．ひと針に心をこめて（9時間）		11．夏をすずしくさわやかに（8時間）	
		(1)針と糸を使ってできること	B(5)ア(イ)	(1)夏の生活を見つめよう	B(6)ア(ア)
7		(2)手ぬいにトライ！	B(4)ア(イ)B(5)ア(ア)(イ)	(2)すずしくさわやかな住まい方や	B(4)ア(ア)(イ)
		(3)手ぬいのよさを生活に生かそう	B(5)イ	着方をしよう	B(6)ア(ア)
		生活を変えるチャンス！	ABC	(3)夏の生活を工夫しよう	B(4)イB(6)イ
9	2学期	4．持続可能な暮らしへ物やお金の使い方（9時間）		生活を変えるチャンス！	
		(1)上手に選ぶために考えよう	C(1)ア(ア)	12．思いを形にして生活を豊かに（14時間）	
		(2)買い物の仕方について考えよう	C(1)ア(ア)(イ)C(2)ア	(1)目的に合った形や大きさ，ぬい方を考えよう	B(5)ア(ア)(イ)
10		(3)上手に暮らそう	C(2)アイ	(2)計画を立てて，工夫して作ろう	B(5)ア(ア)(イ)イ
		5．食べて元気！ご飯とみそ汁（10時間）		(3)衣生活を楽しく豊かにしよう	B(5)
		(1)毎日の食事を見つめよう	B(1)ア	13．まかせてね　今日の食事（10時間）	
		(2)日常の食事のとり方を考えて，調理しよう	B(2)ア(ア)(イ)(ウ)(オ)	(1)献立の考え方を考えよう	B(5)ア(ウ)
11			B(3)ア(ア)(イ)	(2)1食分の献立を立てて調理しよう	B(5)ア(ア)(イ)(ウ)イ
		(3)食生活を工夫しよう	B(2)イ		C(1)ア(ア)(イ)C(2)アイ
		6．物を生かして住みやすく（7時間）		(3)楽しく食事をするために計画を立てよう	B(1)イB(3)イC(2)イ
		(1)身の回りや生活の場を見つめよう	B(6)ア(イ)	14．冬を明るく暖かく（5時間）	
		(2)身の回りをきれいにしよう	B(6)ア(イ)イ	(1)冬の生活を見つめよう	B(6)ア(ア)
12	後期	(3)物を生かして快適に生活しよう	B(6)イC(2)アイ	(2)暖かい着方や住まい方をしよう	B(6)ア(ア)イ
		7．気持ちがつながる家族の時間（2時間）		(3)冬の生活を工夫しよう	B(4)イB(6)イ
		(1)家族とふれ合う時間を見つけよう	A(3)ア(ア)	生活を変えるチャンス！	ABC
		(2)わが家流団らんタイム	A(3)ア(ア)イ		
1		(3)団らんを生活の中に生かそう	A(3)イ		
		生活を変えるチャンス！	ABC		
		8．ミシンにトライ！手作りで楽しい生活（11時間）		15．あなたは家庭や地域の宝物（2時間）	
2	3学期	(1)ミシンぬいのよさを見つけよう	B(5)ア(ア)(イ)	(1)家族や地域の一員として	A(3)ア(イ)
		(2)ミシンにトライ！	B(5)ア(ア)(イ)	(2)私から地域につなげよう！広げよう！	A(3)ア(イ)イ
		(3)世界に一つだけの作品を楽しく使おう	B(5)イ	(3)もっとかがやくこれからの私たち	A(3)イ
3		5年生のまとめ（1時間）	A(1)ア	生活を変えるチャンス！（3時間）	ABC
		生活を変えるチャンス！（3時間）	A(4)ア	2年間のまとめ（1時間）	ABC

東京書籍『新しい家庭』の目次を参考に編集

表 5-2-2　教材と技能

布を用いた製作

	教材例	内容や技能
易↓難	フェルトの小物・ワッペン	フェルト（ほつれない布）を使って手縫いでできる（玉結び・玉留め，ボタン付けなど）
	ティッシュケース	フェルトなどを使って手縫いの直線縫いでできる（なみ縫い，かがり縫い，返し縫いなど）
	ランチョンマット・クッションカバー	布を使ってミシンの直線縫いでできる（伸びが少ない経緯方向の直線）
	ナップザック・トートバッグ	布などを使ってミシンの直線縫いでできる（伸びが少ない経緯方向の直線，糸の始末や三つ折り縫い）
	エプロン	布を使ってミシンの直線縫いでできる（伸びが多いバイアス方向の直線も含まれる）

調理実習

	教材例	内容や技能
易↓難	お茶・りんご	コンロ（元栓や器具線）や包丁を安全に使う
	茹で野菜・ゆで卵・ドレッシング	計量スプーンで正しく量る。食品に合わせて茹でる（入れるタイミングや時間に配慮がいる）
	ご飯・味噌汁	炊飯，出汁の取り方（水の量や火加減，時間に配慮がいる）
	炒り卵・野菜炒め	油を使い，炒める（切り方，入れる順番や火加減に配慮がいる）
	ポテトサラダ・ジャーマンポテト	複数の調理操作が必要

第3節　家庭科の学習指導案

1. 学習指導案作成の目的

　授業は，育てたい子ども像を念頭において，指導のねらいや指導過程を考え，限られた時間の中で行われる意図的な営みであり，基本的には年間指導計画に従って実施される。その年間計画をより具体的に，単位時間で表現したのが学習指導案である。

　学習指導案は，「教師が教えたいこと」を「児童生徒が学びたいこと」に変える企画書である。そのためには，取り上げる内容の十分な教材研究や理解が必須であり，児童・生徒の興味・関心，発達段階，学年間の系統性，他教科との関連等の実態を念頭に置くことが必要である。

　また，自分自身だけのためではなく，授業改善や共通理解のための資料としての役割や授業実践・研究の記録としての役割も持ち，次の授業の構想や改善につながる資料ともなる。お互いの授業を見直し，切磋琢磨していく必要がある教育実習や経験の浅い教員の場合や授業を公開して研究する場合などは必須であり，事前に添削やディスカッションの資料とする事もでき，様々な方向からアドバイスをもらう事により，授業をより良いものとするために利用できる。

2. 学習指導案の作成手順と項目

(1) 学習指導案作成の一般的な手順

　学習指導案は一般的には次の手順で行う。

　　○ 年間指導計画における題材の位置づけ（他題材との関わり，学年間のつながり，中学校へのつながりなど）を確かめる

　　→ 子どもの観察，理解，調査などから，児童を理解し，既習内容や体験の状況の実態をつかむ

　　→「教材研究」をする

　　→ 題材の目標を決める

　　→ 題材の指導計画・評価計画を作成する

　　　　子どもの興味・関心を引き出し，高めることができること，学習の目標を達成できること，発達の段階にあっていること，実践的・体験的な学習，問題解決的な学習を取り入れた計画や展開になっているか検討する。

　　→「学習指導案」を作成する

　　→ 資料・ワークシート，展示物などの準備をする

(2) 学習指導案に含める事項

　学習指導案は，授業者の教育観，教材観，児童・生徒観に添って，授業者個人の課題意識に基づいて書くものであるから，正解の形式がある訳ではないが授業者が指導の大筋を事前に俯瞰し，参観者に理解してもらうために書く事を自覚する必要がある。一般的には，題材名，題材の目標，題材について（児童・生徒観，教材観，指導観等），指導計画，本時の学習（ねらい，準備物，展開，板書計画等），評価等の項目を含める。教育実習などでは各学校からの

指定の形式がある事が多い。

3. 家庭科指導案の書き方例

○学年　家庭科学習指導案

令和○年○月○日(○)　○校時

○年○組　男子○名，女子○名

実習生名　　　△△　△△　印

指　導　者　　　□□　□□　印

(印が必要な場合には名前にかぶせて押印する)

1　題材名

　「題材名」を用いるのか「単元名」を使うのかは教科によって異なる。家庭科は，題材名を用いる。題材とは，学習指導要領の各項目に示される指導内容を指導単位にまとめて組織したものである。例えば，家庭科教科書に示される「家族の生活再発見」や「ひと針に心を込めて」「食べて元気に」等がその例である。年間計画，地域や学校の実情，他教科との関連などを考慮して学校独自に設定できる。

　題材名には完結性のあるまとまった学習経験を児童に与える大題材名と題材を構成する単位時間毎の小単位としての題材名がある。ここでは大題材名を書く。

2　題材の目標

　学習指導案に直接関わる目標は，題材の目標と一単位時間の目標である。ここでは，題材全体の目標を書く。学習指導案を立てる際には，まず，学習する題材でどのような力を子どもにつけたいかを明確にし，他の単元とのかかわりも十分に考慮して設定することが大切である。目標の基礎には，学習指導要領に記載されている目標が生かされることが重要であり，「知識・技能」「思考・判断・表現」「主体的に学習に取り組む態度」の三つの観点から記述する。

3　題材について

　題材についての記述は，おおよそ次の観点から示した項目について述べる。

(1) 児童・生徒観

・題材に対する学習経験

・題材に対する理解度，習熟度など

・題材に対する児童の実態の総括

(2) 題材観

・題材の説明とその価値や意義，選定した理由

・題材に対する教師の考え

・その題材を取り扱う事により期待される効果および系統性

(3) 指導観

・題材観と児童・生徒観を踏まえた指導の重点，目標等

・学習の流れに沿った，指導目標に対する中心となる指導の工夫，学習形態や教師の支援

4　指導計画（題材全体の取り扱い時数及び評価）

・年間指導計画における配当時間に準じて総時間数を明記する。

・本時の授業が指導計画の何時間目にあたるのかを明確に示す。

時数	○主な学習活動	□教師の働きかけ	評価
1	○子どもの学習活動について表記するので，主語は子どもになる。よって，語尾が「する」となる場合が多い。	◇教師の働きかけは，教師になる。よって，語尾が「させる」となる場合が多いが，支援のために使役動詞を使わない場合もある。	【評価】本時における評価規準と観点を示す。（ ）内は評価方法
2	（省略）		
3 **(本時)**	○ **本時の学習活動を具体的に記す。**	□ **本時の指導の手立てや指導上の留意点を記す。**	【評価】**評価の観点と評価規準を明確に記す。**
	※本時は，わかりやすいように太字及び太枠で表記すると良い。		
4	（以下省略）		

5　本時の学習
  (1) ねらい：題材目標との整合性を測り，本時におけるねらいを設定する。
  (2) 準備物：使用する教材教具（特に実験・実習を行う場合には丁寧に記述する）
  (3) 展開：多くの場合，導入・展開・まとめの過程で考える。時間配分も示す。
  (4) 展開

過程	学習活動	□教師の働きかけ ○予想される児童の反応	評価規準 【評価の観点】（評価方法）
導入 ◇分	1　問題把握 具体的な学習活動について，子どもの立場から記述する。	□教師の働きかけは，子どもの思考を深める発問，問い返し，ペアやグループでの話し合いの指示などを書く。また，配慮が必要な児童に対してどのような対応をするかについても書く。 ○予想される子どもの反応は，発問に対する子どものつぶやきや動き，内面の様子等を予想して書く。	
展開 ◇分	2　めあて 子どもに示すめあてを書く まとめに正対し，子どもの視点に立っためあてにする。 3 <展開での工夫例> ・授業のめあて，身につけさせたい力を明確にする。 ・授業のめあてに正対したまとめ，学習の振り返りを行う。 ・書く活動や児童がかかわり合う活動を取り入れる。 ・ペア学習やグループ学習等，学習形態の工夫を取り入れる。 ・ICTを活用した授業の工夫を行う。 ・教科を横断した視点での授業の工夫を行う。 4		

ま と め ◇分	5 まとめ ┌─────────────────────┐ │ 教師の発問などを書く │ └─────────────────────┘ めあてと正対したまとめについて記述する。今日の授業で何を学んだかを明確にする。 6 ふりかえり ┌─────────────────────────────┐ │ ・本時の学習で分かったことやできるようになったこと，次の課題について，子どもに振り返らせる。 │ ・本時の目標や単元の展開等から子どもの引き出したい振り返りを明確にする。 │ └─────────────────────────────┘		【 】には評価の観点を書く。 評価規準については，概ね満足できる姿（観点別評価B）を評価する欄に記述する。 （ ）には，行動観察やノート分析等の評価方法を書く。

(5) 板書計画：
　・板書は第二の指導案といわれるほど大切である。授業の流れがわかり，子どもの思考や学びの過程がわかるように心がける。
　・短冊の使い方や色使いなども重要な板書の構成要素である。どのように使うかをイメージするためにも丁寧に書く。
　・授業の流れや，子どもの思考や学びの過程をイメージしながら計画を立ててみることによって，実際の授業の流れの変更などにも臨機応変に対応できる。
(6) その他の資料：ワークシートなど

　子どもの立場に立った学習を行う事が従来にも増して重視されている。子ども主体の学習を展開するためには，教師の積極的な支援活動が大切になってくる。学習指導案の中に，どのような時にどのような支援をどのような方法で行うのかを具体的に示すようにしたい。教師が子どもの反応に対して，いかに価値づけるかを明記できるようにしたい。

4. 家庭科における評価について

　指導と評価は一体であり，授業後に習得させたいことが子どもの身についているかや到達状況を確認する必要がある。これは同時に，教師にとって授業が適切なものであったかどうかを省察するための資料ともなる。子どもの良さや可能性をさらに伸ばし，見守り適切な支援を行うための評価でありたい。

(1) 教科における評価の基本構造

　平成29年度告示（令和2年度完全実施）小学校学習指導要領において示された「学習評価の基本構造」は図5-3-1のとおりである。

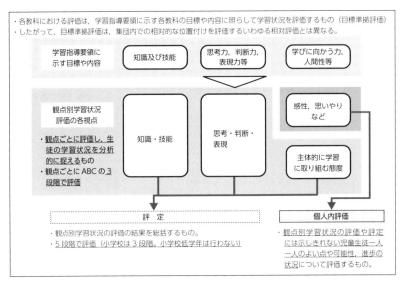

図 5-3-1　学習評価の基本構造
出典：文部科学省「指導と評価の一体化」のための学習評価に関する参考資料

　図に示されるように，観点別学習状況の評価や評定には示しきれない感性や思いやりなど，児童生徒一人一人の良い点や可能性，進歩の状況については，「個人内評価」として実施し，進歩の状況などを積極的に評価し児童生徒に伝えることが重要である。

(2) 家庭科の目標の基づく評価の視点

　家庭科の目標に即して，評価の観点を示す。なお，内容のまとまりごとの具体的な評価基準例は，文部科学省　国立教育政策研究所　教育課程研究センターから参考資料が公表されているので，まずは参照し，学校毎の発展的な創意工夫などへと繋げていく事が重要である。

　1）「知識・技能」

　　日常生活に必要な家族や家庭，衣食住，消費や環境などについて理解しているとともに，それらに関わる技能を身に付けている。

　2）「思考・判断・表現」

　　日常生活の中から問題を見いだして課題を設定し，様々な解決方法を考え，実践を評価・改善し，考えた事を表現するなどして課題を解決する力を身に付けている。

　3）「主体的に学習に取り組む態度」

　　家族の一員として，生活をよりよくしようと，課題の解決に主体的に取り組んだり，振り返って改善したりして，生活を工夫し，実践しようとしている。

(3) 評価規準の具体化と評価方法

　学習指導要領に示された教科の目標を踏まえて，「評価の観点及びその趣旨」が作成されていることを理解した上で，「内容のまとまり」と「評価の観点」との関係を確認し，観点ごとのポイントを踏まえ，「内容のまとまりごとの評価規準」を作成する。

1)「知識・技能」については，指導事項アについて，文末を「～を（～について）理解している」「～を（～について理解しているとともに，適切にできる」として評価基準を作成する。ただし，「A 家族・家庭生活」の（1）については，その文末を「～に気付いている」として作成する。具体的な評価方法としては，ペーパーテストによる知識の習得を問う問題や知識の概念理解を問う問題，児童生徒が文章による説明，観察・実験，式やグラフで表現する場面を設けるなどが考えられる。

2)「思考・判断・表現」については，教科の目標（2）に示されている学習過程に沿って，「課題を解決する力」が身についているのかを評価する。文末を「～について問題を見いだして課題を設定し，様々な解決方法を考え，実践を評価・改善，考えたことを表現するなどして課題を解決する力を身に付けている」として評価基準を作成する。具体的な評価方法としては，ペーパーテストや論述やレポートの作成，発表，グループでの話し合い，作品の製作や表現，それらを集めたポートフォリオなどが考えられる。

3)「主体的に学習に取り組む態度」については，基本的には，指導事項ア及びイと教科の目標，評価の観点及びその趣旨を踏まえ，① 粘り強さ，② 自らの学習の調整，③ 実践しようとする態度を含めることを基本とし，文末を「～について，課題の解決に向けて主体的に取り組んだり（①），振り返って改善したり（②）して，生活を工夫し，実践しようとしている（③）として評価基準を作成する。具体的な評価方法としては，ノートやレポート等における記述，授業中の発言，教師による行動観察や児童生徒による自己評価や相互評価等の状況を，材料の一つとすることなどが考えられる。

5. 授業を創ろう

　目の前にいる学級の子どもの家庭生活の背景や生活環境の実態に即し，子どもの思考の流れに沿う授業づくりを目指そう。そのために，物語のシナリオを書くように毎時間のつながりがある授業を構想することが大切である。その意味で学習指導案はオーダーメイドであり，オリジナルである必要がある。

参考文献
文部科学省国立教育政策研究所教育課程研究センター.（2020）.「指導と評価の一体化」のための学習評価に関する参考資料 小学校家庭

第4節　家庭科における学習方法

1. 実践的・体験的な学習

(1) 家庭科における実践的・体験的な学習

　2017年改訂の小学校学習指導要領に示されている家庭科の目標には，「実践的・体験的な学習を通して」生活をよりよくしようと工夫する資質・能力を育成することが明記されている。したがって，家庭科の目標を達成するためには，実践的・体験的な学習を取り入れる必要がある。家庭科において代表的な実践的・体験的な学習は，調理実習と被服製作であるだろう。しかし，学習指導要領解説をみると「調理，製作等の実習や観察，調査，実験などの実践的・体験的な活動」との記載があり，実習以外でも実践的・体験的な学習が可能である。

　1）実習

　実習とは，授業で得た知識や技術を用いて実践をすることである。家庭科の特徴的な学習活動であり，家庭科が実技科目といわれる所以ともなっている。家庭科で実習といえば，調理実習や被服製作などのものづくりに関わる活動が印象的であるが，他にも幼稚園や保育園に赴き幼児と関わる触れ合い体験や地域の高齢者と関わる活動等も，学校で得た知識や技術等を試すという意味では実習とみなせるだろう。

　実習は，授業で得た知識や技術の習得や定着を主なねらいとして取り組まれることが多い。さらに，調理実習や被服製作はものづくりであるため，実際に自分たちで料理を試食できたり，製作物を使用できたりすることから，達成感が得やすく学びを実感しやすい活動である。また，子どもたちが楽しみにしている活動でもある。その一方で，子どもたちの活動がメインとなり危険を伴う可能性もあるため，特に安全面と衛生面には配慮が必要であり，指導を徹底しなければならない。

　2）観察

　観察とは，ある対象の実態を知るために，変化や様子に着目しながらじっくり見ることである。例えば家庭科における観察に関わった学習活動は，食生活領域におけるガラスの鍋を使用した米の炊ける様子を確認する活動や衣生活領域における布を巻いたペットボトルの温度の下がり具合を確認する活動等が挙げられるだろう。また，対象は物だけではなく，例えば家族・家庭生活領域において，家族の家庭の仕事の様子を観察する活動や幼児との触れ合い体験で幼児の表情や様子を観察する活動のように，人を観察対象とすることもできる。

　観察では，対象をじっくり見ることで，気付きや発見，あるいは授業内で得た知識や情報の確認をすることができる。したがって，特に気付いてほしい部分や重点的に確認してほしい部分等を視点として予め提示しておくことも学習を進める上では効果的である。

　3）調査

　調査とは，ある事象の実態を明らかにするために調べることである。調べることにより，対象を把握・理解するだけでなく，それらの特徴や問題・課題等もみつけだすことができる。学習活動としては，例えば住生活領域における学校内や教室内の汚れを調べる学習や消費生活・

環境領域の地域のごみの分別方法を調べる活動などが挙げられる。

　子どもたちの主体性を促すために，調査対象や動機については子どもたちの疑問や問い，発言から検討・決定することもよいだろう。調査方法としては，様々な情報を収集するために，資料や教科書，インターネットを用いる以外にも地域等に直接赴いて調べる実地調査が挙げられる。また，地域の方や専門家をゲストティーチャーとして学校に招き質問をするインタビュー調査という方法もある。

4）実験

　実験とは，仮説や理論を実証・証明するための科学的な手法である。ただし，家庭科では，理科で用いる装置を使用するだけではなく，生活の中で日常的に使用する用具や材料が取り入れられることが多く，生活における原理や理論などを科学的に理解するために行われる。例えば，食生活領域におけるだしが入っているみそ汁と入っていないみそ汁を飲み比べる活動や衣生活領域における手袋をつけた手とつけていない手にビニール袋をかぶせて不快感を確認する活動，住生活領域における窓の開け方の違いによる風通しを確認する活動等が挙げられる。

　実験では，条件の異なるものを用意して，それらの様子や変化等の違いを比較するのだが，実験方法によっては想定と異なる結果が出てしまうことがある。そのため実験をする際には，比較する箇所や授業で気付いてほしい箇所以外の条件はしっかりと整える必要がある。また，実験結果から気付きや学びを生むためには，予想や仮設を立てさせる場面を設定することも重要である。予想や仮設と結果が異なった場合には，子どもたちの考えに大きな揺さぶりをかけることができ，気付きや学びを得やすくなる。

（2）実践的・体験的な学習の意義

　これまで家庭で経験できていたことが，様々な事情により経験できなくなっている子どももいる。例えば，昔は一家に一台ミシンがあったが，今ではミシンがない家庭も多くなった。また家庭機能の社会化・外部化も進んでいる。このような状況により，学校で初めてミシンを触る，包丁を使うという子どもも少なくない。したがって，家庭科における実践的・体験的な学習活動は，子どもにとって貴重な体験の場でもあり，家庭ではできない生活経験ができるという意味でも，体験をするということ自体に価値がある。

　また，実践的・体験的な活動を通じて，実感を伴った理解が得られる。教科書や資料等を読むことで理解をするよりは，観察や実験を通じて実際に様子や変化を見たり触れたりする方が，自分が納得して理解をすることができる。また体験を伴った学びは自分の言葉で語りやすく，振り返りにも役立つ。このようにして得られた知識や理解は，生きて働く知識となりやすく実生活において活用することができる。

　さらに，実践的・体験的な学習は，子どもたちの活動がメインであることから，教師主導ではなく子どもたち主導となるため，主体的な学びが期待できる。また，グループやペアで活動をさせることで，子ども同士で教え合う・確認し合うようにすれば，対話的な学びや学び合いの場面とすることも可能である。さらに活動前の課題設定や活動後の振り返り等では，話し合いを取り入れることで，子どもたち自身に考えさせる場面を設定できる。つまり，実践的・体

験的な学習活動は，必然的に主体的・対話的で深い学び（アクティブ・ラーニングの視点）とすることができる。そのため，実践的・体験的な活動を通じて，汎用的な資質・能力を育むことも可能である。

(3) 実践的・体験的な学習を通じた「学び」をデザインする

　実践的・体験的な学習を「学習活動」として機能させるためには，単なる「体験」で終わらせてはならない。体験を「目的」にするだけではなく，学習を進めるための「手段」として捉える必要があり，そのために教師は，実践的・体験的な活動を通した「学び」をデザインしなければならない。

　まず，実践的・体験的な学習を何のために行うのかを，子どもたちも把握していなければならない。したがって，課題設定が重要である。そして，授業で取り入れようとしている実践的・体験的な活動が，設定した課題解決のための活動になり得るかを，まずは教師自身がじっくりと吟味・検討しておくことも必要である。それと同時に実践的・体験的な学習の効果や得られる学びについても，教師自身がしっかりと理解しておかなければならない。

　また，実践的・体験的な学習自体を工夫することで，学習効果をさらに高めることができる。例えば，グループごとに観察対象や調査場所を分担したり，実験の条件を変えたりすることで，クラス全体で共有した際に多様な情報の把握及び比較検討が可能となる。ジグソー法のように共通の課題に対して異なるアプローチをさせてグループやクラスで意見を共有することで，自分一人あるいは自身のグループでは気付けなかったことに気付くこともできる。

　子どもたちは教科書や資料を読んで得たことよりも自身の体験を通して感じたことの方が多く語ることができる。その語りが，実は「学び」となっているということに気付かせてあげることが大切である。そのために教員は，学習で体験したことを家庭科の学びとつなげることを意識しなければならない。体験の感想を述べさせるだけではなく，体験後に学びや気付きを振り返る場面や共有する場面，子ども同士でディスカッションする場面を設定をして体験から得られた学びを自覚させる（気付かせる）ことが重要である。

2. 思考ツールの活用
(1) 思考力を育成する授業

　現在学校教育において育成が求められている思考力は，教師主導の講義形式（いわゆる先生がただ授業の内容を話して知識や情報を教授するだけの授業）で育むことは難しく，子どもたちが様々に思考を巡らせる，あるいはじっくり考えられるように学習形態を工夫する必要がある。主体的・対話的で深い学び（アクティブ・ラーニングに視点）を取り入れていくことも有効であるが，道田（2018）は批判的思考力を育成する授業の観点を表5-4-1のように示している。

　「評価・判断系」とは，ある結論や意見・考えなどを評価したり妥当かどうか判断させたりする場面が設定された授業である。「複数視点系」とは，例えばメリット・デメリットについて考えるというような，相反する視点や別々の視点で考えさせる場面が設定された授業である。

「練り直し系」とは，例えば友達からアドバイスや疑問をもらい，その意見や考えを踏まえて一度出した意見を改めて考え直すといった，意見や考えを再検討する場面が設定された授業である。「質問生成系」とは，問いを持たせるためにある事柄に対する質問を考えさせる場面が設定された授業である。「基準検討系」とは，意思決定をした際に何を基準としたのかを考えさせるような場面が設定された授業である。

　これらの手法は批判的思考教育に関わるものとして示されてはいるが，批判的思考が「じっくりと深く考えること」（第4章5節参照）であるならば，思考力育成の観点からも参考にすることができる。そして，その中の一つである「スキル系」には，思考ツールを活用することが示されている。

表5-4-1　批判的思考教育の観点

観点	下位カテゴリー
スキル系	思考ツール（三角ロジックなど），異なる立場に反論，スキル学習，系統的資料提示
評価・判断系	結論導出，不適切さの指摘，不足の指摘，情報・意見の評価，自己思考の評価，根拠の問い返し
複数視点系	価値対立，他面着目，ズレ着目
練り直し系	良い点の取り入れ，視点提示，アドバイス，視点獲得，役割分担，討論後の練り直し，他者の文章のリライト
質問生成系	質問生成，質問生成－検討
基準検討系	共通議論で基準検討，意思決定後の基準検討，試行錯誤のめあて検討

道田泰司．（2018）「叡智としての批判的思考－その概念と育成」『心理学評論』61（3）より筆者作成

（2）思考ツール

　思考ツールとは，ある思考をするためのモデルや型である。一方「思考」といっても，様々であり，「どのように考えさせたいか」によって手法も異なる（例えば，演繹的・帰納的に考える，比較する，分類する等）。ここでは，思考ツールについていくつか紹介をしていく。

1）Y・X・Wチャート

　Y・X・Wチャートとは，それぞれの文字で区切り，区切った箇所に別々の視点を割り当てて対象に関する意見をまとめさせていく方法である。対象を多様な視点で捉えることが可能となる。なお，各視点は，教員が提示しても良いが，視点自体を子どもたちに考えさせても良い。

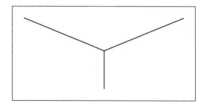

図5-4-1　Yチャート

2）ベン図

　ベン図とは，対象の特徴を挙げていき，特徴を共通しているものと共通しない特有なものとで分けて示す方法である。対象の共通点や相違点をみつけだしたり，比較したりすることができる。

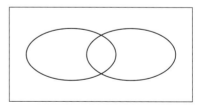

図5-4-2　ベン図

3）マトリックス

　マトリックスとは，横軸・縦軸にそれぞれ比較や検討したい事項を設定し表などにしてまとめる方法で

図5-4-3　マトリックス

ある。例えば，横軸に「商品」，縦軸に「価格」や「量」などを記載して，横軸に記載されている商品を縦軸の観点から比較・検討するという使い方ができる。または，横軸に「メリット・デメリット」，縦軸に「リスク大・小」というように，相反するような視点を横軸・縦軸ともに設定をして，ある事柄を分析・整理するという使い方もできる。

4）ウェビングマップ（イメージマップ）

ウェビングマップとは，中心にある言葉から連想できるあるいは関連する単語を記載してつなげていきながらマップを作成する方法である。中心となる言葉の意味や理解を広げていくことができるだけでなく，自分の持っているある言葉に対するイメージを可視化することもできる。また，授業前後で実施することにより，ある言葉に対する理解が学びを通じてどのように広がり変化したのかをみとることもできる。

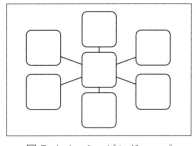

図 5-4-4　ウェビングマップ

5）三角ロジック

三角ロジックとは，「主張」（結論）とそれを支える「事実」と「論拠」（理由）を示す方法である。主張に対して，理由を考え，その根拠となる事実を客観的な証明となるデータ等で示すことから，論理的に考えるためにも使用される。また，この方法は，主張をするためにデータ等を示す必要があるため，情報を収集する力や情報と考えや意見を関連づける力等も育むこともできる。

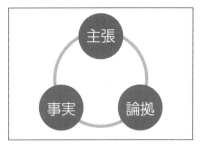

図 5-4-5　三角ロジック

(3) 思考ツールを活用することによる学習効果

思考ツールを用いることにより，思考を可視化することができるため，自身の思考を客観的に見つめ直せるだけでなく，他者と思考を共有することが可能となる。また，子どもたちが必然的にそれらの方法に沿った思考をすることになるため，思考の方法や手順を体験的に学ぶことができる。さらに，それらのツールを何度も使用して，モデルや型に沿った思考を繰り返すことで思考方法も身につくため，実生活の様々な場面においても論理的に考えたり批判的に考えたりすることが可能となる。

なお，思考ツールの活用については，そのまま使用することも可能だが，あくまで型やモデルであるため，それらの考え方を参考に子どもの実態等にあわせてアレンジをして学習に活用する必要もある。

3. ICT の活用

(1) GIGA スクール構想

学校教育における ICT の活用に向けて，GIGA スクール構想が示された。GIGA スクール構

想の取り組みとしては，子どもたちに一人一台端末を持たせることや高速大容量の通信ネットワークを一体的に整備することなどが挙げられており，教育の個別最適化を図り，汎用的な資質・能力の育成を目指すことがねらいとされている。近年ではインターネットやSNSの普及に伴い情報リテラシーの育成も重要とされている。活用方法だけでなく活用することの意義や効果，影響及び危険性について体験的に学ぶためにも，ICTの活用を積極的に進めていく必要がある。

(2) ICT活用方法

文部科学省が示す「GIGAスクール構想の実現へ」にはICTの活用として，①検索サイトを活用した調べ学習，②文章作成ソフト，プレゼンソフトの利用，③一斉学習の場面での活用，④一人一人の学習状況に応じた個別学習が挙げられている。さらに探求のプロセスでの活用についても示されている（表5-4-2）。

表5-4-2　探求のプロセス学習におけるICTの活用

課題の設定	実社会の問題状況に関わる課題，進路や教科等，横断的な課題などを設定
情報の収集	文献検索・ネット検索，インタビュー，アンケート，実験，フィードバック等
整理・分析	統計による分析，思考ツール，テキストマイニング等の分析
まとめ・表現	論文作成，プレゼンテーション，ポスターセッション，提言等で発信

文部科学省「GIGAスクール構想の実現へ」より筆者作成

ICT活用の手立てとしては，パソコンやタブレット以外でも，電子黒板やスクリーン・プロジェクター，デジタル教材などが挙げられる。

(3) ICT活用の効果

ICTの活用には様々な効果がある。まず，授業の効率化が図れる。特に授業は限られた時間の中で，学習目標を達成しなければならないため，例えば視聴覚資料等のデジタル教材を利用することにより，短時間で効率よく情報を提供できる。デジタル教材は，子どもたちの興味・関心も引きつけやすく，学習意欲を高めることにもつながる。また，パソコンやタブレットを利用することで，子ども一人一人の学習状況を確認することや子どもたちが考えた意見等を共有することも容易に行える。さらに，グループのみなで協働して意見の集約や発表資料の編集をすることもできる。

私たちは生活のあらゆる場面でICTを活用しており，生活を送る上でICTの活用は不可欠となった。そのため，教科の学びと同時にICTの利活用方法を習得するという意味においても，学校教育おいて様々なICT機器に触れ使用することが重要である。

参考文献
田村学・黒上晴夫.（2013）.考えるってこういうことか！「思考ツール」の授業.小学館
道田泰司.（2018）.叡智としての批判的思考－その概念と育成.心理学評論，61（3）
文部科学省.（2017）.小学校学習指導要領解説　家庭編.東洋館出版
文部科学省.GIGAスクール構想の実現へ.https://www.mext.go.jp/content/20200625-mxt_syoto01-000003278_1.pdf　閲覧日 2022.8.15

第5節　家庭科における学習環境の管理

1. 安全や衛生の管理

(1) 安全管理

1) 被服実習（小物製作）における安全管理

(a) 注意を要する機械・道具の扱い

　被服実習には，針，はさみ，ミシン，アイロンなど使用や管理に注意を要するものがある。教員は共有する機械・道具については，故障や破損はないか，不具合がないかを定期的にメンテナンスを行い，必要に応じて業者に点検・修理に出す，廃棄・補充するなどの管理が必要である。また，針やはさみなど児童・生徒が個々に用意する道具については，家庭科の授業の最初に管理ルールを示し，ルールを順守させる指導が必要である。ルールの例としては，授業の開始時および終了時に針・待ち針の数を数えて数が同じことを確認させること，はさみは所定の場所にしまわれていること，使用中は机の端に置かないこと，はさみ・針・アイロンなどを持ったまま不用意に移動しないこと，電気機器の電源・動作オフをしてから席を離れるようにすること，などがある。

(b) 破損した場合の報告ルール作り

　万が一破損やケガをした場合は，すぐに教員に報告をするルール作りが重要である。破損の場合は二次被害を防ぐため，破損したことを叱らず報告に来たことを褒め，報告に来ないで隠した場合は叱られることを児童・生徒に強く伝え，信頼関係を築いておくことが大切である。意図的でない破損やケガは仕方のないことであり，児童・生徒は報告しても叱られないと理解していれば，安心してすぐに報告をできる。教員自身も破損やケガの事実を迅速に知ることができ，適切な対処も素早くできることにつながる。

(c) 児童・生徒の動線と空間の管理

　実習は児童・生徒が個々に動く授業でもある。ふざけや遊びをさせないことだけではなく，適切な活動で児童・生徒どうしが機械や道具を運搬することもある。すれ違うに十分な空間がある場合はよいが，特に他者の背後を注意を要する道具や機械を持って通過する場合は，注意を喚起するように声をかけるなどし，できる限り不意の事故を防ぐ動線の管理が必要となる。

　また，手提げ袋を足元に置くと，持ち手に足を引っかけやすく危険である。適切な場所に収納するように指導する。

2) 調理実習における安全管理

　調理実習も行動ルールの徹底が重要である。包丁などの刃物や串などの鋭利なもの，コンロ等の熱器具，ミキサー等のように分解洗浄する際に刃が触れるものなど，火傷やケガに注意する道具や機器が多くある。包丁などを運搬するときはバットや箱に入れて運ぶだけでなく，互いに声をかけながら運搬すること，机の端に置かない等のルールは1)の(a)と同じである。調理実習の場合は火を使う。コンロの周りに教科書やプリント，ふきんなど燃えやすい物を置きやすかったり，無意識で火の向こうのものをとろうとして服へ引火しそうになったりするこ

ともあるため注意喚起が必要である。また，水や食物も扱うため，床に水や切りくずなどが落ちていると転倒の恐れがある。こぼしたときはすぐに拭く・拾うルールを徹底させたい。教員は，個々の行動の管理だけでなく，調理室の空調によって火が煽られないか，換気は適切か，ガス漏れや調理器具が炙られて有害なガスが出ていないか，など空間の安全にも気を配る必要がある。

　体調管理という面では，アレルギーをもつ児童・生徒の中には，アレルゲンとなる食材を摂取しなくても触れたり吸い込むだけで発作が出る場合があるので，事前の児童・生徒の情報収集が重要となる。

　調理実習も1）の（b），（c）と同じく，破損時の報告ルールや動線管理が必要である。調理実習の場合は，危険な道具だけでなく熱い調理道具や湯，調理品を運搬・使用する場合もあり注意がさらに必要である。

3）交流実習・実践における安全管理

　調理・被服実習以外に，人と接する実習や実践がある。この場合は児童・生徒および相手となるゲストの身体的安全が図られなければならない。保育施設や福祉施設に行く場合は，児童・生徒の移動中の安全管理を，実習・実践中は施設内のルールや発達段階に合わせた双方の安全な遊びや衛生的な配慮を，いずれも事前に綿密に打ち合わせ，対応を計画しなければならない。

4）事故が起こったときの管理

　各実習において，ケガや体調不良などが起こった場合に備え，どのような報告・対処手順で行うべきかの確認を常にしておかねばならない。実習中であれば，教員はその場を離れることができない場合もあるが，その際には誰が該当者を保健室に連れていくのか，ほかの教員への連絡はどのようにするのか，などのルールを児童・生徒と共有しておき，迅速に対応できるようにしておきたい。

（2）衛生管理

1）食中毒の予防

（a）食材の運搬保管・業者の選定，調理中の注意

　調理実習は飲食を伴う活動のため，食中毒の危険がある。教員として食材の調達や管理を担うが，適切な食材の入手と保管が必須である。搬入業者は清潔で鮮度の良い品を納品してくれる業者を選定したい。実習の当日搬入が良いと思われるが，やむを得ず事前搬入となる場合は，適切な温度や状態で保管しなければならない。児童・生徒が食材を準備する場合，傷みやすい食材は教員が用意するか，登校時すぐに冷蔵庫に入れさせるなどの対応をする。

　7月ごろに学校で多発する食中毒にジャガイモの中毒がある。他教科や活動などでジャガイモを栽培して調理する実践等もあるが，涼しい暗所（真っ暗）に保管しないとソラニンやチャコニンによる食中毒になる場合がある。ソラニン等は熱で分解しないのでゆでても量は減らない。もし芽や緑色の部分があったら，皮を厚めにむいて取り除いたり，自家菜園の小さいジャガイモ（ソラニン等を多く含む場合がある）は食べないよう気を付けるようにする。

（b）身支度

　細菌やウイルスによる食中毒はそれらが食べ物に付着し，体内へ侵入して発生する。予防には，細菌の場合は，細菌を食べ物に「つけない」，食べ物に付着した細菌を「増やさない」，食べ物や調理器具に付着した細菌を「やっつける」の3原則，ウイルスの場合は，ウイルスを調理場内に「持ち込まない」，食べ物や調理器具にウイルスを「ひろげない」，食べ物にウイルスを「つけない」，付着してしまったウイルスを加熱して「やっつける」の4原則となる。調理実習を行うときは，身支度をするがそれぞれには意味がある。エプロンや三角巾を着けるが，これは異物の混入を防いでいる。髪の毛などもしっかり三角布の中に入れさせるようにし，髪が落ちないようにする。爪を短く切るのは，爪の長さに比例して細菌がいると考えられているからである。時計やアクセサリーも外させたい。手に傷がある児童・生徒は調理作業をさせないことが望ましいが，参加する場合は絆創膏をしたうえで手袋をさせる。これは傷にいる黄色ブドウ球菌が食中毒を引き起こす可能性があるためである。マスクは鼻も覆って着用させる。これは鼻からの飛沫を防ぐ。また，体調の悪い児童・生徒は実習に参加させない。嘔吐やはき気等の場合はノロウイルスなどの感染が疑われるため，ウイルスの混入を防ぐ意味がある。

　調理実習前には手洗いをさせるが，石鹸で洗うことが大切である。流水だけでは不十分である。手洗いのタイミングは，トイレの後，調理に入る前，魚や肉など微生物の汚染源となる食品に触れた後，生で食べる食品や加工済みでこの後加熱しない食品に触れる時，盛り付ける時，廃棄物を処理した時である。これらはそれぞれ微生物の混入の恐れがある場面である。手洗いは，流水で洗う→石鹸をつけて次の部分を洗う（手のひらや指の腹面→手の甲，指の背→指の間・付け根→親指と親指付け根→指先→手首）→石鹸を流水でよく洗い流す→清潔なタオルで拭く→（アルコール消毒をする）の手順で行う。

（c）調理器具・設備の衛生的な管理

　調理器具の衛生的な管理も重要である。包丁やまな板は滅菌乾燥庫があれば収納し，適切に乾燥滅菌をする。まな板や食器，ふきんなどは使用度合いによって漂白洗いや煮沸消毒などを行う。

　調理室も清掃を行い清潔に保ち，コンロなどは定期的に細部まで清掃するようにしたい。

　2）幼児や高齢者，抵抗力の弱い人と触れ合うとき

　人とふれあう実習等の時は，相手に対し衛生的な配慮が必要な場合がある。特に幼児や高齢者など抵抗力の弱い人と触れ合うときは，施設の指示に従い，衛生管理と体調管理を徹底させる。

2. 教室環境や物品の管理

(1) 家庭科教室（特別教室）と普通教室（HR教室）

　家庭科の授業は座学で実施したほうが良い内容と，調理・実験など火や水を必要とする内容，被服製作など広い机と専用道具が必要な内容がある。家庭科＝家庭科室での実施ではなく，それぞれの学習内容に応じた，児童・生徒が最も集中して授業を受けられる教室を選ぶべきである。家庭科室は，各班のコンロやシンクの上に天板をおいて机としても調理台としても使える机が設置されている場合もあるが，机配置によってはノートをとろうと机に向かうと，教員に対して横向きや後ろ向きに座ることになる教室や，スタッキングできる座面の堅い背もたれの

ない椅子の場合もある。それぞれ実習時にはよいが座学で長時間座るには辛い。また立位でちょうどよい高さの調理台は，ノートをとる机としては高すぎる。このように兼用の設備は便利ではあり，最近の設備は不便な点も改良されている物もあるが，受講者に無理のない教室を選ぶことは学習効果を上げるためにも大切であるので設備の様子を正しく把握し，授業内容によって最も適切な教室を選択するようにしたい。

　また，安全管理でも述べたが，電気設備や水回り，換気設備，包丁庫や薬品庫などの点検・管理や，動線に合った収納方法の工夫なども家庭科教員として気を配る事柄である。近年は，書画カメラ，手元カメラ，電子黒板，スクリーン，パソコン設備などのICT環境の充実と管理も求められている。

(2) 物品の管理

　家庭科室には様々な設備や備品がある。教員はこの設備や備品も管理しなければならない。小学校・中学校・特別支援学校の家庭科室に置かれる備品は，文部科学省の「教材整備指針」に学校種及び教科ごとに示されている。教材整備指針は，令和2（2020）年から実施されている新学習指導要領の趣旨等を踏まえ令和元（2019）年に改定された。この指針を見ると，アイロンやコンロ，炊飯器など必要な物品名とどのぐらいの数量を揃えるかも示されている。安全管理で述べたように，道具・器具は使用していれば破損・摩耗することもある。児童・生徒からの破損報告や教員の日々の設備・備品チェックから，数量・状態・正しい収納位置などを管理し，いつ誰が家庭科室を利用しても不便・不足のないように維持したいものである。危険物の管理は事故や事件にもつながるためより責任が重い。学校の備品は，必要といえどいつでも要求通り購入してもらえるものではない。前年度に予算申請をし購入するが，緊急性のある物品の購入計画と，長期的計画で徐々に新しい製品に入れ替えていく物品の購入計画の両方を立て，予算内でできうる最善の状態を保てるようマネジメントしていく能力が求められる。

　物品の正しい位置への収納管理は，教員一人が背負うのではなく，児童・生徒と一緒に行えばよい。例えば小学校家庭科の導入時期の授業として家庭科室探検や，整理・整とんの授業で家庭科室を整とんする授業に活用してもよい。その授業を経て，実習使用時には収納ルールに沿った片付けをしてから退室するように決めれば，児童・生徒にも物品の定位置がわかり，片付けの学習にもなる。中学生なら収納ルールを示し自己点検・評価してもらうこともできるだろう。

参考文献

公益社団法人日本食品衛生協会.「衛生的な手洗いについて」https://www.mhlw.go.jp/file/06-Seisakujouhou-11130500-Shokuhinanzenbu/0000076156.pdf　閲覧日 2022.08.15

文部科学省.「学校教材の整備」https://www.mext.go.jp/a_menu/shotou/kyozai/　閲覧日 2022.08.15

政府広報オンライン.「食中毒予防の原則と6つのポイント」https://www.gov-online.go.jp/featured/201106_02/　閲覧日 2022.08.15

食品安全委員会.「【読み物版】［生活の中の食品安全－ジャガイモによる食中毒について知ろう！その1］平成29年6月16日配信　http://www.fsc.go.jp/e-mailmagazine/mailmagazine_h2906_r1.html　閲覧日 2022.08.15

第6節　授業の実践と改善

1. 授業観察の視点と方法

(1) 授業観察の意義

　授業観察は，主に教育実習前や教育実習期間中，教壇実習の前段階として行われ，授業を参観しながら授業の実際について学ぶ機会となっている。学習指導案を作成したり，家庭科の授業内容を考えたりすることができても，それをどのように授業実践へつなげていけばよいのだろうか。いきなり，やってみようといわれても，どのように進めていけばよいのか，子どもたちがどのようなやりとりをしていくと学習が深まっていくのかなど，いろいろな疑問が出てくるかも知れない。授業実践に対するいろいろな疑問の答えが，授業観察には詰まっている。授業観察を通して，授業の実際にふれながら，多くのことを学び取っていくことができる。

　また，授業観察では，これまで「児童・生徒・学生」の立場で見ていた学校生活や授業を「教師」の立場から観ることになる。見方が変わると様々な発見がある。授業観察を通して得た多くの気付きを，自分の授業実践へ活かしていくことが大切である。

(2) 授業観察の視点

　授業観察を自分の授業実践へ活かしていくためには，どこに着目して授業を観察するのかが大切になってくる。授業観察の視点には，授業の方法（授業の流れ・授業構成），指導技術，教材・教具の使い方，板書，教師の発問の仕方，児童・生徒の様子など，様々な事柄が挙げられる。自分の授業実践に活かせる授業観察を行うためには，ただなんとなく授業を観るのではなく，授業実践に対する疑問を整理し，自分なりの問題意識や課題をもって，着目した視点から何を読み取っていくのかを考えた上で，授業観察ができるようにしておく必要がある。

　例えば，授業観察の視点には，次のような事柄が挙げられる。

① 授業の目標は何か（学習のめあてと授業の内容や学習活動，授業全体の流れが合っているかなど）

② 授業全体の流れがどのようになっているか（授業の導入・展開・まとめの流れや時間配分，発問のタイミングなど）

③ どのような指導方法や学習活動（学習方法）が取り入れられているか

④ 教師の発問や学習活動に対する児童・生徒の反応（授業中の児童・生徒の様子を，授業態度やノート・ワークシートなどの記述，授業中の発言などから観察するとよい）

⑤ どのような教材・教具が使用されているか（どのような場面で使用しているのかも合わせて観察するとよい）

⑥ 教師の授業技術を観る（板書の仕方，机間指導の仕方，話し方や指名の仕方など）

(3) 授業観察の方法

　まず，授業観察をする場合には，事前に授業担当者の教師と連絡をとり，許可を得ておく必

要がある。授業の様子を写真や動画で撮影したい場合には，授業担当者を通じて学校長からの撮影許可をとっておくことも必要である。授業観察の許可がもらえたら，参観する授業内容や教科書の範囲を確認し，事前に目を通しておくとよい。そして，授業当日は早めに教室へ行き，教室の雰囲気や児童・生徒の様子なども観察する。

　授業が始まったら，教師や児童・生徒の学習の妨げとならないように配慮しながら，観察を行う。授業観察中の私語や居眠りは厳禁である。自分で決めた授業観察の視点を押さえながら，授業の記録を取る。授業を観て気付いたことや気になったこと，参考になる授業のアイディアや指導のコツなど，たくさんメモを取りながら観察を行う。観察の視点や観察の記録を記入できるシートを事前に作成しておくとよい。授業が終わったら，授業担当者の教師へ授業参観のお礼の挨拶を忘れずに行う。もし，授業を観ていた中で，質問したいことや疑問点がある場合には，教師の方の都合のよい時間にたずねてみるとよいだろう。

2. 模擬授業

(1) 模擬授業のすすめ

　模擬授業では，授業者・学習者・教師という三者の立場から授業を経験し振り返ることができる。また，教壇に立つという疑似体験の機会を持つことにもなり，授業をすることへの緊張や不安の解消にもつながる。模擬授業を繰り返し行うことで，授業をすることへの自信へつながり，落ち着いて本番の授業を迎えることができるようにもなる。しかし，模擬授業でうまくいったからといって，子どもたちを前にした本番の授業で同じようにうまくできるとは限らない。教育実習を終えた学生が口をそろえて言うことは，大学での模擬授業と学校で子どもたちを前にして行う授業とでは全然違っていたということである。当然，教える相手が変われば授業も変化する。大学生相手の模擬授業を経験していたからこそ，教育実習中の授業で違いに気付くこともできる。大学生と子どもたちの違いも考慮しながら模擬授業に取り組むとよい。

　学習指導案を作成し考えた授業を実践してみたり，開発した教材を用いて授業を行ってみたりすることには多くの利点がある。例えば，机上の計画案だった授業を実践することによって，授業の流れや時間配分が計画どおりにできるものなのかどうか，教材・教具の使用方法，黒板の使い方，授業者としての話し方（声の大きさやトーン，言葉使い，目線）や授業中の態度（身振りや手振りの動作，姿勢），学習活動を進める上での留意点など，様々なことが確認できる。模擬授業を通して，授業づくりのポイントが見えるようになり，教材研究の質も高めていくことができる。また，授業実践者と聞き手（児童・生徒や教師としての聞き手）の両方を経験し，模擬授業に対する相互評価を行うことで，実践した授業についてより具体的に検討することができる。そして，それは「授業を観る目」を鍛えることにもつながるだろう。

　模擬授業の様子をビデオカメラやICレコーダー等で記録しておき，授業研究に活用するとよい。記録をとることで，授業者自身が自分の授業時の様子を客観的に振り返ることができる。ビデオカメラで映像として記録しておけば，授業者の授業時の動き，黒板の使い方，教材・教具の提示方法などを総合的に検討することができる。音声だけの記録であっても，声の大きさや話し方，言葉使い，発問の仕方の工夫などについて検討することができる。

(2) 模擬授業の方法

　模擬授業の方法には，1時間の授業を通して行う方法や，1時間の授業を考えてその中の一部分を短時間で行う方法（マイクロティーチング），短時間で完結した内容を取り扱う授業を行う方法などがある。いきなり児童・生徒の主体的な学習活動を取り入れた1時間の授業を実践しなさいといわれても難しいかも知れない。そのような場合には，10～15分程度の短い時間で教師が説明をする模擬授業からはじめ，徐々に授業時間を増やし，様々な学習活動を取り入れた模擬授業を行えるようにするとよいだろう。どの位の時間でどの位の内容を扱えるのか，授業時間の感覚を掴むことも大切である。模擬授業を行う際には，市販されている教材・教具ではなく，自分で作成したオリジナルの教材・教具や実物などを活用してみよう。設備が整っていれば，電子黒板や実物投影機，パワーポイントやタブレットなどのICT機器を使った模擬授業を経験しておくとよい。一人一台端末の普及により，教育現場におけるICT機器の活用は広がっている。授業の内容を提示するだけではなく，調べ学習や収集した情報の整理，児童・生徒同士の意見交換や発表など，学習活動への効果的な使い方も検討する必要がある。

　しかし，学校や教室によって使用できる設備環境は様々である。ICT機器に頼り切った授業しかできないというのでは困る。黒板とプリントのみの環境でも充実した授業が行えるようにしておく必要がある。模擬授業をとおして，学習内容にそったワークシートの作り方についても学ぶことができる。

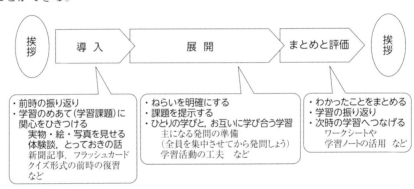

図 5-6-1　授業の基本的な流れ

(3) 模擬授業の評価

　模擬授業が終わったら，実践した授業についての評価・振り返りをする。その際，実施した授業内容の学習指導案や授業計画と照らし合わせながら，授業の流れや時間配分，学習方法などが授業の目的に対して適切なものであったのかなどを省察していくとよい。授業参加者に口頭で意見を聞くこともできるが，事前に，模擬授業を行う上でのチェックポイントを入れた評価シートを作成し記入しながら授業を受けてもらえば，授業の振り返りに役立てることができる。例えば，授業技術面と授業内容のチェックポイントや，授業のよかった点・改善点などを記入できるようにする。そして，評価用紙には記入者氏名の欄を設け，必ず記入者の名前を書いてもらうとよい。名前を書くことで，記入者は自分のコメントに責任をもつことになり，授業者がコメントの不明点を評価者に直接質問することもできる。

授業の様子を記録した映像や音声，授業参加者の評価シート，実際に授業をやってみてどうだったのかなど，様々な視点から実践した授業を分析し，同じ内容の授業をもう一度行うとしたらどのように改善すればよいのかを検討していく。そして，「模擬授業の実践→評価→授業実践者の振り返り→授業の再検討→模擬授業の実践」と繰り返し行っていくことが大切である。

3. 家庭科の授業研究

(1) 授業研究とは

「授業研究」とは，現代教育方法事典（2004）によると，学校教育の中で主として「教科」教育の指導を中心にして行われる教育活動（授業）を研究の対象としてその効率化を実証的に進めていく研究活動と定義されている[1]。また，稲垣（1996）は，実践者である教師にとって，教師という専門的職業，プロフェッションにおける専門的力量の発展，プロフェッショナル・ディベロップメントを目的とするものであり，そのために授業という実践を対象化として検討し，その研究を通して，専門的力量を発展させていく研究としてとらえている[2]。授業研究は，実践した授業について，どのようにしたらさらによい授業となるのか，その授業改善を目的として行われるものであり，教師の教科理解を深め指導力の向上に資するものである。

(2) 授業研究の課題

福原（1990）は，家庭科における授業研究の意義は，授業者の仮説的家庭科論にもとづいて開発し選定した教材や，意図的に組織した展開過程の成否などを学習者の認識形成にてらし検証し，授業過程の構造や原理を明らかにするところにあるとしている[3]。授業は，「教師」「子ども」「教材」によって構成されており，この三つの視点から課題を考えることができる。授業設計の段階から授業研究ははじまっている。例えば，一つの題材をとおして，どのような力を子どもに付けさせたいのか，どのような指導の工夫を行うのか，そのためにどのような教材を使用するのか，そこから実践する授業の課題（授業仮説）が明らかになってくる。そこで考えたことが，教師・子ども・教材の三つの関係性から妥当なものかどうかの検討も必要となる。授業のPDCAサイクルを考えながら，授業の計画，実践，評価，改善，それぞれの段階において，授業の課題と照らし合わせながら検討し，授業をよりよいものへと改善・工夫していくことが大切である。

引用文献
1）日本教育方法学会.（2004）. 現代教育方法事典. 東京：図書文化社.
2）稲垣忠彦・佐藤学.（1996）. 授業研究入門. 東京：岩波書店.
3）福原美江.（1990）. 家庭科の理論と授業研究. 東京：光生館.
参考文献
小山茂喜.（2010）. 新版 教育実習 安心ハンドブック. 東京：学事出版.
宮崎猛・小泉博明.（2015）. 教育技術MOOK 実習生・受け入れ校必携 教育実習完璧ガイド. 東京：小学館.
大本久美子.（2020）. 家庭科 授業の理論と実践. 京都：あいり出版.

第6章

授業実践

第1節　家族・家庭生活

1　やってみよう　家庭の仕事（小学校）

(1) 授業設計のポイント

　本実践は，附属学校における教育実習時の研究授業指導案である。家庭科の学びを家庭生活で生かすことは，これまでも家庭科の目標とされてきたが，新学習指導要領では「家族・家庭生活についての課題と実践」が新設され，カリキュラムに位置づけられた。

　日本では家族のうちの誰か一人が家事労働を担っているという現状があり，児童へのアンケート結果でも家庭における仕事（トイレ掃除，ご飯作り，ご飯の片付け，お風呂掃除等）は，ほとんどの家庭で母親の割合がかなり高く，ついで父親という結果になったが，「洗濯ものをたたむ事」「ご飯の片付け」は児童の割合も高かった。また，家庭のために何か仕事をしている児童は 33 人中 27 人と多いが，それは自分のための短時間のお手伝いが多かった。

　「家庭の仕事をやる上でのコツ」「家族のために仕事をするとどんな気持ちになるか」ということを問うたところ，約 3 分の 1 の児童がコツや気持ちを書き，「面倒くさい」と答える児童もいたが，「嬉しい気持ち」「楽しくなる」「すがすがしい気持ち」など，家庭の仕事に対して好意的に捉えている児童もいた。

　家庭の仕事を行うことは，家族の一員としての自覚を持てるようになり，家族への関心が高まり，家族を思いやる気持ちを育てることにも繋がり，人の役に立つ喜びを体感でき，自尊感情も高まる。また，家庭の仕事を行う中で家族とのコミュニケーションも増え，家庭生活がより豊かになると考える。家庭生活の中の仕事や家庭生活における自らの役割に関心を持たせるスタートとなる本題材を通して，児童に主体的な生活者としての一歩を踏み出してほしいと考えた。

(2) 授業計画

1) 学年・題材名　第 5 学年　できることを増やそう

2) 題材目標

　　○家庭生活を支える仕事があり，互いに協力して分担する必要がある事が理解できる。

　　【知識・技能】

　　○家庭の仕事について問題を見いだして課題を設定し，実践を評価・改善，より良い実践

に向けた計画ができる。【思考・判断・表現】

○家族の一員として，生活を改善し，より良くしようと主体的に取り組み，実践しようとする。【主体的に学習に取り組む態度】

3）指導計画（2時間）

　　1次　できることを増やそう（1時間）※本時

　　2次　家族と協力して仕事をしよう（1時間）

4）本時の目標と評価規準

　○家庭には，衣食住に関する仕事があり，家庭生活を支えていることがわかる。

　　【知識・技能】

　○家庭生活を営む上でなぜ家庭の仕事が大切なのに気付き，考えることができる。

　　【思考・判断・表現】

　○家族の一員として，自分自身の分担する家庭の仕事の計画を立てることができる。

　　【主体的に学びに向かう態度】

5）準備するもの

　児童の事前アンケート結果・ワークシート・テレビモニター

6）本時の展開

	学習活動・内容 発問等	予想される子どもの反応	◇指導上の留意点　◎評価
導入 10分	1．事前に行ったアンケートの結果を知る。	「お母さんがしている仕事が多いね」 「私たちがやっている仕事は少ないな」	◇アンケートの結果をモニターや黒板で表示する。 ◎家庭生活を支える仕事があり，互いに協力して分担する必要がある事が理解できる。【知識・技能】
	アンケートの結果から見てわかるように，家庭の仕事は主にお母さん・お父さんがやっているね。家庭生活を営む上で，自分には何ができるか今日は考えていきたいと思います。		
展開 30分	1．めあての掲示		
	めあて　家族の一員として自分ができる仕事を見つけよう		
	2．クラスの家庭の仕事の現状や分担を知る。 3．家庭の仕事の意義を考える。	「結構みんな家庭の仕事をしているんだね。」	
	家庭の仕事って必要だろうか？		
	・家庭の仕事がなぜ必要なのか考えて発表する。	「生きていくため」 「家族みんなで楽しく暮らすため」 「食べられなくなる」 「ごみ屋敷になる」	◇児童の意見を黒板に記述する。 ◇家族機能の外部化が進行しているが，家庭の仕事がすべてなくなる事はないことに気付かせる。 ◇家庭の仕事をだれも引き受けなかったらどうなるのかという視点も持たせる。

	4. 家庭でどんな仕事をしているのか，その仕事を行う上でのコツ，その仕事をしているときの気持ちを発表する。	「大きいお皿から洗うといいよ」「好きなことを考えながらやっています」「石鹸が残らないようにする」 「リラックスできる」「嬉しい気持ち」「めんどうくさいけど楽しい」	◇児童の意見を黒板にまとめる（仕事内容，コツ，気持ちに分けてまとめる）。 ◇アンケートの回答を参考に実践している児童に発言を促す。 ◎家庭生活を営む上で，なぜ家庭の仕事が大切なのに気づき，考えることができる。【思考・判断・表現】
	・家庭における仕事の必要性を児童の発表をもとにまとめる。 ・家庭生活をよりよくするための工夫を考える。	「風呂掃除ならできそう」	
	私にできる家庭の仕事を増やそう		
展開 30分	5. 家族の一員として自分にできる家庭の仕事を考える（既に家庭の仕事をやっている人は，それを深める方法を考えたり，新しい家庭の仕事を考える）。	「朝早く起きて朝ご飯の準備をしたら喜ばれそうだな」	
	6. 家庭で仕事をするための手順や方法を知り，実践する仕事の計画を立てる。	「家に帰って実行してみよう」 「家族が喜んでくれたらいいな」	◇工夫して仕事を分担するためには，仕事の手順や方法を見通すことが大事だと気付かせる。
	① 仕事を決める　② 計画を立てる　③ 実行する　④ ふり返る　⑤ 生かす　⑥ 続ける		◇実践には家族の協力が必要なので，家族と話し合ってから，実践することを確認する。 ◎家族の一員として，生活を改善し，より良くしようと主体的に取り組み，実践しようとする。【主体的に学習に取り組む態度】
まとめ 5分	1. 計画を発表する。	「お母さんが夕飯を作っているときに洗濯物をたたむようにする」	◇他の人の計画の工夫を聞き，自分の実践の参考にさせる。
	2. 今日のまとめを行う。		

7）板書例

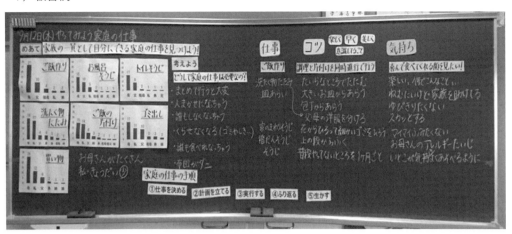

8）ワークシート例

めあて　家族の一員として自分にできる家庭の仕事を見つけよう

考えよう

どうして家庭の仕事は必要なの？

アンケートからわかる事（記述例） ・お母さんがやっている仕事が多い ・ご飯の片付けと洗たく物をたたむのは， 　やっている友達が多い。	あなたがやっている家庭の仕事，コツ，やっ ているときの気持ちを書いてみよう。

家庭生活をよりよくするための工夫（例）　　　家庭の仕事の手順

気付いたこと

・買い物のとき
　　→買い物袋を持っていく
・食器を洗う時
　　→水や洗剤を使いすぎない

① 仕事を決める
② 計画を立てる
③ 実行する
④ ふり返る

［本稿の実践例は，琉球大学教育学部 3 年（2020 年度）の村山碧さんの実践をもとに，筆者が加筆・修正を行ったものである。］

2　　　家族一人一人に目を向けた家事分担へ（中学校）

(1) 授業計画のポイント

　本題材「自分の成長と家族・家庭生活」では，自らの'家族に対する固定的な捉え方'を見つめた上で，自分が家庭生活にどのように関わっていけば良いか考え，実践につなげられるようになることを目指している[1]。

　特に本時（3/4時）では，家族一人一人の生き方を尊重した家族関係について考えること，及びその視点をふまえて家事分担を考えられるようになることをねらいとしている。授業ではまず，生徒自身の中に，特定の職業に対するジェンダーバイアス（外科医や大工は男性，家庭科教員や保育士は女性など）がないか確認する場を設定した。その上で，職業だけでなく，家庭での家事分担においても，偏った見方で担当者を固定的に捉えていないか振り返ることができるようにした。

　本授業の特色は，家族間においても「性別」による固定的な捉え方をしていないか問うだけでなく，家族一人一人に'家庭及び家庭以外での立場や役割がある'ことに目を向け，それをふまえて自らがどのように行動すべきか考えられるようにしている点にある。樹状図を用いて，最も家事を担っている家族員の立場や役割を可視化させることにより，自分だけが忙しいのではなく，家族員それぞれが様々な立場にあり，役割を担っていることを意識化し，家庭生活の運営には，皆の協力が必要であることを実感できるようにしている。

　さらに，家庭での固定的な捉え方を「性別」や「時間的余裕の有無」に加えて，「家事の上手下手」，「年齢の上下」といった視点からも検討できるよう教師は整理した上で，家族の一員として，自分の家事分担について再考する場を設定している。

　本授業では，ロイロノートを活用し，授業当初に記入した「家族一人一人が生き生きと生活するためには」の問いに対する自らの考えが，授業後にどのように変化したか一目で把握することができるようにした。これにより，当初は漠然として他人事のようであった記述が，授業後には自らの家事に対する固定的な捉え方を見つめ直す記述となり，家事をどのように分担していくのか，実践に向けて具体的なイメージを持つことができるようになっていた。またそれらを他者と共有することも容易になった。

　以上のように，自らの固定的な見方や狭い視野に気付くことは，他者理解につながるだけでなく，偏った見方や思い込みから自分自身を解放し，生きやすくなることにつながる[2]といえる。

(2) 授業計画

1）学年・題材名　中学校第1学年　「自分の成長と家族・家庭生活」

2）題材目標

　　○自分の成長や生活は，家族や家庭生活に支えられてきたことや，家族・家庭の基本的な機能について理解し，家庭は生活の場であり，基本的な要求の充足や心の安定を得ていることを理解できるようにする。また家族や地域の人々と協力・協働する必要があるこ

とに気付くことができるようにする。【知識・技能】

○ 家族・家庭の機能を支える仕事や家庭生活を支える社会のしくみを知ることを通して，自分の生活や家族とのかかわりについて考えながら，自分の生活について問題を見いだし，自分らしく生きることについての実践を評価・改善するなどして課題を解決する力を身につけることができるようにする。【思考・判断・表現】

○ 家族や家庭生活で自立するための行動に向けて，家族や地域の人々と協力・協働するためには，様々な形があることについて振り返って改善しようとする態度を育てる。
【主体的に学習に取り組む態度】

3）指導計画 （全4時間）

　1 今の自分とこれまで・・・・・1時間

　2 わたしの生活と家族・家庭・・・1時間

　3 中学生にとっての家族・・・・1時間 【本時3/4】

　4 家庭を支える社会・・・・・1時間

4）本時の目標

　○ 家族には互いの立場や役割があり，家事分担に対する固定的な捉え方を払拭し，協力することで家族関係をよりよくすることができることを理解する。

　○ 家族一人一人が自分らしく生活していける暮らし方に目を向け，家事をどのように分担していくとよいか考えることができる。

5）準備物

　タブレット　家事分担のアンケート結果　職業と性別に関する資料 ワークシート　写真

6）本時の展開

学習活動および学習内容	指導上の留意点 （☆評価の視点〔評価方法〕）	資料・準備
1 「家族一人一人が生き生きと生活するにはどうすればよいか」についての現時点での考えを共有する	○ 前時にロイロノートに記入させておき，それらの考えを共有する場を設定する	・タブレット ・モニター
2 前時までの流れを確認する ・家庭の機能を支える仕事の分類を振り返る 3 本時の学習課題をつかむ	○ 本時の見通しをもたせるために，アンケート結果を用いて振り返る場を設定する	・アンケート 「家庭における親の仕事と子どもの仕事」
家族一人一人が生き生きと生活できるよう家事の分担について考えよう。		
4 職業と偏見について考える	○ 職業を性別で捉えてしまいがちな自分自身に気付けるよう資料を提示する ○「普通は」という固定概念について考える場を設定する	・資料（ある外科医の話） ・ワークシート① ・写真（男性の家庭科教諭）

5　家事の担い手に対する固定的な捉え方について考える 　（1）自分の家族において，夕食作りを家族の誰が担うかについてのランキングとその理由を班で話し合う	○　家事の担い手を性別や年齢等で固定的に捉えていることに気付きやすいように，夕食作りについて考える場を設ける ○　前時に記入したランキングとその理由を見つめる場を設ける	
（2）ランキングの理由を分類する	○　生徒の思考の整理をするために，ランキングの理由を分類する ・「性別」　・「時間的な余裕の有無」 ・「上手さ（技能）」　・「年齢」	・ワークシート② 　（夕食作り担当のランキング）
（3）「性別」について考える	○　「性別」による偏見についての考えを深めるために，資料を提示する	・資料（育休中の男性に対する周囲の反応）
（4）「時間的な余裕」について考える	○　<u>担い手の家庭及び家庭以外での"立場"や"役割"について気付くことができるよう，樹状図を記入し，考える場を設定する</u>	・ワークシート③ ・ワークシート④ 　（立場と役割についての樹状図）
（5）「上手さ」，「年齢」について考える	○　「上手さ（技能）」については，これから家庭科を学び，技能の獲得を目指すことを確認 ○　「年齢」については，兄弟姉妹との家事分担の関係で考えさせる	
6　多様な家族があって，多様な家事分担をしていることを知る	○　多様な家族の家事分担例を示す	
7　家庭の機能を支えるために自分ができる仕事を考える	○　自分ができることを再度見直すことができるように，五つの機能（衣，食，住，育児，看護・介護）を支える仕事内容について考える場を設定する ○　一時の思いつきではなく，継続していく上で支障になることへの対策も考慮するよう助言する	・ワークシート⑤ ・ワークシート⑥
8　「家族一人一人が生き生きと生活するにはどうすればよいか」を再度，記入し，相互に変容を把握する	○　変容があった生徒の'考えの深化'を共有する場を設定し，これからの生活へ向けた実践のきっかけとする	・ワークシート⑦

［本授業は，宮崎市立大塚中学校の外山敦子教諭と筆者が協働で構想し，「みやざき人権教育ゼミナールⅣ：家族について今一度考えよう」で報告した授業内容であり，一部，修正を加えている。］

7）ワークシートの工夫

　家事分担について具体的に考えられるよう，夕食作りを取り上げた上で，家族員のうち「誰が担当するのが良いと思うか」ランキングを付けさせその理由を考えさせた。その際，多様な家族形態の状況へ対応できるよう，ダイアモンドランキングのように家族員を全て書き出して，順位付けさせるのではなく，敢えてランキング第1位の家族員と自分についてのみ記入していくワークシートとしている。

　そして，ランキング第1位とした家族員が家庭及び家庭以外でどのような立場があり，役割を担っているか，樹状図で記入できるようにした。その実例を下記に示した。母を第1位に挙げた生徒は，その理由を「そのイメージしかないから」とし，曖昧かつ固定的に捉えていたが，母の立場について書き出してみると「自分の母」で「高校の先生」であるだけでなく，「地域の一員」，「祖父母の娘」など多様な側面があり，「ゴミ拾い活動」や祖父母を「旅行に連れて行っている」など多くの役割を担っていることに目を向けていた。このように樹状図に書き出して可視化することによって，自分だけが忙しいのではなく，家族員それぞれが様々な立場にあり

役割を担っていることを具体的に捉えるとともに，それを基に他者と相互交流できるようにもなる。そしてそれら樹状図の結果をふまえた上で，家事の分担について再考することが可能になる。

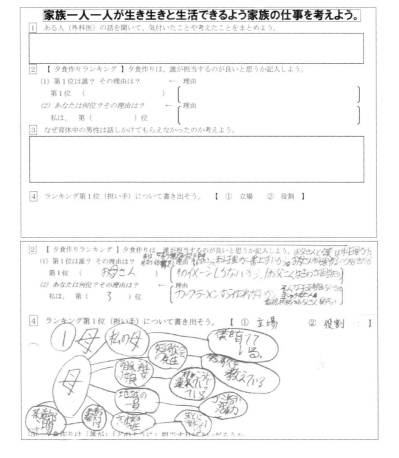

引用文献
1) 伊波富久美・外山敦子．（2023）．人権教育の視点を反映した家庭科授業．宮崎大学教育学部紀要，100, 41-52.
2) 伊波富久美．（2014）．「わかったつもり」を問い直す家庭科での学び．京都：あいり出版．p.10-12.

第2節　食生活

(1) 授業設計のポイント

　この授業は，第6学年を対象としたもので，「B 衣食住の生活」の「(2) 調理の基礎」における「いためる調理」に関する基礎的・基本的な技能を身につけ，調理計画を立てて調理の仕方を工夫することができるようになることをねらいとした題材の一部である。

　本題材では「(2) 調理の基礎」を中心としつつも，同じ内容「B 衣食住の生活」の「(1) 食事の役割」および「(3) 栄養を考えた食事」との関連も図っている。すなわち，第1次において朝食の役割や，献立を立てるさいに配慮することについて学習したのち，第2次において野菜いための調理実習を行う。第3次では，第2次に学習したことを踏まえて，1食分の朝食の献立を立てる。なお第1次では，「A 家族・家庭生活」の「(1) 自分の成長と家族・家庭生活」で触れた健康・快適・安全の視点と関連させて，食生活の大切さに気付かせるようにした。また，第2次において調理計画を立てて調理の仕方を工夫するにあたり，「C 消費生活と環境」との関連を図った。

　学習指導案は，次期に教育実習に参加する学生が家庭科指導法の演習において作成した案を修正したものであり，対象児童は実習校の第6学年である。第5学年ですでに栄養素の種類と主な働き，三つの食品群について学習し，ゆでる調理（じゃがいも・青菜），ごはんとみそ汁の調理も経験していることを前提とした指導計画となっている。児童の生活経験や既習内容と関連づけて調理計画や献立を考えることにより，理解を深めることを意図している。

　指導方法に関する工夫としては，評価のためのワークシートの作成が挙げられる。調理実習はともすればイベント的に楽しむだけに終わってしまいがちで，評価をもとにどのように児童へのフィードバックや授業改善につなげていくのかという視点が希薄になる傾向が否めない。ここでは調理計画が栄養のバランスや，いためるという調理方法などに関連する課題を解決するものになっているか，児童自身が実習後にも振り返ることができるようなワークシートを使用することにした。

(2) 授業計画

　1) 学年・題材名　第6学年　栄養のバランスを考えて1食分の献立を立てよう

　2) 題材目標

　　○生活のリズムと朝食の関わりや，材料や目的に適したいためる調理の仕方について理解するとともに，それらに関する技能を身につけることができるようにする。【知識・技能】

　　○自身の食生活の問題を見出して課題を設定し，解決方法を考え，実践を評価・改善し，考えたことを表現するなどして課題を解決する力を身につけることができるようにする。【思考・判断・表現】

○ 家族の一員として，生活をよりよくしようと，いためる調理の仕方や栄養バランスの
　良い朝食について課題解決に向けて主体的に取り組んだり，振り返って改善したりし
　て，生活を工夫し，実践しようとしている。【主体的に学びに向かう態度】

3）指導計画（8時間）

過程（次）	主な学習活動	時間
第1次 つかむ・見通す	1　生活時間を見直す 2　朝食について振り返る	1 1
第2次 調べる・確かめる	3　切り方や順序を考えて野菜をいためる 4　いためて作るおかずの調理計画を立てる 5　いためて作るおかずの調理を実践する	2 1（本時） 2
第3次 生活に活かす	5　1食分の献立を立てる 　　可能であれば，家庭で食事づくりを実践する	1

4）本時の目標　栄養のバランスや調理方法の特性を踏まえていためて作るおかずの調理の
仕方を工夫し，調理計画を立てることができる。

5）準備物　①教科書　②ワークシート　③タブレット端末　④切り方の見本（拡大写真）

6）本時の展開

段階	学習活動と予想される子どもの反応	※教師の支援と◇具体的な評価
導入 5	1　前時の調理の結果を振り返り，めあてを確認する。	※タブレットに保存しておいた調理実習時の写真を投影する
	いためて作る朝食のおかずの調理計画を立てよう	
展開 5	2　朝食のおかずに適した料理にはどのような条件があるかを確認する。 【調理時間】 ○朝は時間がないよね。 ○ゆで卵といり卵を比べると，ゆで卵のほうが作るのに時間がかかりそうだよね。 【栄養バランス】 ○ご飯とみそ汁の食品はそれぞれどのグループだったかな？ ○どのグループが足りないかな？	※第1次で学習した，朝食が体のスイッチを入れる役割をしていることを思い出すことができるようにする。朝食では，限られた時間で簡単に調理することができるおかずが適していることも再確認する。 ※既習事項（五大栄養素，三つの食品群）の確認を通して，食品によって働きが異なるためバランスの良い食事を取ることの大切さに気付かせる。主食・汁物だけでは不足する栄養素について考えさせる。
5	3　朝食に合ういためてつくるおかずを決める。 ○給食の献立表の中から，いためものを探そう。 ○主に体をつくるグループの食品が不足しているけれど，どのように補えばよいだろう？	※前時に撮影した，キャベツ・にんじん・ピーマンをいためた写真を各自タブレット端末で参照するようにする ※主食・汁物だけでは栄養のバランスが偏ることに気付くことができるように，栄養素の働きによる食品の分類表を提示する。

5	4 おかずや，用いる食品について班で交流し，意見交換をする。	※生の肉や魚など，実習で使用することができない食品を含めないようにする。食物アレルギーを有する児童にも注意する。	
		◇食品の栄養的特徴が分かり，料理や食品を組み合わせて摂る必要があることを理解している（ワークシート）	
15	5 材料の切り方，いためる順序，安全・衛生についての工夫を含む，調理計画を立てる。	※前時の調理実習において，ピーマン・にんじん・キャベツの切り方，いためる順序について学習したことを再確認する。環境への配慮についても留意する。	
	【材料の切り方】 ○ 野菜がこげてしまうことや，固いままに食べることがないようにしたいな。 【いためる順序】 ○ キャベツ（葉）とにんじんでは，にんじんを先にいためるのがよかったね。 【安全・衛生についての工夫】 ○ 前回の授業でフライパンを使った時のことを思い出した。	※無理のない調理計画になっているのかを机間指導により確認する。とくに個々の児童の包丁技能の習熟度に応じ適切な切り方となっているのかに注意する。 ※時間的余裕のある場合や，計画を立て終えた児童には，家族に向けて作ることを想定して，完成図（盛りつけと配ぜんの仕方）欄に丁寧に記入するように指示する。	
5	6 調理計画について班で交流し，アドバイスをしたり，受けたりする。	◇材料や目的に適したいためる調理の仕方について理解し，実践を評価したうえで改善しようとしている（ワークシート）	
終末 5	7 本時の学習を振り返って，次時の調理実習への見通しを持たせる。	◇いためて作る朝食のおかずの調理計画を立てる一連の活動において，課題を改善しようとしている（ワークシート・行動観察）	

7）板書とワークシート

　本授業は，題材の流れのうち「つかむ・見通す」段階の第1次を踏まえ，いためて作るおかずの調理実習，そして第3次の1食分の献立の作成へと連なる，食生活領域の結節点として位置づけることのできる授業である。したがって，教師にとっては知識・技能，思考・判断・表現，そして主体的に学びに向かう態度の各観点を丁寧にみとることができ，児童にとっては自

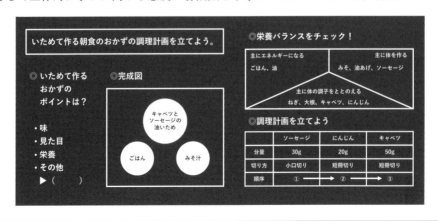

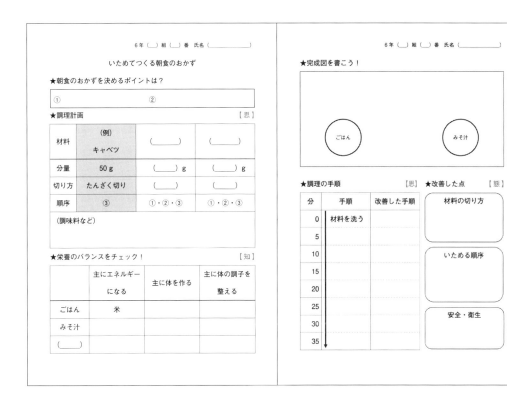

　身の成長を感じることができるということを意識した評価の手立てを用意しておくことが望ましい。一案として，上掲のようなワークシートを作成した。

　ワークシートには，知識・技能については，食品の栄養的特徴や，料理や食品を組み合わせて摂る必要があることを理解しているかどうかを確かめるため，「栄養のバランスをチェック！」と題して表形式で整理させる欄を設けた。小テストなどと組み合わせて達成度を判断することも考えられる。思考・判断・表現については，いためてつくるおかずの材料の分量や切り方，いためる順序とともに，手順を時系列で記述させることにした。主体的に学びに向かう態度は，同じ班のメンバーの助言をもとに当初に計画した手順をどのように改善したのかが明らかになるように記述させることとした。加えて，調理実習後の振り返りで実習の結果を踏まえてさらに計画を見直す活動を通じて，課題を改善しようとしているのかどうかを確認したい。

　第3次の1食分の献立は，計画に終わらずにさらに家庭で実践することが望ましいが，児童の家庭環境が多様であり，必ずしも実行に移すことが容易でない場合もあることが想定される。家庭学習の課題とするかどうかの判断に際しては児童への十分な配慮が求められる。

[本稿の学習指導案およびワークシートは，鹿児島大学教育学部3年（2022年度）の時田凪さんと福山珠梨さんの構想した案をもとに，筆者が修正を施して作成したものである。]

※「いためてつくる朝食のおかず」ワークシートは，以下からダウンロードできます。
https://www.gakujutsu.co.jp/product/text/isbn978-4-7806-1076-5/6-2-1/

（1）授業設計のポイント

　ハンバーグは調理実習で取り扱われる頻度の高い教材であり，調理工程には肉の特性や調理方法など調理科学の要素が数多く含まれている。また，調理実習は計画・実習・振り返りの一連の活動を通して課題解決学習を展開することができる学習形態でもある。

　実習では，主に調理に関わる知識と技術の習得が重要視される。しかし，実習は実践的・体験的な学習活動であり，実習中は調理を成功させるため，あるいは時間内に終わらせるための効率的な作業の工夫等を考えながら進めることになる。また，計画・実習・振り返りという課題解決の過程をたどる，このような活動であることから，調理実習は，知識や技術の習得だけではなく，これからの時代を生きる上で必要とされる汎用的な資質・能力の育成という観点からも最適な学習形態と言える。そこで，試行錯誤しながら自分なりによりよい方法を考え実践することができる「自ら工夫し考える力」の育成を目指し，「繰り返し」「一人調理」「子どもに委ねる」「科学的視点による調理の検討」の4点を取り入れたハンバーグの調理実習の題材を計画した。

1）繰り返し

　一般的な調理実習は，計画・実習・振り返りの1回で終わってしまうため，せっかく振り返りで課題を明らかにして課題の解決方法や改善策を検討したとしても，学校で試すことができず各家庭での実践に委ねられてしまう。また同じ題材で再度実習をする（例えば同じ料理を何度も調理する）ということもないため，その際に活用する知識や技術，調理法の習得・定着にはつながりにくい。そこで，本題材では，ハンバーグの調理を2度実施することとした。同様の調理をすることで，知識や技能の習得・定着につながるだけではなく，振り返りで見出した課題の解決方法を再度授業で実践できる。また，計画・実習・振り返りという課題解決学習を繰り返すことで，よりよさを追究するための課題解決のプロセスを体験的に学ぶこともできる。

2）一人調理

　グループでの調理実習では，役割分担等により関われる作業や工程が限られてしまう。その結果，それぞれの工程で必要とする知識・技能の習得・定着が難しくなるだけでなく，自身が関わっていない作業や工程に関しては体験を通した振り返りができない。また，実習中に「グループの他の誰かがやってくれる」と思ってしまうと，自ら考え行動することも制限されてしまう。そこで，一人調理を取り入れ，一つの料理を最初から最後まで体験させることとした。また，一人調理は，新型コロナウイルス感染症等への対策にもなる。

図6-2-1　一人調理の様子

　本題材では，実際に調理を行う生徒と調理を観察する生徒の2人1組のペアとした（図6-2-1）。全ての生徒が等しく調理の全工程を実践・体験することができるだ

けでなく観察者はペアの動きを記録しながら手の動きや火加減を見ることで，友達の活動の様子から学ぶことができる。さらに，振り返りの際には，ペアから客観的な視点で意見が述べられるため，多様な視点から課題発見と解決方法の検討が可能となる。

3）子どもに委ねる

調理実習でよく見る光景の一つが，教師を呼ぶ子どもたちの姿である。わからないことがあったら教師を呼び，呼ばれた教師はお手本を見せたり，場合によっては子どもの代わりに作業をしたりしてしまうこともある。これでは子どもが自ら考え実践する場や貴重な体験の場を奪うことになり，学びの機会が失われてしまう可能性がある。そこで，本題材では，必要な場合を除き教師が極力介入せずに子どもたちに委ねることとした。試し調理では，教師の事前説明は安全面・衛生面にとどめ，ハンバーグのつくり方は教科書を見ながらペアで相談し，計画を立てさせた。計画や振り返りの場面や実習中では，子どもたちから質問があった場合でも，すぐに教えずペアやグループの他の子どもに教えてもらうように声かけをした。教師は子ども同士をつなげるファシリテーターの立場で関わるようにした。

4）科学的視点による調理の検討

ハンバーグの調理には，調理科学の視点が数多く含まれている。塩を加え十分にお肉をこねるのは，焼く時の崩れやひび割れを防ぐためである。また，材料のパン粉は水分や脂肪を吸収して肉汁の流出を防ぐ役割があり，卵はつなぎとなり材料をまとまりやすくする役割がある。焼き方についても，はじめに両面を中火で焼くことでうまみを閉じ込めることができる。そこで本題材では調理科学に関わる知識や技術に着目をさせて，単にハンバーグを作れるだけではなく，調理科学に裏打ちされた「おいしいハンバーグ」を追究することを目指した。

（2）授業計画

1）題材名

日常食の調理（ハンバーグ調理）

2）題材目標

・食品や調理用具等の安全と衛生に留意した管理，材料に適した加熱調理の仕方について理解するとともに，それらに係る技能を身につける。【知識・技能】

・調理の仕方や調理計画について問題を見出して課題を設定して解決策を構想し，実践を評価・改善し，考察したことを論理的に表現するなどして課題を解決する力を身につける。【思考力・判断力・表現力】

・よりよい生活の実現に向けて，課題の解決に主体的に取り組んだり，振り返って改善したりして，生活を工夫・創造し，実践しようとする。【学びに向かう力・人間性等】

3）指導計画（全8時間）

第1次　　　　　調理の安全と衛生の確認，試し調理の計画

第2次・第3次　試し調理（A班，B班）

第4次　　　　　おいしいハンバーグの作り方を探る（本時）

第5次・第6次　調理実習（A班，B班）

第7次　　　　　　実習の振り返り

第8次　　　　　　報告会，おいしいハンバーグの作り方のコツをまとめる

　4）本時のねらい

　肉の加熱による変化を全体で確認し，試し調理をペアで振り返り，評価しあったり，改善点について
アドバイスしあったりして，課題の解決を目指した調理実習の計画を立てる。

　5）本時の展開（1時間）

時間	学習活動・内容	指導上の留意点
導入	1　前時までの調理実習を振り返る	調理実習での成功例や失敗例を共有し，なぜそのようになったのかを考えさせる（予想を立てさせる）。
	2　本時の学習課題の確認 　おいしいハンバーグの作り方を探ってみよう	どのようなハンバーグが「おいしい」のかをイメージさせる。→肉の調理性や科学的視点につなげるようにする
展開	3　ハンバーグをおいしく調理する方法について学ぶ ① 動画「肉の加熱による変化」を視聴する。 ＜動画内容＞ 　肉の色の変化と収縮の様子，塩の性質による肉の粘りの変化，こねる回数によるまとまり方の違い，火加減と肉汁の関係 ② 調理するポイントをワークシートにまとめる。	動画を視聴しながらポイントを確認するよう呼びかける。 教師からは答えを示さず，グループや教科書で確認をさせる。
	4　試し調理を振り返る 　調理実習中に撮影した写真や動画，観察シート，チェックリストを用いてペアで課題等を確認する。	動画やワークシート等を用いて確認するよう呼びかける。その際に，ペアから観察した様子を話してもらうように促す。
	5　全体で共有をする 　ペアでの振り返りにより明らかになった課題と改善点を発表する。	必要に応じ他者の改善点を自分に取り入れられるかも検討するように促す。
	6　次回の調理実習の計画を立てる 　振り返りで見出した課題や改善点を踏まえ，前時の実習計画に修正・加筆をする形で計画を練り直す。	前回の計画から変更された部分やポイントが分かりやすいように，付箋や色付きのペン等で付け足しをするように促す。
まとめ	7　次時の確認をする	

　本授業は前時の試し調理の振り返りと次回の調理実習の計画が主な学習活動である。そこで，子どもたちが自ら課題を発見し，解決方法を見いだしていくような手立てを講じた。

　まず，「おいしいハンバーグ」という課題設定をして，科学的な視点から「おいしいハンバーグ」を追究するようにした。具体的には，「おいしいハンバーグ」をイメージさせ（例えば，肉汁があるや硬すぎない，焦げていない等），そのためにどのような工夫をしたら良いかを視聴覚資料や教科書をもとに考えさせた。

試し調理の振り返りは，実習中にクロームブックで撮影した写真や動画，記録用紙をもとに調理の仕方や調理計画について問題を見いだし，課題を設定できるようにした。その際に，観察者であるペアから実習の様子を伝えることで，客観的な視点から振り返られるようにした（図6-2-2）。

次回の調理実習の計画では，新たな計画を立てるのではなく試し調理の計画表を練り直すようにした。あえて試し調理の計画表を使用したのは，最初の計画の課題やその課題に対する解決方法を関連付けられるため，前回との変更点や次回気を付ける箇所がわかりやすくなるからである。そこで，練り直した箇所については，最初の計画に違う色で加筆をさせたり付箋で情報を付け足すようにしたりした（図6-2-3）。

［本授業は令和3年度琉球大学教育学部附属中学校研究テーマ「よりよい生活を目指し学び続ける生徒の育成～見方・考え方を働かせた授業展開の工夫～」における岩谷千晴先生の実践をもとに編集したものである。］

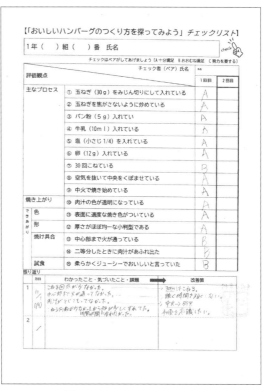

図 6-2-2　チェックリスト

図 6-2-3　計画書

第3節　衣生活

| 1 | 生活を豊かにするための布を用いた製作（小学校） |

(1) 授業設計のポイント

　本実践は教育実習生による査定授業をもとに，学習指導案の改善を図ったものである。布を用いた製作の学習では，基本の手順や操作の意味を考えながら行うことで，縫製にかかる知識・技能だけでなく，日常生活を自立的に整えるための段取りと計画力，課題解決の実行力を身につけることが目指される。製作の体験を通して，生活を豊かにする製作物を自分で創り出す面白さを味わい，日常生活で使う物に愛着をもつことや消費財を選択する目を養うことにもつなげたい。

　本実践の児童の実態として，身の回りの生活用品をふり返った際，「布で作られた物が多いね」「ミシンを使って作られている物もあるね」と発言するなど，生活の中の布製品に興味をもっていた。これまでに手縫いやミシンのよさについて学習し，目的に応じた縫い方で布を用いた製作を行っており，自分で作った物は生活を豊かにすることを捉えており，「心を込めて縫ったから大切に使い続けたい」「もっと色々な物を作りたい」と発言するなど，布を用いた物の製作への関心が高まっていた。

　これらの上に立って，目的に応じた手縫いやミシン縫いにより，自分なりに工夫して製作することを学習の中心とした。指導にあたっては，身近な布製品について話し合い，袋やカバーの用途や役割に関する疑問から学習問題を設定し，各児童が入れたいものによって大きさを変えた布を用いて，手縫いやミシン縫いで巾着袋を製作する場面を設定した。

(2) 授業計画

1) 学年・題材名　第6学年　生活を楽しくしようソーイング

2) 題材目標

　　○製作手順について理解し，目的に応じて手縫いやミシンを用いた直線縫いで生活に役立つ物を製作することができる。【知識・技能】

　　○手縫いやミシンを用いて，目的に応じた縫い方や製作計画を考え，自分なりに工夫することができる。【思考・判断・表現】

　　○布を用いた生活に役立つ物の製作に意欲的に取り組み，製作の楽しさを味わいながら，活用しようとする。【主体的に学びに向かう態度】

3) 指導計画（9時間）

　　1次　身近な布製品について話し合い，袋やカバーの用途や役割を調べ，学習問題を設定する。－－－－－－－－－－－－－－－－－－－－－－－－－－－－－－－－－－1

　　2次　計画をもとに，生活に役立つ物を製作する。－－－－－－－－－－－－－－－8

　　(1)　製作手順を確認する。・・・・・・・・・・・・・・・・・・・・・・・①

(2) 布の大きさを決め，型紙を作る。・・・・・・・・・・・・①

(3) 型紙において布を裁ち，裏側に印を付ける。・・・・・・・・・・①

(4) 縫う部分に合った折り方や，縫い方を確かめ，まち針を打つ。・・・・・①　本時

(5) 丈夫に仕上がるように縫い始め，縫い終わりに気をつけて製作する。・・③

(6) 糸の始末をし，アイロンをかけて仕上げ，製作のふり返りをする。・・・①

4）本時の目標（5/9時間目）　　　○年○月○日　於：家庭科室

　○分解標本を用い巾着袋の口の部分の特徴を調べたり，まち針のとめ方を確認したりする活動を通して，出し入れ口の折り方と縫い方を理解し，三枚の布をまち針でとめることができるようにする。

5）準備物

　分解標本，まち針の打ち方のポイントが書かれた画用紙，裁縫道具，布，アイロン安全カード

6）本時の展開

段階	学習活動と予想される子どもの反応	※教師の支援と◇具体的な評価
導入	1　前時の学習をふり返り，本時のめあてを確認する。 ○本時の学習に向かう問いを確認すること	※学びの足跡（前時までの流れを示した拡大図）を用いながら製作手順をふり返る場を設定する。
	出し入れ口の折り方やぬい方を調べよう。	
展開	2　巾着袋の出し入れ口の特徴を調べ，まち針をとめる練習をする。 (1) 班で巾着袋の分解標本を用いながら口の折り方や縫い方を調べる。 ○巾着袋の口の部分の特徴を捉えること 【折り方】 ・口の部分は三つ折りになっているね。 ・ランチョンマットを作ったときは二枚の布にまち針をとめたよね。 ・なんで二つ折りじゃないんだろう。 【縫い方】 ・両端は返しぬいされているね。 ・下のほうをぬうのはなぜだろう。	※実際の巾着袋に触れながら考えることができるように，班ごとに巾着袋の分解標本を提示する。 ※巾着袋の口の部分の特徴を捉えることができるように，口の部分の折り方と縫い方に着目する場を設定する。 ※二つ折りではなく三つ折りにする理由を考えることができるように，三つ折りの利点を考える場を設定する。 ※調べてわかったことや考えたことを視覚的に捉えることができるように，視点ごとに板書する。
	(2) 三つ折りにした布にまち針をとめる。 ○まち針の目的やとめ方を理解すること ・アイロンをかけると布が浮かなくなって，まち針がとめやすいね。 ・三枚の布をまち針でとめるときは，上の布から順番にとめるんだね。 ・まち針は両端を先にとめるんだったよね。 ・ぬい線に対して垂直にまち針をとめるとずれにくいね。	※三つ折りの布にまち針をとめる必要性を理解することができるように，まち針をとめなかった場に起こりうることを考える場を設定する。

		※希望者が使用できるようアイロンコーナーを教室前方に設置し，アイロン安全カードで使い方を確認できるようにする。 
終末		※まち針の打ち方を簡潔に理解できるように，まち針のポイントを黒板に提示する。 ◇出し入れ口は三つ折りにして両端は返し縫いをすることを理解し，三枚の布をまち針でとめることができている。【様相観察】
	3　本時をふり返り，次時への見通しをもつ。 ○ 次時への見通しをもつこと ・出し入れ口は，ひもが通るように三つ折りにするよ。 ・両端は返しぬいをするって覚えたよ。 ・まち針をとめることできれいに布がぬえるんだね。	※次回からのミシン製作をスムーズに進めることができるように，出し入れ口を作る際に大切なことをふり返る場を設定する。 ※次時への学習の意欲を高めることができるように，次回からミシンを用いた製作活動を行うことを説明する。

7）板書とワークシート

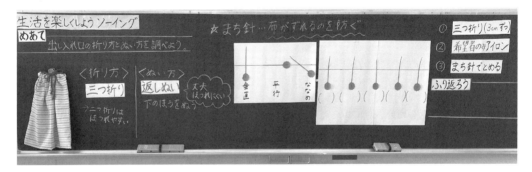

　布を用いた製作の授業では，実習の時間を確保しながら，手順の意味や理由を考える活動を取り入れ，実習を手段として目指す資質・能力を身につけさせたい。そのために，本実践では，巾着袋の実物や分解標本を準備したり，黒板に拡大図を掲示したりして，思考を促す手立てを打っている。そして次頁上段に示すワークシートのように，その特徴や手順を確認できるような記述欄が設けられている。このように家庭科における実習の授業では，黒板は視覚的に手順の意味を確認できるように，ワークシートには，思考した跡を残せるように工夫したい。

　さらに本時の実践では用いられていないが，題材を通じて，布の裁ち方や出し入れ口の縫い

方など，児童がつまずきやすい手順はオリジナルの動画で紹介していた。一人一台端末の良さを生かし，児童がいつでも手順を見直せるよう動画を共有するなどICTの活用も図りたい。

右下段のワークシートは，題材最後（9/9時間目）のものである。製作実習は，作品が完成して終わり，ではない。製作の過程を振り返ったり，さらに改善できることを考えたりして，問題解決の課題設定，実践計画，実践，評価，改善までのプロセスを学ぶことが大切である。本実践は，教育実習の限られた時間で振り返りを行っているので，級友からのアドバイスや製作に関する自己評価が中心であるが，製作した作品を一定期間，実際に家庭や生活で使ってみて，評価，改善することも考えられる。

[本実践は，2021年度福岡教育大学附属小倉小学校の教育実習生田村優佳さん，尾上真由さんが同校家庭科主任三木文香教諭の指導のもと，指導計画と学習指導案を作成し実施した。本稿に掲載の学習指導案およびワークシートは，両名が各々作成した学習指導案等に基づき，筆者が編集したものである。]

家庭科ワークシート
「生活を楽しくしよう ソーイング」
6年 組 番 名前（　　　　　）
めあて

○ 巾着袋の出し入れ口の特徴を調べよう。

折り方	ぬい方

○ まち針を打つ練習をしよう
・まち針の役割・・・（　　　　　　　　　　　）

☆まち針は，ぬい線に対して（　　　）に打つ。　☆まち針を打つ順番は？

ぬい線

↑正しいものに〇をつけよう　　（　）（　）（　）（　）（　）　※番号を書こう！

～ふり返ろう～（今日学んだこと・疑問に思ったこと・次にやってみたいこと）

家庭科ワークシート　「生活を楽しくしようソーイング」
6年　組　番 名前
めあて

☆自分のきんちゃく袋を紹介しよう☆

入れるもの

難しかったところやうまくいかなかった所
（ミシンや手縫いの仕方・袋の見た目（きれいさ）・入れたいものは入りそうかな？）

みんなに伝えたい！きんちゃく袋を製作する上で大切なポイント
（自分の製作で成功したところや失敗したところから，こんな風にすると，上手くいきそう！）

友達からのアドバイス

製作の反省を生かして，今後作ってみたいもの

☆製作のふり返り

～自己評価～　　4 よくできた 3 できた 2 あまりできなかった 1 できなかった
☆友達に自分のきんちゃく袋を紹介することができた。　　　（4 3 2 1）
☆製作をふり返り，今後つくりたい物への意欲を高めることができた。（4 3 2 1）

| 2 | よりよい衣生活をめざして（中学校） |

(1) 授業設計のポイント

　本実践は，初任者研修2年目に自己課題研究として行われた授業研究である。授業者は，新型コロナウイルス感染症防止のために実践的・体験的活動が制限される中，生徒主体の授業を行うことと，持続可能な社会の構築に向けた題材の設定を行うことを課題に挙げ本実践を構想した。

　生徒の実態として，「自分の衣生活（服を購入する頻度や洗濯方法，着ている服の素材など）と，現在起こっている地球環境問題に関係があると思いますか」との質問に「関係がある」と答えた生徒は65％いた。けれども，そのように考える理由を自分の言葉で記述できている生徒は少なかった。

　そこで本実践では，紙で和服の模型をつくる体験的活動を取り入れ，持続可能な社会の構築に向けて衣生活のなかでできる工夫を考えさせることを意図して行われた。

(2) 授業計画

1) 学年・題材名　第1学年　衣生活と自立

2) 実施日・場所　10月26日（月）第5校時　1学年○組教室

3) 本時の目標（主眼）

　　○持続可能な社会の構築に向けて，和服の特徴を現代の衣生活に取り入れるための方法を考えさせる。

4) 準備物

　　① 資料「衣料廃棄物のゆくえ」　② ワークシート　③ セロハンテープ　④ はさみ

　　⑤ 和服の模型　⑥ 拡大した和服の模型　⑦ 立体構成の図　⑧ 浴衣

5) 本時の展開

学習活動・内容	資料教具	○指導上の留意点，★『持続可能な社会の構築』を意識させる手立て，◇評価	形態	配時
1　現在起こっている環境問題と衣生活の関係について触れ，本時のめあてを確認する。	①②	○課題意識を持たせるために，衣類の廃棄率を提示し，衣料の焼却処分数が年々増加していることを伝える。 ○和服で生活していた時代はごみが少なかったことを伝え，本時のめあてにつなぐ。	一斉	5
よりよい衣生活をめざしてできる工夫を，和服の特徴から考えよう。				
2　紙で和服（長着）の模型を衿付け前まで作り，和服の構成の特徴を知る。 (1) 紙を一列に並べて反物の状態にする。 (2) 教師の説明を聞きながら衿つけ前まで貼り合わせる。	③④⑤⑥	○作り方を理解しやすいように，示範しながら説明し，机間指導する。 ○すべての長着は幅約38cm，長さ12mの「反物」からできていることを伝える。 ○すべてのパーツが長方形で直線縫いであることに気付かせるために，貼り合わせた模型をよく観察させる。	個 一斉	10 20

3　和服の特徴をワークシートにまとめ，衿を取り付けて模型を完成させる。 (1)　本衿にかけ衿を重ねて三つ折りにし，衿の形を作る。 ・衿は2枚重ねになっているので補修がしやすい。 (2)　和服の構成と洋服の構成を比較する。 ・直線に裁つのでごみがでない。 ・すべて長方形の布なので別の小物などに作り変えがしやすい。 (3)　和服の着装方法や和服の一生についての話を聞く。 ・着るときに調整できるので様々な体型の人が着ることができる。	② ③ ⑤ ⑥ ⑦ ⑧	○　和服は資源を有効利用していた衣服であることを実感しやすくするために，作った模型を手に取らせて説明する。 ○　本衿はかけ衿によって汚れにくくなっていることに気付かせるために，衿が2枚重ねになっている理由を問いかける。 ○　和服は仕立てる際に余る布が少なく，余り布もすべて長方形で無駄になる布が出ないことに気付かせるために，洋服の構成図と和服の模型を比較させる。 ○　女物長着は「おはしょり」，男物長着は着装時の調整によってサイズの応用が利くことを分かりやすくするために，教師が浴衣を羽織って見せる。 ★　和服には流行という考え方がなく，何世代にも渡って着ることができることを説明する。 ★　昔は布が貴重だったために，和服を補修しながら大切に使い，古くなったら雑巾にして最後は燃料として使っていたことを説明する。	
4　持続可能な社会の構築に向けて，これからの衣生活に和服の特徴をどう取り入れることができるかを考えて記入し，発表する。 ・すぐに捨てずに補修する。 ・着なくなった服は人にゆずる。 ・他の物に作り変える。 ・流行にとらわれず長く着られるものを選ぶ。 ・成長期であれば大きめのサイズを選ぶ。	②	○　今は技能が足りずにできなくても，家庭科の学習でまつり縫いやボタン付けなどの技能を身につければできることもあると伝え，これからの学習意欲を高めさせる。 ◇　持続可能な社会の構築に向けて，資源や環境に配慮して衣生活を送る方法を和服の特徴からヒントを得て書くことができている。 　　　　　　　　　　　＜関：ワークシート分析＞	個 ／ 一 斉
			15

6）体験的教材の工夫

　本実践で使用した「紙で和服を作ろう」の教材は，もともと，和服の柄合わせを理解するためにオンラインで提供されている素材を参照し，授業用に作り変えたものである。

　素材には，袖や身ごろなど和服の各パーツ名の記載がなかったので，模型作りの説明がしやすいように名称を加えた。また，和服が一つの同じ幅の布からできていることに気付きやすいように，反物にあたる部分の線を太線で示し，授業では解説を加えた。

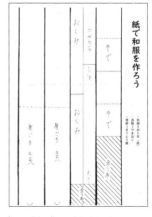

参考：株式会社あづまやきものひろば　https://kimono-hiroba.jp/image/kamide/kamide.html

(3) 授業の成果と改善の方策

1) 生徒の記述

持続可能な社会の構築に向けて，衣生活に和服の特徴をどう取り入れることができるかについて，ほとんどの生徒は，リユース（再使用），リサイクル（再生利用），リデュース（発生抑制），リフォーム（作り変え），リペア（補修）につながる衣生活の工夫を記述することができていた。

さらに，「和服のように」や「かけえりのように」など和服の特徴をふまえた記述や，和服の構成だけでなく着装方法からヒントを得て「ベルトなどを使ってサイズを調整する」との記述も見られた。これらは授業での模型作りや実物を用いた着装方法の観察によって促されたと考えられる。また，「流行」よりも環境の視点をもつことや「服を大切にする」ことにも考えを巡らせた記述があり，具体的な工夫を考えることができていた。

2) 授業改善の方策

次頁図の上段は，本実践で用いられたワークシートである。

授業者は模型の製作を行うことから，時間短縮のために和服の特徴をまとめる欄を穴埋め形式にしていた。けれども授業後，生徒が思考する場面が少なかったことを課題に挙げている。また，衣生活でできる工夫について記入する際，自分の考えを記入する欄は作っていたが，他者の考えを記入する欄がなかったので自分の考えだけをまとめている生徒が多かったことにも気付いた。

そこで，限られた時間で，思考したり，他者の考えにも触れさせたりして，生活の工夫を実

践に繋げていけるよう，下段のように
ワークシートを改善している。具体的な
変更点は，和服の特徴をまとめる際に，
自分の言葉で記述するよう求めた所であ
る。なお，これからの衣生活でできるこ
との記述欄は，そのままとしている。他
者のよいと思う工夫については，別途分
けて記述するのではなく，色ペンなどを
使って追記させる方法をとるよう手立て
の改善を考えている。

　以上，本実践は，衣生活に求められる
今日的課題を授業構想に明確に位置づ
け，体験的活動を交えて生徒に実感させ
ることに挑戦し，成果を出している。さ
らに実践を振り返り，新たな授業の課題
を見つけて改善を図ろうとしており，学
び続ける教師の研修の姿としても参考に
して欲しい事例である。

［本稿は，授業者である秋山もえ教諭（福岡
市立友泉中学校）の初任者研修2年次に係
る自己課題研究報告書に基づき，ご本人の
了解を得て筆者が再構成した。］

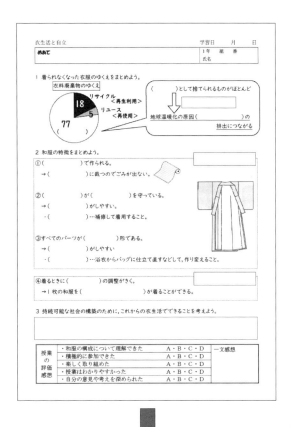

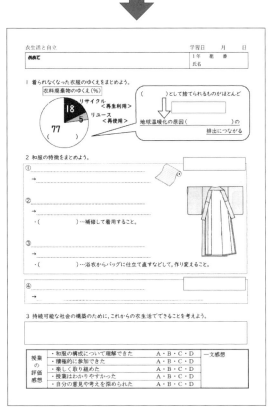

第4節　住生活

<table>
<tr><td>**1**</td><td>整理・整とん（小学校）</td></tr>
</table>

(1) 授業設計のポイント

　本実践は教育実習生に対する模範授業として取り組んだものである。住まいの整理・整とんの学習では，使用頻度や場所などを考えて整理・整とんの仕方を工夫する必要があることを理解し，適切にできるようになることを目指している。この目標を達成するためには，身の回りの物から課題を見つけ，整理・整とんの必要性を感じ，自分なりに工夫しながら使いやすくするコツを実践しながら理解することができる学習が必要である。家庭科室の調理器具の収納方法に着目し，現在の課題を明確にした上で，グループごとに整理・整とんに取り組む活動を取り入れた。それに加えて，実践前後の様子を，ICT機器を用いて撮影する場を設定し，それぞれの仕方についてのよさや課題を，撮影した写真を比較しながら見出すことができるようにした。このように，実践をするだけでなく，実践の様子を記録することで，自分のパフォーマンスを振り返る場の充実につなげることができる。一人一台端末の配付により実践の記録がしやすくなった今，整理・整とんや清掃の学習は，実践の効果や成果を捉えやすくなってきている。空間や形，大きさなど様々な視点から自分の実践を振り返ることで，生活の営みに係る見方・考え方が広がり，家族や友達と実践内容を共有することで，見方・考え方が深まっていくであろう。ICT機器の活用を取り入れることで，より充実した授業を設計することができるのである。

　また本授業では，ICT機器の活用として各自のデータをクラウドの活用により記録・共有しやすい環境を整備し実践されている。さらに本時の目当てに加え，題材全体の目当てを立てる授業構成であり，題材全体を児童が主体的に見通しを持って学習することができる授業づくりとなっている。

(2) 授業計画

1) 学年・題材名　第5学年　かたづけよう　身の回りの物

2) 題材の目標

　　○整理・整とんの仕方について理解し，適切にできる。　　　　　　　　　【知識・技能】

　　○整理・整とんの仕方について考えたり，自分なりに工夫したりすることができる。

　　　　　　　　　　　　　　　　　　　　　　　　　　　　　【思考力・判断力・表現力等】

　　○身の回りの整理・整とんに関心をもち，気持ちよく過ごそうとする。

　　　　　　　　　　　　　　　　　　　　　　　　　　　　　【主体的に学びに向かう態度】

3) 指導計画（5時間）

　　○題材を通しての学習の見通しを立てる。・・・・・・・・・・・・・・・1時間（本時）

　　○整理・整とんの仕方を理解し，自分が取り組みたい場所を決める。・・・1時間

○計画を立てる。・・・・・・・・・・・・・・・・・・・・・・・・・・1時間

○整理・整とんをする。・・・・・・・・・・・・・・・・・・・・・・1時間

○整理整頓のコツを紹介し合い，家庭実践の計画を立てる。・・・・・・1時間

4）本時の目標（1／5時間目）　　2019（R元）年6月○日　場所：家庭科室

　　○調理用具の整理整頓を試す活動で，整理整頓をすると気持ちよく過ごせることに気が付くことで，コツを使って身の回りの整理整頓をしたいという気持ちを高めることができるようにする。　　　　　　　　　　　　　　　　　【主体的に学びに向かう態度】

5）準備物

　　タブレット型PC（※各班に一台ずつと教師用），デジタルテレビ，付箋紙

6）本時の展開

過程	子どもの取組	教師の関わり	時間
導入	1　本時の目当てを立てる。 ○前題材の調理の学習を振り返り，整とんの問題を考える。 調理用具を使いやすく片付けるコツを見つけよう。	○調理後の片付けという場面を設定することで，身の回りの物に着目することができるようにする。	5
展開	2　自分なりに調理用具を片付ける。 ○実践前の様子を撮影する。 ・向きがバラバラだね。 ・種類が混ざっているよ。 ・大きさを揃えてみよう。 ○実践する。 	○付箋紙を各班に配布し，それぞれの班の実践だとわかるようにする。 ○実践が終わったら，使いやすくしたコツやその方法のよさをノートにまとめるように促す。 ○向きを揃えたり，重ねる順番を工夫したりしている班を全体の場で賞賛することで，使いやすさを意識することができるようにする。 ○なぜその配置にしたのかなど，使いやすい理由を書く場を設定することで，空間や大きさ，形などの視点から使いやすくしたことに気付くことができるようにする。	20

展開	3　コツを紹介し合う。	○コツを紹介している班が撮影した写真をデジタルテレビで映し出すことで，どこを整頓したのか確認しながら，コツを見付けることができるようにする。	
	・向きを揃えると見た目が良くなった。 ・種類ごとに分けて，すぐ使えるようにしたよ。 ・フライパンは大きさが違ったから，大きいものを下にして取りやすい順番にしたよ。 ・フライパンの持ち手を手前にしたことで，取り出しやすくしたよ。 ・ざるとボウルは形が似ているから，重ねてまとめたよ。	○「大きさ」「向き」「種類別」など，視点ごとに各班のコツを板書することで，それぞれの班の共通点を見出すことができるようにする。	
	4　紹介し合ったコツを使って，再度実践し，本時のまとめをする。	○再度実践する場を設定することで，気付いていなかったコツを使う良さを実感することができるようにする。	15
	調理用具を使いやすくかたづけるコツは，大きさや向きをそろえる・種類別に分ける・大きい順に重ねるがある。		
終末	5　題材の目当てを立てる。 ○調理用具以外に整理・整とんしたい場所を確認する。	○子どもの生活場面で整理・整とんが必要な場所の写真を提示することで，整理整頓をしたいという意欲を高める。	5
	・机の中をきれいにしたいな。 ・ロッカーをもっと整えたいな。 ・自分の部屋をきれいにしたいな。		
	整理整頓のコツを身に付けて，身の回りをきれいにしよう。		

7）板書と本題材での子どもの実践の様子

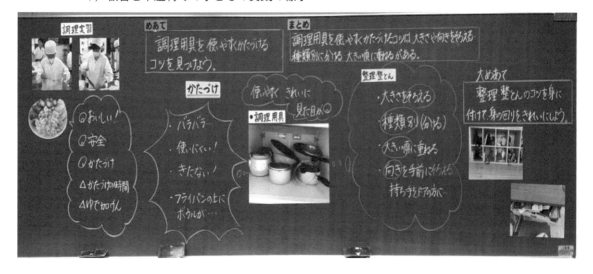

4枚の写真は，第4時で子ども
が撮影した実践の記録である。こ
れらは，評価としても活用するこ
とができる。また，題材を通して
実践する度に記録を残すことで，
子どもが自分の技能向上を実感す
ることにもつながっていく。ICT
機器を活用することは，課題解決
の振り返りの際に効果的であっ
た。また，自分の実践の成果とし
て，記録を積み重ねることで，実
践する楽しさを味わい，家庭や地
域など実践の範囲を広げていくこ

調理用具入れ（実践前）

調理用具入れ（実践後）

図書室の本（実践前）

図書室の本（実践後）

とにもつながっていくことが期待される。

　下図は，一人一台端末を活用した家庭実践レポートである。写真だけでなく，振り返りや評
価（スプレッドシートとリンクしたレーダーチャート）も記録することで，一つの実践報告書
という形にすることができた。実践をした児童は，家族にも評価を受け，自分の成果と課題を
見つめ直す機会となったと述べていた。変化がわかりやすい整理・整とんの学習において，
ICT機器の活用は有効であることが明らかとなった。

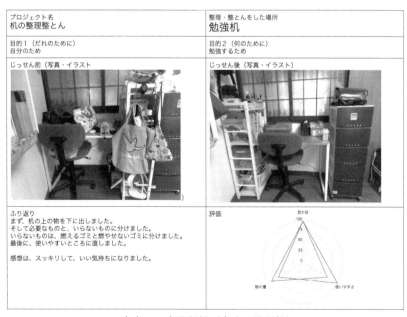
家庭での実践記録（自分の学習机）

［本稿は，授業者である小﨑記子教諭（長崎市立小島小学校）による，長崎大学教育学部の小学校教育
コース教科実践専攻の必修科目初等授業観察研究における授業観察の視点および記録方法について学
ぶ授業の位置づけとして，授業実践および資料に基づき執筆いただき，ご本人の了解を得て筆者が加
筆した。］

（1）授業のねらい

　コロナ禍のステイホームを求められている時期，家庭でも少しでも快適に過ごすことができるようにと，自分の部屋の清掃や模様替え，机の中の整理・整とんをする児童がみられた。「清掃をして，家族が喜んでくれた。」「自分の部屋を自分で考えて模様替えをし，集中して勉強できるようになった。」など，その実践の様子を日記に書いてくる児童もいた。このような経験と実態から，家族がともに過ごす場所である家庭を快適にする学習の必要性も高まっていると考えられる。

　本実践では，身の回りの汚れやごみを調べ，清掃の必要性を考え，快適に過ごすための清掃の計画・実践をすることをねらいとしている。さらに，ステイホームを求められ，家庭で過ごす時間が多くなっている今，家族が快適に過ごすことができるようにする学習は，子どもの願いに合うものである。家族との関わりの時間を増やすのにも役立つ題材となることを期待している。

　指導にあたっては，学校の担当する清掃場所の汚れやごみ調べをし，なぜ清掃をするのかを考えさせる。健康で快適に過ごすために清掃が必要であることと，汚れやごみ，場所に合わせた清掃の仕方が必要であることを確認した後，担当清掃場所の清掃計画を立て，実践させる。その報告会をし，どのように清掃をすればきれいになったかを確認し合う。清掃をして困りや問題点などを出させ，「きれいにすること」に加え，「きれいを維持すること」の視点をもたせる。その上で家庭を快適にするための計画を考えさせる。住居学を専門とする大学教員をGTに招き，環境に配慮することや消費のことも考えて物を使ったり整理・整とんしたりすること等の話をしてもらい，家庭実践の計画の見直しをさせる。計画をもとに家庭実践させ，身の回りを快適にするには，汚れやごみ，場所に合った清掃をすると共に，環境や消費の視点からも清掃や整理・整とん，物の購入を考える必要があることを理解し，実践できるように指導した。

表4-2-1　「身の回りを快適に」学習指導計画

配時	授業のねらい	授業の内容
1	清掃の必要性	どこにどんな汚れやごみがあるか気づかせる
2	清掃の計画	汚れやごみの種類，場所にあった清掃の仕方を考えさせる。
3	清掃の実践報告会	担当清掃場所ごとに計画にそってできたか事前事後の違い等
4	身の回りを快適にする計画	GTの話から，環境や消費の視点から家庭での清掃等の見直し
5	家庭での実践報告会	家庭実践について事前事後の違いを報告し，下級生にも教える

（2）授業計画　本時（4／5）

　1）主眼　　家庭での清掃・整理・整とんの仕方の計画を，GTの環境・消費の視点からの話を聞くことにより考え直し，実践に向けた計画として完成させることができる。

2) 展開

学習活動	時	教師の指導・支援	評価規準
1. めあて・課題の確認をする。	3	自分なりの家庭のそうじ・整理・整とんの計画を立てている。 めあて　身の回りを快適にする計画を完成させよう。 ○身の回りを快適にするには,「そうじや整理・整とんをすること」を前時までのそうじの経験から確認させる。 課題　どんなことを考えてそうじ・整理・整とんをすればよいか。	
2. GTによるそうじ・整理・整とんの効果, 注意点やアドバイスを聞く。	25	○GTの環境・消費の視点からのそうじ・整理・整とんの注意点やアドバイスを聞かせる。 <快適><安全><健康><環境><経済> <時間>　「そうじ, 整理・整とんもエコに」 ○きれいにすることのみ意識していたと思われる計画の中で, どこに課題があるのか考えさせる。	住まいの清掃と環境との関わりや環境に配慮した物の使い方などについて理解している。〔知・技〕
3. 自分の計画を見直す。	10	環境や消費の視点からそうじや整理・整とんの計画を見直し, 赤で書き込ませ, 完成させる。 <環境>・節水しながらそうじをする。 　　　　・ごみの分別をきちんとする。 <経済>・必要以上に洗剤を使わないように, 道具を工夫する。 　　　　・捨てる物が多いということは, 必要以上に物を買っている。捨てることまで考えて物を買うようにする。	身の回りを快適にする方法について, 課題解決に向けた一連の活動を振り返って改善しようとしている。〔主〕
4. 家庭で実践する計画の変更点を発表し, 本時の学習をまとめ, 振り返る。	7	<時間>・物を探す必要のないように, 整理・整とんをする。 ○計画を変更したところを発表させ, 家庭実践への意欲を高める。 まとめ　快適さに加え, 安全, 健康, 環境, 経済（お金）, 時間などの面からもそうじや整理・整とんの仕方を考える。	

＊児童にとっては「そうじ」の方が日常的でイメージしやすいため, 児童への言葉かけ等を想定した本時の指導案では「清掃」ではなく「そうじ」と表現している。

［本実践は, 第58回　全国小学校家庭科教育研究会 全国大会 宮城大会（令和3年10月22日（金）オンライン開催）で, 佐藤仁美氏（大分公立小学校教諭）が報告したものである。］

(1) 授業設計のポイント

　私たちにとって住まいは，生活を営む場であり，心身を守り育む場である。家族が共に暮らすためには，住生活に対する思いや願いを尊重しながら調整し，住空間を整える必要がある。本授業では，健康・快適・安全で豊かな住生活に向けて考え，工夫する活動を通して，家族の安全を考えた住空間の整え方に関する知識及び技能を身につけ，これからの生活を展望して，住生活の課題を解決する力を養い，住生活を工夫し創造しようとする実践的な態度を育成することをねらいとしている。

　生徒の実態（実施：2019年4月5日　対象：2年生36人）

1）住生活に関する学習に関心がありますか。

2）住生活に関する学習で関心がある項目は何ですか。（自由記述）

・安全に関する記述	13人	・快適な住まい方に関する記述	6人
・住まいのはたらきに関する記述	4人	・間取りに関する記述	3人
・整理・整とん・掃除に関する記述	2人	・インテリアに関する記述	2人

3）災害時に備えて具体的な準備を行っていますか。

4）具体的にどのような工夫を行っていますか。（選択複数回答）

・非常食や水を用意している	14人	・災害時の避難経路を決めている	9人
・家族間での災害時の行動を決めている	7人	・非常時の持ち出し品を決めている	6人
・家具の転倒防止や固定をしている	5人	・わからない	21人

5）快適に住まうための工夫を行っていますか。

6）具体的にどのような工夫を行っていますか。（自由記述）

・温度調整に関する記述	7人	・通風（湿度調整）に関する記述	2人
（エアコンの利用等）		・掃除に関する記述	1人
・季節に合わせた住まい方に関する記述	1人	・無回答	20人

　生徒の実態をみると，住生活の学習に「関心がある」と答えた生徒は8割近くみられ，住生活の学習に関心を示している生徒は多かった。また，「住生活に関する学習で関心がある項目は何ですか」，という問いに対しては，安全に関する記述が多くみられ，東北大震災や熊本地震などの影響から，住生活の学習において安全に関する意識は高い様子が伺えた。しかし，一方で，「災害時に備えて具体的な準備を行っていますか」という問いに対しては，「している」と答えた生徒は1割以下，具体的な工夫について「わからない」と答えた生徒も多くみられ，

安全・安心な住まい方について考えさせ，実践させていくことの必要性がみられる。また，「快適に住まうためにどのような工夫を行っていますか」という問いに対しても「無回答」が半数以上みられ，具体的な記述があまりみられなかった。安全な住まい方と共に，快適さを求めた住まい方の工夫についても指導の必要性がみられる。

　住生活の内容は，衣・食生活に比べて学習することのイメージがつきにくく，生徒の住宅事情も多様で個人差が大きい。そのため，指導に当たっては，生徒が見通しを持ち，意欲的に取り組める工夫が必要である。そのため本授業では，模型教材やICTの活用を行った。具体的には，8畳の部屋と，ベッド，机，椅子，棚など一般家庭が所有している家具を，縮尺10分の1で作成した教材（写真6-4-1）の活用である。自然災害を含む家庭内の事故やその原因，事故の防ぎ方や災害の備えなど住生活上の安全管理の方法について，個人やグループで学習できる教材（写真6-4-2，6-4-3）となっている。また，模型教材と合わせて，電子黒板や書画カメラなどのICT機器を活用し（写真6-4-4），説明，発表の充実を図った。

写真 6-4-1　模型教材

写真 6-4-2　模型教材の活用の様子 ①

写真 6-4-3　模型教材の活用の様子 ②

写真 6-4-4　ICT 機器を活用した発表の様子

　本授業を通して，近年，発生した自然災害を教訓とし，安全・安心な住まい方について考えさせるとともに，快適な住まい方についても考えを深めさせ，家族の一員として果たすべき役割を意識させながら，実践に繋げていく。住まいを変えることは難しいが，住生活が生きる上で不可欠なものであることに気付かせ，住まい方を工夫することで，より快適で安全な生活が営まれることに気付かせる。

　指導にあたっては，小学校の内容（暑さ・寒さ，通風・換気及び採光に重点を置いた快適な室内環境の整え方）との体系化を図り，生徒が具体的に考えられる場面の設定，模型教材を活用することで，実際の場面の想定に繋げ自分の住まいと関連して考えられる場面の設定を行った。授業設計においては，自身の生活の中で実用性のある現実的な課題の設定を行い，主体的に思考する活動を充実させ，新たな価値を見つけ生み出させる工夫を行った。そして，総合的

に振り返る場面を設定することで，生徒が各教科や各分野・内容で習得した知識や技能をもとに新たな課題設定へと繋がるよう努めた。

(2) 授業計画

1) 学年・題材名　第2学年　住居の機能と安全な住まい方

2) 題材目標

○住居の基本的な機能について，家族の生活と住空間との関わりや，住居の基本的な機能，家族の安全を考えた住空間の整え方についての基礎的・基本的な知識と技能を身につけさせる。【知識・技能】

○家族・家庭や地域における生活の中から住生活について問題を見いだし，課題をもって考え，解決する力を育む。【思考・判断・表現】

○住生活を工夫し創造しようとする実践的な態度や住生活における日本の生活文化を継承しようとする態度を育む。【主体的に学習に取り組む態度】

3) 指導計画（全7時間）

題材		時数	○学習目標 ・学習活動と指導上の留意点	知識・技能	思考・判断・表現	主体的に学習に取り組む態度
住まいのはたらきと快適性	住まいのはたらき	1	○住まいの基本的な役割について理解し，日本の伝統的な住まいの特徴を知る。 ・住まいの役割や機能について考え各地の気候に合わせた住まいの特徴があることに気付く。 ・和式の住まい方が現代にも受け継がれていることに気付く。	・住居の基本的な機能について理解している。 ・和式の住まい方や日本各地の住まいの特徴などと住空間の関わりについて理解している。	・住生活や住文化の継承の課題について解決策を構想し，実践を評価・改善し，考察したことを論理的に表現している。	・家族や地域の人々と協働し，よりよい生活の実現に向けて，住居の機能と安全な住まい方について，課題の解決に主体的に取り組んだり，振り返って改善したりして生活を工夫し創造し実践しようとしている。
	住まいの空間	1	○住空間と生活行為との関係を理解させ，家族がどのような生活を重視するかで住まい方が異なることを知る。 ・自分や家族の生活と住まい方との関わりを考える。	・家族の生活と住空間との関わりについて理解している。	・家族の安全を考えた住空間の課題について解決策を構想し，実践を評価・改善し，考察したことを論理的に表現している。	
	健康で快適な室内環境		○健康で快適な室内環境の条件を知り，改善方法を理解する。 ・室内の空気の汚染が及ぼす影響を取り上げ室内環境を整える必要性に気付かせ改善方法を考える。	・室内の空気環境など家族の健康，快適，安全を考えた住空間の整え方について理解している。	・室内の空気環境など家族の健康，快適，安全を考えた住空間の整え方について，解決策を構想し，実践を評価・改善し，考察したことを論理的に表現している。	
安全・安心な住まい方	家庭内事故への備え		○家庭内の事故の種類とその原因を知り，幼児や高齢者の安全を考えた住まい方について工夫する。 ・年齢別による家庭内事故の特徴を知り安全に住むための対策を考える。	・家庭内の事故の防ぎ方など住空間の安全な整え方について理解している。	・住生活について問題を見いだして課題を設定している。	
	災害への備え	2	○自分の住む地域の災害の危険性について理解する。 ・地域の実態に応じて過去の災害の例を取り上げ考える。	・自然災害への事故の防ぎ方など家族の安全を考えた住空間の整え方について理解している。	・家族の安全を考えた住空間の課題について，解決策を構想し実践を評価・改善し，考察したことを論理的に表現している。	
			○様々な自然災害に備えて室内を安全に整備する必要とその方法について理解する。 ・自然災害時における危険を予測し，危険な箇所を見つけて対策を考える。 ・他教科等で行う防災に関する学習との関連を図る。			
持続可能な住生活	持続可能な住生活をめざして	1	○持続可能な社会の実現に向けて様々な住まいと住まい方の工夫があることを知る。 ・持続可能な住生活のために課題を見つけ改善方法を考える。		・社会や環境に配慮した住生活について問題を見いだして課題を設定している。 ・社会や環境に配慮した住生活について考え，工夫している。	・自立した消費者として，社会や環境について，課題の解決に主体的に取り組み，工夫し創造し，実践しようとしている。

4) 本時の目標

指導目標：住空間について課題を見つけ，安全で快適な整え方や住まい方について考え，工夫させる。

目標行動：住まいに関する既習事項と自分の生活を関連づけて課題を見つけ，より安全で快適な住空間の整え方を様々な視点から検討し，模型教材を用いて根拠を示しながら説明できる。

5）本時の展開

過程	学習の流れ	時間	学習活動	指導上の留意点	教材・教具
導入 〔ほりおこし〕〔課題の共有化〕	はじめ 社会への着目 1 → 補4 学習課題の設定 2 わかったか 3 場面の設定 5 わかったか 6 → 補7	5	1 社会の状況に着目する。 2 学習課題を設定する。 **めあて** 安全で快適な生活を送るためには，住空間をどのように整備していけばよいのか考えよう。 5 場面の設定を行う。 【場面】 ハウスメーカーの職員として，5人家族に向けて住まいづくり（住まい方）の提案をする。	1 未来の住生活に関する状況を想定させ，リアルな課題設定へと繋げさせる。 3 生徒の発言から設定させる。 4 学習課題を設定できない生徒には，補足説明を行う。 5 具体的家族設定を行い，家族にはどのような願いがあるかを想起させる。 6 挙手により確認をする。 7 時間の経過に伴う変化にも着目させ，多面的な視点をもたせる。	2 ワークシート 5 TV，PC
展開 〔自己追究〕〔相互練り上げ〕	視点の確認 8 → 補11 安全・快適な住まい 9 できたか 10 → 補14 住まい方の工夫の具現化 12 できたか 13	10 22	8 安全や快適の視点を確認する。 【安全】 ・家庭内事故 ・自然災害 【快適】 ・暑さ・寒さ ・通風・換気 ・彩光 ・音 9 安全・快適に住まうための工夫を考える。 10 気付いたことを発表し，全体で共有する。 12 個で考えた安全・快適な住まい方を共有し，グループで練り上げ，模型教材に具現化する。 13 グループ間で説明をした後，専門家（建築士）に向けて説明を行う。 ・家庭内の事故 ・家具の種類 ・部屋の使い方 ・家族の身体の特徴 等を踏まえた工夫	8 既習事項を確認し，視点を踏まえた住まい方を確認する。 9 模型教材を使い，家具の選択や配置を行わせ，安全・快適な住まい方について考えさせる。 11 他者の意見を共有させ，よりよい住まい方の工夫を検討させる。 12 生活の営みに係る見方・考え方の視点を踏まえさせるとともに，理由付けを明確にさせる。 13 役割分担をさせて，効果的に伝達させる。また，多面的な見方を働かせながら共有させる。 14 専門家に住まい方の工夫の課題点等を挙げてもらい，よりよい住まい方へと練り上げさせる。	8 ワークシート TV，PC 9 ワークシート 模型教材 12 ワークシート 模型教材 13 外部リソース （建築士）
終末 〔自己解決〕〔自己評価〕	工夫の練り直し 15 できたか 16 → 補17 本時のまとめ 18 次時の課題設定 19 おわり	10 3	15 専門家からのアドバイスをもとに，個でより安全・快適な住まい方の工夫を練り直す。 16 ワークシートに記入する。 18 本時のまとめを行い，安全・快適な住まい方に必要なポイントを確認する。 家族や地域の実態に応じて，危険を予測するとともに，危険な箇所を見つけ出し具体的な対策を行う。 19 本時の学習を基に自らの住生活の問題を見い出し課題設定へと繋げる。	15 根拠となる価値観をもってよりよい住まい方を考えることの重要性に気付かせる。 16 学びを踏まえて，「見方・考え方」をはたらかせて記入させる。 17 よい考えの生徒の意見を全体に紹介し，気付きを深めさせる。 18 専門家から実際の住まいの工夫点を紹介してもらい，今後の生活へと繋げさせる。 19 次時までの時間に情報の収集や整理を促し，自らの住生活の課題設定へと繋げさせる。	15 ワークシート 16 ワークシート 18 ワークシート TV，PC

［本授業は，鹿児島大学教育学部附属中学校 山口隼人先生の実践をもとに編集したものである。］

第5節　環境・消費生活

1　　買物の仕組み〜買物場面で契約成立を理解しよう〜（小学校）

(1) 授業のねらい

　今回の指導要領の改訂で，小学校では「買物の仕組みや消費者の役割」が新設された。中学校における「売買契約の仕組み」や「消費者の権利と責任」，「消費者被害の背景とその対応」の基礎となる学習が求められている。持続可能な社会の構築に向けて，主体的に生活を工夫できる消費者としての素地を培わなければならない。「買物の仕組み」ではふだんの買物が売買契約であること，また売買契約がいつ成立するのかを明確に理解させるため，小学生にわかりやすいように簡単な役割演技を取り入れている。消費者役と販売者役の札を付け，契約成立時を判定する場面を設定し，契約成立を可視化することで，クラス全員の児童で確認できるよう工夫した。学習指導計画は次のとおりである。

表 6-5-1　「買物の仕組み」「消費者の役割」を含む学習指導計画

配時	授業のねらい	授業の内容
1	お金のはたらきを理解する	買物の失敗や家庭でのお金のはたらきを考える
2	売買契約の意味を理解する	買物場面（赤ペン）で考えることを確認する
3	さまざまな消費者問題を知る	じょうずに買物するために必要なことを考える
4	買物時に考える条件を考える	何を決め手に買うもの（お茶）を決めたのか考える
5	表示やマークの意味を理解する	我が家の買物5か条を作成し，実践する

　1時間目はまず，買物の難しさを課題とし，自分や家族が買物で困った経験を出し合う中で，買物の難しさを考えさせる。そして，私たちの生活には多くのお金が使われており，収入源は家族の就労によるものであることを確認し，お金は大切に使わなければいけないことを理解させる。2時間目は指導案のような展開の中で，契約成立について明確に理解するための場面を設定した役割演技を取り入れ確認する。3時間目は県の消費生活相談員をゲストティーチャーとして招き，売買契約の意味や代金の支払い方法（現金，クレジットカード，プリペイドカード，ポイントなど），購入方法（店舗・通信販売等）を知り，トラブルにならないような金銭の使い方を考えさせる。4時間目はお茶の購入時の条件を考えることから，表示やマークに目を向けさせたり，大分市の取り組みを紹介したりなどして，環境配慮の必要性にも気付かせる。

　実際の授業では，5時間目に表示やマークについてオリジナルのカードゲームを開発し，5時間目にカードゲームを行い，児童は楽しみながら表示やマークについての理解を深めることができた。その後，6時間目に「我が家の買物5か条」を作成することで，買物名人を目指したが，今回はカードゲームは行わない5時間扱いとして紹介する。この授業は2020年1月に大分県の公立小学校5年生で実践したものである。

(2) 授業計画　2/5 時間　買物の仕組み

1) 主眼　2種類の赤ペンの選び方を，＜品質＞＜量＞＜値段＞＜環境配慮＞の視点で比較するとともに，購入場面の役割演技をすることにより，買物は「売買契約」であることを理解することができる。

2) 展開

学習活動	時	教師の支援	評価規準
1. 本時のめあてと課題をつかみ，自分の考えを書く。	10	・前時では，買物の困りや工夫を出し合い，収入と支出のバランスを考えた生活をすることが大切であること，買物をするのには，手順があることを学習している。 めあて 「わが家の買物5か条」を作って買物名人になろう ○ 本時では，「わがやの買物5か条」をつくるために，何を考えて買っているのかを明らかにするために，赤ペンの選び方を考えることを知らせ，本時の課題を提示し，自分の考えを書かせる。 問題　赤ペンを買います。どちらのペンを選びますか。予算は200円です。＜3本100円＞＜1本150円＞詰め替え用100円別売り 課題　どんなことを考えて，買物をしているのかな。	○ 購入するために必要な情報の収集・整理を理解するとともに適切に行うことができる。（買物の視点を持ち商品を選んでいる）
2. 購入の視点を出し合う。	15	・グループごとに2種類の赤ペンを用意し，どちらを選ぶかをくらげチャートに書かせる。 ○ 自分の選び方を発表させ，購入の視点を板書に位置づける。 | 3本100円	視点	1本150円
まとめ買い 1本約33円	＜量＞＜値段＞	インクが多い 詰め替え用があるので安い
○をするだけ	＜品質＞＜環境＞	試し書き ゴミが少なくてすむ | ・エコマークが話題になったら，知っていることを話させ，環境によい買物であることを板書に位置づけ，詳しくは次の時間に学習することを知らせる。 ・どちらの視点も理解できたら，「考えが変わった人はいないか」と問い，理由を言わせる。	
3. 購入場面の役割演技をする。	10	○ 赤ペンの購入場面を「消費者」，「販売者」の役割演技をすることで，売買契約の意味を理解させる。 ① 消費者「この赤ペンをください」 ② 販売者「いいですよ」 ③ 売買契約成立の札を上げる。 ④ 消費者　代金を渡す。 ⑤ 販売者　レシートと商品を渡す。 ・レシートの内容を確認する。買物は契約なので，消費者の一方的な理由で返品できないことを押さえる。 ○ 役割演技の感想やペン選びの感想を言わせる。「買物は大変」「迷う」などの意見が出たら，「買物はなぜこんなに迷うのか」と問いかける。	

		┌─────────────────────────────┐ ｜　　　　　買物は，なぜこんなに迷うのかな　　　　｜ └─────────────────────────────┘ ・考えることがたくさんある，契約だから慎重にしない 　といけないという意見が出されるであろう。	
4. 本時のまとめを 　する。	10	○本時のまとめをして，「買物5か条」に入れたいこと 　をワークシートに書く。 ┌─────────────────────────────┐ ｜　値段・量・品質などを考えて購入する。　　　　　　｜ ｜　売買契約なので，よく考えて購入する。　　　　　　｜ └─────────────────────────────┘	○身近なものの 　選び方，買い 　方，買物の仕 　組みを理解し 　ている。

3) ワークシート

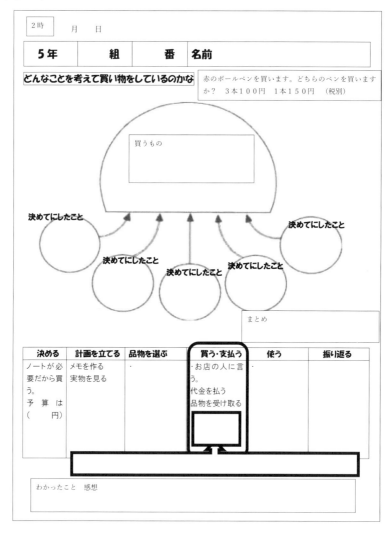

クラゲチャート引用元：黒上春夫，小島亜華里，泰山裕：シンキングツール～考えることを教えたい～
http://ks-lab.net/haruo/thinking_tool/short.pdf

（1）授業のねらい

　今回，新設された「消費者の役割」の内容は，中学校以降の「消費者の権利と責任」の「責任ある消費」の基礎となる内容である。筆者らの小学校における消費者の素地に関する研究[注1]において，授業実践を通して，小学校段階での「消費者の権利と責任」の基礎となる内容について具体的にあきらかにしている。小学校の家庭科学習では，ラベルや表示からの情報を正しく読み取り，消費者としての基本的な権利を認識させ，意思決定のための手がかりにすることが必要であることが推察されたが，＜意見を聴かれる権利＞＜補償を受ける権利＞＜生活のニーズが保障される権利＞＜消費者教育を受ける権利＞＜健全な環境の中で生活をする権利＞に関しては，実践では児童の意思決定の視点は見受けられなかった。

　「責任ある消費」の基礎となる内容としては，＜環境配慮＞を扱うのが小学校段階としては適切ではないかと考える。これらの研究授業における児童の発言の中に，地産地消に関するものがあったが，「なぜ大分県産のものがいいのか」という点においては，漠然とした「安全だから」という理由でしかなかった。消費者の権利としては，＜安全である権利＞であることへの気付きであり，社会科での既習事項である生産や流通の内容と結びつけることを行えば，＜環境への配慮責任＞を扱うことも可能と考えられる。生産から消費までにかかるエネルギー消費を考えると，地場のものを地場で消費することは，環境に配慮していることになる。「消費者の責任」の他の項目は，児童の意思決定の視点は見受けられなかった。小学生は，「責任」というよりも，まず「規範意識を持って行動する」という段階と考えられるが，「消費者の権利と責任」については，直接的には扱わないまでも，授業実践の中で消費者の基本的な権利を意識させながら，責任としては，＜環境配慮＞については扱うことが可能であることが示唆された。よって，「消費者の役割」については，環境配慮を扱う授業実践が小学校段階では適切であると考え，紹介する。

（2）授業計画　4/5時間　消費者の役割

　1）主眼　環境に配慮した買物をすることのよさを，容器の廃棄後のリサイクルの仕方，再生商品，リフューズに目を向けて考えることで，買物5か条の視点を増やすことができる。

　2）展開

学習活動	時	教師の支援	評価規準
1．本時のめあてと課題をつかみ，自分の考えを書く。	10	めあて　わがやの買物5か条を作ろう ○前時までの学習を振り返り，買物名人5か条のヒントになることがあったこと（値段・品質・量）を確認する。本時では，前時で話題になった捨て方の違いを考えることを知らせる。	

<table>
<tr><td colspan="5">

問題　家で飲むお茶を買います。条件（値段・品質・量）は同じです。どちらのお茶を選びたいですか。

</td></tr>
<tr><td colspan="5">

課題　何を決め手にお茶を買ったのかな。

</td></tr>
</table>

2. 全体で決め手を話し合う。	15	○ 紙パックとペットボトルで，ワークシートに自分の考えを書かせる。 ○ グループで互いの買い方を交流させる。 ・友だちとの意見の違いがあれば，メモをさせる。 ○ 全体でどちらを選んだのかを理由を言わせながら出し合わせ板書に位置づける。 ・多くの子どもは，<u>保存，持ち運び</u>を理由にペットボトルを選ぶと考えられる。 ・容器の違いは，廃棄の仕方の違いでもあることを押さえる。 ・捨て方の違いはペンの選び方でも話題になっていたことを押さえる。 ・廃棄の仕方を確認させるために，表示マークを提示する。	○ 購入するために必要な情報の収集・整理を理解するとともに適切に行うことができる。（買い物の視点を持ち商品を選んでいる）

	ペットボトル	紙パック
分別の仕方	ふたとラベルはプラ　本体はペットボトル	ストローとビニールはプラ　本体は紙

		・再生品を提示し，身の回りには，多くの再生品があることを知らせる。
3. 4Rと買い物のつながりを考える。	13	○ 4年生の社会の学習を思い出させ，「なぜリサイクルをするのかな」と問いながら大分市のHPの4Rの資料を提示し，買物でできる事を調べる。

> もっとよいお茶の買い方はないかな

		・さらに「もっとよいお茶の買い方はないかな」と問い，大分市のマイカップ，マイボトルの取り組みを紹介し，お茶の葉を提示する。お茶のいれ方は家庭科で学習しているので，自分にも実践できることを知らせる。（リフューズ）
4. 学習のまとめをする。	7	・「持続可能な社会の実現」のために，環境を守る必要があり，物の使い方，それは，わたしたち「消費者の役割」であることを押さえる。 ○学習のまとめをし，振り返り，買物5か条に入れたいことをワークシートに書かせる。	○ 消費者の役割（環境を考えた消費をする）について理解している。

> 捨て方を決め手にした方がいい。
買い方を変えることが環境によいことになる。

3）ワークシート

4時	月　日（　）　ワークシート　　5年　組　番（　　　　　　　　　）

家で飲むお茶を買います。値段・量は同じです。どちらのお茶を買いますか。

ペットボトル（　）　　　　　紙パック（　）

課題

まとめ

ふりかえり（感想等）

よりよい買い方をしっかり考えた（　　）考えた（　　）もう少し（　　　　）

［本実践は，「カテイカ CE プロジェクト」https://www.togolabo.jp/kateikace/project.html でも公開している。この Web サイトは，文部科学省：平成 31 年度「若年者の消費者教育の推進に関する集中強化プラン」における若年者の消費者教育推進のための実証的調査研究に採択され作成したものである。この Web サイトでは，オリジナルのパズルゲームも紹介・貸出し可。授業実践者は石川芳恵氏（大分公立小学校元教諭）］

注
注1）小野里香・石川芳恵・財津庸子．（2012）．消費者の素地学習に関する研究〜小・中・高を見通した『消費者の権利と責任』の視点から．大分大学教育福祉科学部附属教育実践総合センター紀要，No.30，139-146.

（1）授業設計のポイント

　中学生になると，家庭での生活において，物やサービスをネット上で購入する者も増える。それに伴い，子どもが保護者のクレジットカード等を用いるなどして起こるネットショッピングによる消費者被害の増加も報告されている（第11章第1節参照）。

　本題材では，教材用に開発されたネットショッピングの疑似体験サイト「レインボーショッピングモール」（https://rainbow.oct-kun.net）を用い，教材クレジットカードからサイト上に情報を入力する体験を通して，クレジットカードの仕組みと特徴を理解し，その安全な活用を考える。教材用ネットショッピングの疑似体験サイトは，消費者教育教材として無料公開されていて，コンピュータやタブレット端末で利用できる。教材クレジットカードは，同サイトからダウンロードして入手し，長辺とじ両面印刷して使える。同サイトに入力する個人情報はサイトには保存されない。また，入力する名前や住所は省略したものでも利用することができる。また，この題材以前の授業では，様々な販売方法と支払い方法の学習をしておくとよい。

（2）授業計画

　1）学年・題材名　第2学年

　2）本時の目標

　○クレジットカードの利便性・注意点を理解する。・・・・・・・・・・・・・【知識・技能】

　○クレジットカードの仕組みを理解する。・・・・・・・・・・・・・・・・・【知識・技能】

　○クレジットカード払いで起こりうる課題を設定する。・・・・・・・【思考・判断・表現】

　○クレジットカード払いで起こりうる課題の解決に向けて主体的に取り組もうとしている。・・・・・・・・・・・・・・・・・・・・・・・・【主体的に学習に取り組む態度】

　3）本時の展開

配時	主な学習活動	指導上の留意点◆評価規準
導入	○ 物やサービスの購入には，様々なカードが使われていることに気づく。 ○ 本時の題材を知る。	○ 日常利用されているカードを例に挙げ，物やサービスの購入には，様々なカードが使われていることを確認する。 ○ その一つに後払いのクレジットカードがあり，ネットショッピングにも使えて便利だが，上手に使わないとトラブルにつながるため，本時は，クレジットカードについて学習していくことを伝える。

展開1 ネットショッピングでのクレジットカード特徴	○ ネットショッピングの疑似体験サイト「レインボーショッピングモール」にアクセス（https://rainbow.oct-kun.net）し，レッド通販，ブルー通販，グリーン通販の三つのお店で，教材クレジットカードを使い，画面上に必要な情報を入力して，ショッピングしてみる。	○ ワークシートにあるカード情報入力の際の注意をよく読んで入力することを促す。 ○ どんな視点でネットショッピングを体験しているか机間指導で確認する。 例）簡単に買い物ができる。／複数のお店を比較しやすい。／品物がかわいい。／まとめ買いだとお得。
展開1 ネットショッピングでのクレジットカード特徴	○ どの店で，何を，いくらで購入したか，送料はいくらか，またその店を選んだ理由をワークシートにまとめ，発表する。 ○ クレジットカード払いの便利な点を考え，発表する。 ○ 次に，クレジットカード払いで気を付けなければならないことは何かを考え，発表する。	○ クレジットカードには，他の支払い方法（銀行振込，コンビニ支払，代金引換など）と異なり，以下のような便利な点があることを確認する。 ・小銭を出さなくてもいい。 ・手持ちの現金がなくても買える。 ・銀行振込や代金引換でかかる手数料が発生しない（年会費はかかる）。 ・カード番号等必要情報があれば（利用サイトへの保存や自分のPCやスマホ等に保存できる），カードが手元になくても買物ができる。 ○ クレジットカードは後払いであるため，借金として認識し，自分の支払い能力を考え，使い過ぎに注意するよう説明する。また，以下に挙げる点に気を付ける必要があることを確認する。 ・買物をして受け取ったレシートや支払いに関する情報は保管する。 ・ネット上で個人情報漏えいの可能性がある。 ・他人にカードやカード情報を渡さない。 ・紛失，盗難の場合は，警察やクレジット会社に連絡をする。 ・返済困難やトラブル発生の時は消費生活センターに相談する。 ◆ クレジットカード払いで起こりうる問題を見いだして課題を設定する。【思考・判断・表現】（ワークシート） ◆ クレジットカードの利便性・注意点を理解する。【知識・技能】（ワークシート）
展開2 クレジットカードの仕組み	○ クレジットカードでは，どうして後払いができるのか考える。 ○ クレジットカードの3者間契約の仕組みを理解する。	○ クレジットカードは，消費者，販売業者，カード会社の3者間の信用に基づく契約で成り立っていることを，教科書等にある図を用いて説明する。 ◆ クレジットカードの仕組みを理解する。 【知識・技能】（ワークシート）
まとめ	○ クレジットカードの利用において気を付けたい点をワークシートにまとめる。	○ ネットショッピングの利便性・注意点をまとめ，今後，クレジットカードの利用において気を付けたい点を考えるよう促す。 ◆ クレジットカード払いで起こりうる問題について，課題の解決に向けて主体的に取り組もうとしている。【主体的に学習に取り組む態度】（ワークシート）

クレジットカードを上手に活用しよう！

2年　　組　　番 名前 _____

1. 日常利用されているカードにはどんなものがあるか書き出してみましょう。

2. ネットショッピングの疑似体験サイトにアクセス（http://rainbow.oct-kun.net）し、レッド通販、ブルー通販、グリーン通販の3つのお店で、疑似クレジットカードを使いショッピングしてみましょう。

＜カード情報入力の際の注意＞
・支払方法は「クレジットカード」を選択する。
・名前は自分の名前を 半角ローマ字 で名前、名字の順で入力する。
　　例）TARO　KATEI
・カード番号は、16 ケタの数字を 半角 で入力する。
・有効期限は、カードにある月と年の数字を 半角 で入力する。
・セキュリティーコードは、カードの裏面にある3つの数字を 半角 で入力する。
・送付先の名前、住所、電話番号は、自分のものを入れる。ここは 全角 入力でよい。

どの店で、何を、いくらで購入したか、送料は、またその店を選んだ理由を以下に書きましょう。

お店	買った物	値段	送料	その店を選んだ理由
通販				

3. クレジットカード払いの便利な点と注意点を書いてみましょう。

便利な点	注意点

4. 今回の疑似体験から、クレジットカード払いで、特に気をつけたいと思ったことは何ですか。

＊参考【2時間目】ネットショッピングを安全に利用しよう

配時	主な学習活動	指導上の留意点◆評価規準
導入	○ 子どもが巻き込まれたネットショッピングに関する消費者被害の事例を知る。 ○ 本時の題材を知る。	○ ネットショッピングでは注意しないと問題も起こりうることに気付かせる。 ○ そこで，本時はネットショッピングについて学習していくことを伝える。
展開1 ネットショッピングでの確認事項	○ ネットショッピングの疑似体験サイトにアクセス（https://rainbow.oct-kun.net）し，レッド通販，ブルー通販，グリーン通販の三つのどの店にもある「木製メモ立て」について，価格，送料，暗号化通信を比較し，利用すべきだと思う店を考え，発表する。	○ 鍵マークにより暗号化通信を確認できることを画面上で示す。 ○ 暗号化通信 SSL（Secure Socket Layer）は，クレジットカード情報等の個人情報を暗号化し保護することを説明する。 ◆ ネットショッピンで起こりうる問題を見いだして課題を設定する。【思考・判断・表現】

	○ 三つのお店の中で，グリーン通販が，合計代金が安い上，暗号化通信ができることに気付く。	（ワークシート）
展開2 特定商取引法について	○ ネットショッピングを含む通信販売には，特定商取引法の下，広告表示義務があることを理解する。 ○ 三つのお店は，特定商取引法により通信販売広告に表示することが義務づけられている事項が書かれているかワークシートを記入しながら確認し，もう一度，利用すべきお店はどこか考える。	○ グリーン通販が利用すべきお店かの判断に必要な知識として，ネットショッピングを含む通信販売には特定商取引法より広告表示の義務事項があることを説明する。 ○「販売価格」以外の情報については，それぞれのお店のページの下の方にある「○○通販について」を見るよう指示する。 ○ 三つのお店の特徴から，利用すべきお店は，レッド通販であることに，気付かせる。 ・レッド通販は，支払う料金が最も高いが，暗号化通信や返品条件が良い。 ・ブルー通販とグリーン通販は価格が同じで，送料無料も同じだが，ブルー通販は暗号化通信になっておらず，返品の可否について書かれていない。 ・グリーン通販は不良品の場合は返品可と書かれているが，連絡先がなく，実際には返品できない。
	○ クーリング・オフ制度とはどんな制度か復習する。	○ ネットショッピングを含む通信販売では，自分でお店に行って購入を決定したとみなされるため，クーリングオフ制度は，原則，適用されないことを説明する。最終申し込み画面で返品方法が示されていない場合，返品（契約の解除）が可能な場合がある。また，お店によっては返品可能としていることを加える。 ◆ ネットショッピングで起こりうる問題を見いだして課題を設定する。【思考・判断・表現】（ワークシート）
まとめ		○ 以下三つの注意点を確認する。 ・暗号化通信が可能か。 ・特定商取引法による義務事項が書かれているか。 ・返品可能かや，返品条件。 ◆ ネットショッピンでの注意点を理解する。【知識・技能】（ワークシート）
	○ 万が一，ネットショッピングでの物やサービスの購入をめぐって問題が起きた時どうするか考え，発表する。	○ 未成年である中学生は，まず家族に相談し，その後，消費生活センターや消費者ホットライン（全国統一番号：188）に相談するよう伝える。 ○ 一定の基準を満たした業者に日本通信販売協会が発行しているJADMAマークも一つの目安になることを説明する。
	○ ネットショッピングで気を付けたいことは何かを考え，ワークシートにまとめる。	◆ ネットショッピンで起こりうる問題について，課題の解決に向けて主体的に取り組もうとしている。【主体的に学習に取り組む態度】（ワークシート）

ワークシート

ネットショッピングを安全に活用しよう！

2年　組　番 名前 _____

1. レッド通販、ブルー通販、グリーン通販のどの店にもある「木製メモ立て」について、販売条件（価格、送料、暗号化通信）を以下の表にまとめ比較し、利用すべきだと思う店を考えてみましょう。

	価格	送料	暗号化通信できるかどうか○をつける。
レッド通販			できる・できない
ブルー通販			できる・できない
グリーン通販			できる・できない

2. 3つのお店で、特定商取引法によって定められた項目が書かれているか確認してみましょう。表示がある項目には○を、ない項目には×を下の表に書き入れましょう。そして、もう一度、利用すべきだと思う店を考えてみましょう。

店名 表示義務事項	レッド通販	ブルー通販	グリーン通販
① 販売価格			
② 業者名			
③ 代表者名			
④ 所在地			
⑤ 電話番号			
⑥ 電子メールアドレス			
⑦ 代金の支払い時期と方法			
⑧ 商品の引き渡し時期			
⑨ 交換・返品			
⑩ 送料以外の負担			

3. 通信販売（ネットショッピングを含む）にクーリングオフ制度は適用されるでしょうか。適用されないでしょうか。そのように考えた理由を書いてみましょう。

適用され（　　　）
そう考える理由

4. 今回の疑似体験から、ネットショッピングで、特に気をつけたいと思ったことは何ですか。

［本授業（1時間目及び2時間目）は，以下の参考文献にある論文にて報告した内容であり，一部，修正を加えている。］

参考文献

長谷川元洋・上野顕子・新谷洋介．（2014）．中高生のネットショッピングの利用実態とそれに対する意識と態度に体験型授業が与える影響，消費者教育，34, 73-84.

新谷洋介・長谷川元洋・上野顕子．（2016）．デジタルコンテンツ購入に対応した 体験型消費者教育教材の開発，消費者教育，36, 41-52.

上野顕子・新谷洋介・長谷川元洋．（2016）．アクティブラーニングを取り入れた消費者教育の授業実践とその評価－ネットショッピングを題材として－，消費者教育，36, 231-242.

第Ⅲ部
教材研究・授業づくりのための
基礎知識

第Ⅲ部は，家庭科の授業づくりに欠かせない現代の子どもの生活実態，家庭科の学習内容に関する用語の定義，事象の基本原理や仕組みなどを掲載しています。また、小学校から中学校までの家庭科の学習内容にどのような繋がりがあるかなどを解説しています。これらを基礎知識として，教材研究・授業づくりにチャレンジしてください。

第7章

家族・家庭生活の指導に必要な基礎知識

第1節　家族・家庭生活に関する子どもの実態

1. 少子高齢化の現状と家族・家庭生活

　家族や家庭をめぐる状況は，時代と共に変化してきている。国民生活基礎調査によると1953（昭和28）年の平均世帯人員数は5.00人であったが，年々減少を続け，2019（令和元）年は2.39人となり，世帯構成が小規模化している。児童のいる世帯は，1122万1千世帯で全世帯の21.7%，児童のいる世帯の平均児童数は1.68人である。「夫婦のみの世帯」「夫婦と未婚の子どものみの世帯」「ひとり親と子のみの世帯」をあわせた「核家族世帯」は全体の6割を占めている。

　しかし，年々単独世帯の数が増加しており，特に，都心部では単独世帯がもっとも多い世帯で，中でも65歳以上の高齢者の単独世帯が増加傾向にある。平均寿命は急速に伸びており，日本は世界に類をみない速さで高齢化が進んでいる。2021（令和3）年の高齢化率（65歳以上の高齢者人口が総人口に占める割合）は28.9%になった。出生数も低下しており少子化が進んでいる。2020（令和2）年の合計特殊出生率は1.33で，1899（明治32）年の調査開始以来最少となっている。人口推計によると，令和3年（2021）4月1日現在における15歳未満の子どもの数は1,493万人で，総人口に占める子どもの割合は11.9%，小学生は4.9%となり，子どもの数，子どもの割合は，減少傾向にある。

　人口動態統計によると，2020（令和元）年の離婚件数は208,333組で，そのうち20歳未満の未婚の子がいる離婚件数は118,664組（全離婚件数の56.9%）であった。親が離婚した未成年の子の数は205,972人，未成年人口1000人に対する割合は9.95である。20歳未満の子の100人に1人が離婚を経験していることになる。

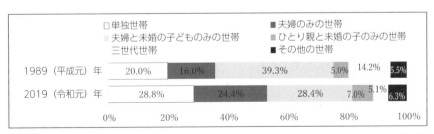

（厚生労働省「国民生活基礎調査」の結果より作成）

図7-1-1　世帯構造別にみた世帯数の構成割合

2. 子どもの家庭生活における体験活動

　国立青少年教育振興機構が行った「青少年の体験活動に関する意識調査（令和元年度調査）」によると，自然体験や生活体験，文化芸術体験が豊富な子ども，お手伝いを多く行っている子どもは，探求力が身についている傾向があると報告している。図7-1-2, 3は，この調査の結果のうち，お手伝い，生活体験および社会体験に関する項目についての小学校5・6年生の回答結果のグラフである。お手伝い9項目について，普段どのくらいしているのかを質問した結果，「いつもしている」「時々している」と回答した割合が多かったのは，「買い物のお手伝いをすること」（74.4%），「食器をそろえたり，片づけたりすること」（73.7%）であった。生活体験および社会体験に関する項目をみると，「小さい子どもを背負ったり，遊んであげたりしたこと」は53.6%で過半数以上の者が「何度もある」と回答しているのに対し，「体の不自由な人，お年寄り，困っている人などの手助けをしたこと」は16.4%で2割以下の回答となっている。

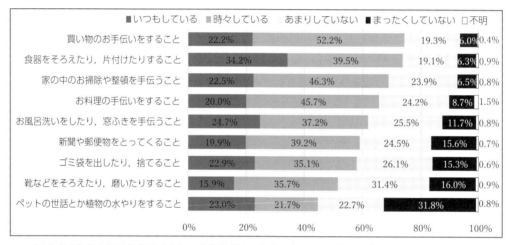

（国立青少年教育振興機構「青少年の体験活動等に関する意識調査（令和元年度調査）」の結果より作成）

図 7-1-2　お手伝いの実態（小5，小6）

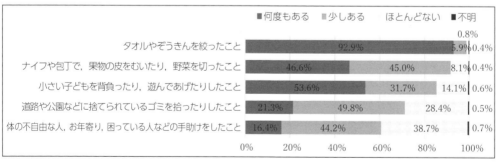

（国立青少年教育振興機構「青少年の体験活動等に関する意識調査（令和元年度調査）」の結果より作成）

図 7-1-3　生活体験および社会体験の実態（小5，小6）

参考文献
国立青少年教育振興機構. http://www.niye.go.jp/kanri/upload/editor/154/File/zentai.pdf, 閲覧日 2022.8.16.
厚生労働省. https://www.mhlw.go.jp/toukei/saikin/hw/k-tyosa/k-tyosa19/dl/14.pdf, 閲覧日 2022.7.31.
厚生労働省. https://www.mhlw.go.jp/toukei/saikin/hw/jinkou/kakutei20/dl/16_all.pdf, 閲覧日 2022.7.31.
内閣府. https://www8.cao.go.jp/kourei/whitepaper/w-2022/zenbun/04pdf, 閲覧日 2022.7.31.
総務省統計局. https://www.stat.go.jp/data/jinsui/topics/topi1281.html, 閲覧日 2022.7.31.

第2節　家族・家庭生活の基礎知識

| 1 | 家族・家庭・世帯 | 学習指導要領の用語
家族，家庭生活 |

(1) 家族とは

　家族は多様化しており，家族とは何かを定義するのは難しいとされている。家族を繋いでいるものは様々である。かつては，婚姻関係や血縁関係，同居や生計を共にしていることが家族の条件とされていた時代もあった。情緒的関係で結ばれているという見方もある。

　家族には，形態による複数の分類方法がある。例えば，家族を構成しているメンバーを夫婦と子どもで分類すると，「1組の夫婦と未婚の子」「1人親と未婚の子」「夫婦のみ」の家族を核家族（nuclear family），複数の核家族が組み合わさった家族を拡大家族（extended family）という。家族の中の立場で分類すると，自分が子どもになる家族を出生家族（family of orientation：定位家族・生育家族），自分が親になる家族を創設家族（family of procreation：生殖家族）という。また，私たちには，家族と家族ではない人を区別する範囲が存在している。人それぞれ，自分の家族と家族以外の人の境界があり，自分が考える家族のことをファミリー・アイデンティティ（family identity）という。

(2) 家庭

　家族のいる場所や空間が家庭であり，家庭で行われている生活全体を指す言葉が家庭生活である。明治時代に「home」の訳語として使われ人々に定着していった。家庭は，家庭領域・職業領域のように公私を分けると，プライベートな領域となる。家庭では様々なことが行われており，私たちの生活において重要な役割を果たしている場所となっている。その家庭の機能には，労働力の提供・子どもの養育・愛情の充足・休息・高齢者や病人の介護・生活文化の伝承など様々な働きがある。衣食住生活に関わる様々なことを行いながら，ものや時間，お金などを消費している場所でもある。心と身体の健康を培う家庭は，私たちにとって，生活の基盤となる重要な場所といえるだろう。

(3) 世帯

　家族や家庭と似たようなことを表す言葉に世帯がある。居住と大部分の生計を共同する人々からなる集団を世帯（household）といい，消費生活の単位として，住民票や国勢調査などで使用されている。世帯と家族が一致している場合もあるが，大学生の一人暮らしや単身赴任による一人暮らしなど，家族であっても世帯が別々になっているケースもある。必ずしも，世帯が家族と同一のものとは限らないが，家族の状況を把握する手立てとして世帯が使われている。

参考文献
森岡清美・望月崇. (1997). 新しい家族社会学. 東京：培風館.
長津美代子・小澤千穂子. (2018). 改訂　新しい家族関係学. 東京：建帛社.
日本家政学会編. (2018). 現代家族を読み解く12章. 東京：丸善出版.

| | | 家庭生活を支える仕事，協力，分担，家庭の仕事 |

（1）家庭の仕事

　私たちは，毎日の生活の中で様々なことを行っており，生活手段を整えるための活動が家庭の仕事である。家庭の仕事は家族の生活を支える仕事であり，生活していく上で必要なことである。毎日やることや何かがあったときにだけやることなど，多くの仕事がある。料理や洗濯，掃除，買い物などの日常生活を支える基本的な用事（仕事）を家事というが，家事以外にも育児や介護，家計管理など様々なものがある。いつ・どこで・だれが・何をどのように行うかは，家族の状況に応じて異なり，分担したり互いに協力しながら行われる場合によっては家庭外へ委託して行ったりすることもある。これまで家庭の中だけで行われていた仕事が，サービスや商品の提供により，家庭の外部で行われる（家事の外部化）ことも増えてきている。

（2）家事労働と職業労働

　家庭の仕事を経済的側面からとらえた言葉が家事労働である。家事労働は収入を伴わない無償労働（アンペイド・ワーク）であり，職業労働は収入を伴う有償労働（ペイド・ワーク）である。家事労働は家庭内にいる人を対象としたサービス労働であり，収入を伴わないため，職業労働よりも社会的・経済的に低く評価されてきていた。また，家事労働の多くを女性が担っていたため，女性の社会進出を阻む要因となっていたり，働く女性にとって家事労働と職業労働の二重負担の問題を引き起こしたりしてきた。家事労働は，労働力をつくる再生産労働も担っており，職業労働と切り離して考えることはできない。家事労働と職業労働は，どちらも私たちの生活を支える大切なものである。ライフスタイルに合わせて，家事労働と職業労働のバランスを取りながら生活をすることが重要となる。

（3）家庭の仕事の分担

　我が国では，女性が「家事・育児・介護」の多くを担っており，まだまだ，家庭の仕事の分担が十分に行われているとはいえない現状にある。しかし，家庭の仕事の分担は夫婦間だけで行うことではない。子どもも発達や成長の段階に応じて，家庭の仕事を分担してできる事が増えていくようになる。小学校5・6年生の頃には，それまでの「お手伝い」として部分的に家庭の仕事に触れる体験から，家庭科で学習したことを活用しながら，主体的に家庭の仕事に「参加する」ことができるようになっていきたい。家族の一員として生活に必要な仕事に責任をもって取り組む（参加する）ということには，自発的に取り組む姿勢や，継続性も必要となってくる。家庭の仕事を協力し合って行うこと（協働）により，働くことの喜びや楽しみも生まれてくる。それは，自分にとっての喜びだけでなく家族にも伝わるものである。

参考文献
日本家政学会編．（2018）　現代家族を読み解く12章．東京：丸善出版
（一社）日本家政学会生活経営学部会．（2020）．持続可能な社会をつくる生活経営学．東京：朝倉書店．
NHK放送文化研究所「国民生活時間調査2020」．https://www.nhk.or.jp/bunken/research/yoron/pdf/20210521_1.pdf，閲覧日 2022.8.15.

(1) 生活時間と生活時間調査

　1日24時間をどのように過ごすかは個々人次第であり，人々は最も有用な時間の過ごし方を考え日々生活をしている。このように人間の生活を時間的側面から捉えたものを「生活時間」という。生活時間調査の代表的なものには，NHK放送文化研究所の「国民生活時間調査」と総務省統計局の「社会生活基本調査」がある。生活時間は活動内容（生活行動）で分類され，大きく「生理的生活時間」（睡眠・食事・身の回りの支度など），「労働時間」（職業労働時間・家事労働時間），「自由時間」（レジャー活動やマスメディア接触等）に分類される。NHK放送文化研究所の調査では，それぞれ「必需行動・拘束行動・自由行動」と分類される（表7-2-1）。生活時間調査の結果から，人々がどのような生活行動にどれぐらい時間をかけているかなどが明らかにされる。平日・休日の違いや世代・性別の違いなどを比較することもできる。またこれらの調査は5年ごとに長年実施されており，時代による国民生活の変化を見ることもできる。個人では自分の時間の使い方を客観的に見直すことができる。

(2) 生活時間から見える私たちの生活

　2020年のNHK国民生活時間調査結果から小中学生の生活行為の平均時間を見てみよう（表7-2-1）。平日は「学業」に多くの時間を割いており，中学生の方が学業平均時間は長く，「学校外での学習」時間や「通学」時間も長い。一方で平均「睡眠」時間は短くなる。「家事」労働は全体では4～7分しか行っていないが，実際に家事を行っている平均時間は，平均29分～45分であり，年齢が上がるほど長くなる。自由時間には様々なレジャー活動が挙げられているが，小学校のうちは趣味・娯楽等の時間が長いが，中学生になるとインターネット関連の時間が長くなる。スポーツは小・中学生共にインターネット利用時間より短くなっており現代的な特徴といえるだろう。

資料：「NHK,2020年 NHK国民生活時間調査」より作成
https://www.nhk.or.jp/bunken/yoron-jikan/

表7-2-1　小中学生の生活行動の平均時間（2020年）

平日		小学生		中学生	
		全体	行為者	全体	行為者
		時間:分	時間:分	時間:分	時間:分
必需行動	睡眠	8:37	8:37	7:33	7:33
	食事	1:20	1:21	1:14	1:14
	身のまわりの用事	1:03	1:03	1:11	1:11
	療養・静養	0:05	1:13	0:01	1:30
拘束行動	学業	8:15	8:20	9:52	9:58
	授業・学内の活動	6:59	7:08	7:51	8:01
	学校外の学習	1:16	1:30	2:03	2:31
	家事	0:04	0:29	0:05	0:38
	炊事・掃除・洗濯	0:02	0:28	0:02	0:35
	買い物	0:02	0:30	0:00	0:23
	子どもの世話	0:00	0:00	0:00	0:00
	家庭雑事	0:00	0:30	0:02	0:33
	通学	0:50	0:52	0:49	0:51
	社会参加	0:01	1:30	0:00	0:00
自由行動	会話・交際	0:05	0:45	0:14	0:55
	レジャー活動	2:02	2:23	2:02	2:32
	スポーツ	0:13	1:13	0:09	1:08
	行楽・散策	0:01	0:38	0:05	2:30
	趣味・娯楽・教養（インターネット除く）	1:08	2:03	0:13	1:09
	趣味・娯楽・教養のインターネット（動画除く）	0:24	1:34	1:01	1:58
	インターネット動画	0:19	1:02	0:57	2:02
	マスメディア接触	1:34	1:56	1:14	1:41
	休息	0:13	0:56	0:09	0:43
	その他・不明	0:41	1:28	0:35	1:35

4	家族との触れ合いや団らん	学習指導要領の用語 家族との触れ合い，団らん

(1) 団らんとは

「団らん」とは人々が集まって楽しく語り合うことを意味する言葉である。「一家団らん」という言葉では「家族が集まってなごみ楽しむこと」と表されるように，和やかな雰囲気と共に楽しむ場であることを意味する。家庭の役割は「休息・安らぎの場」に次ぎ「家族の団らんの場」が2位であり，団らんは重要な行為と認識されている[1]。2018年の民間調査[2]では，実際に一家団らんの最多は週に7回，週平均は3.8回である。団らんの回数を「毎日」とした人の理由は，「子どもの話を聞きたいから」「家族が揃うことで絆が深められるから」「家族が揃うのが当然だと思うから」が上位3位であり，家族が揃う価値が重視されている。内訳として，家族揃っての食事（75.2%）が最も多く，家族揃ってのテレビ番組視聴（40.9%）が続くが，3位は「同じ部屋に揃っているが，各々が好きなことをする（33.0%）である（表7-2-2）。家族揃って何かをする理想はあるが，現実は生活の個別化が進んでいるといえよう。

(2) 家族との触れ合い

「触れ合い」とは，互いに触り接触することだけではなく，心を通わせ合うことも意味する。団らんの内訳（表7-2-2）をみると家族揃って楽しい時間を共有するものとなっており，触れ合いの時間ともなっている。家庭科で学んだ知識・技術を生かして家族の団らんを考える課題が，家族のことを思って団らんの場を演出し，家族員の考え方を知ることで，家族を大切にする気持ちにつなげたい。

表7-2-2 一家団らんの内容（上位5位抜粋）

順位	内容	2018年	2006年
1	家族揃って食事をとる	75.2% (419)	1位
2	家族揃って同じテレビ番組を見る	40.9% (228)	2位
3	同じ部屋に揃っているが，各々が好きなことをする	33.0% (184)	8位
4	家族揃ってお茶やおやつを楽しむ	28.4% (158)	4位
5	家族水入らずの会話を楽しむ	23.7% (132)	3位

象印マホービン株式会社 （2018）
「一家団らんに関する意識と実態調査」〔「一家団らんが週1回以上ある」
と回答した557名に質問（MA）

引用文献
1）内閣府. https://survey.gov-online.go.jp/r03/r03-life/zh/z23.html, 閲覧日 2022.8.12.
2）象印マホービン株式会社. https://www.zojirushi.co.jp/topics/danran2018.html, 閲覧日 2022.8.12.

5	地域での生活	学習指導要領の用語

学習指導要領の用語
地域の人々との関わり，地域の人々との協力，幼児，高齢者

(1) 地域とのかかわり

　家族の生活は，地域や地域の人々と密接に結びついている。「都市化や過疎化の進行，家族形態の変容，価値観やライフスタイルの多様化等を背景とした地域社会等のつながりや支え合いの希薄化によって，『地域の学校』『地域で育てる子ども』という考え方が次第に失われてきた」[1] と言われるが，近年「地域共生社会」の実現や，地域と学校の協同を考える取り組みが進められ，地域ぐるみの生活を支える仕組み作りが行われている。日常生活には，地域の祭り，運動会，防災訓練などの行事的な活動や，登下校の見守りボランティア，子ども110番の家，集積場のゴミ当番，公園清掃など，地域住民が街の美化や秩序を守っている活動もある。他にも，子育てサークル，子ども会，子ども食堂など，子どもの生活や居場所づくり支援や，高齢者・障害者の生活支援もある。地域住民が互いに知り合うことで，防犯や見守り（異変に気付く等）効果も生じる。地域活動への参加は新規転入家族には地域のルールや暮らしの手段を知るきっかけとなるが，外国語を母語とする人々にはそれに加えて言語の支援もされている。地域住民として大切なことは，感謝の気持ちを持ってサービスを受けつつ，自分も地域にできることを考え，貢献しようとする姿勢である。

(2) 地域の人々や地域の生活に目を向け，参加する

　小学生や中学生は日頃から地域の中で行動することが多いが，地域の様々な活動には気付いていない。家庭科の地域学習を通して意識を高め，近隣の人への挨拶や地域行事への参加で，地域の一員として関わる機会としたい。地域の清掃活動への参加や，祖父母などに郷土料理や盆踊り等を教

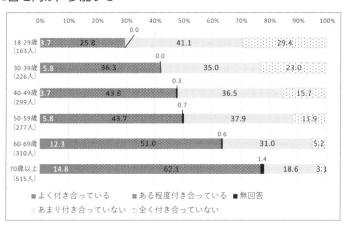

図 7-2-1　現在の地域での付き合いの頻度 [2]

えてもらい，居住地域の理解を深めるのもよい。地域活動が生活支援や文化伝承になることに気付き，地域の維持向上に自発的に取り組む意欲を喚起させたい。震災後やコロナ禍では，人の関わりや直接的な触れ合いが見直された。他世代との交流は，相手を思いやり，各世代の考え方・行動を知ることになり，社会性や公共性が育まれるきっかけとなるだろう。

引用文献
1)内閣府．https://www.mext.go.jp/b_menu/shingi/chukyo/chukyo0/toushin/1365761.htm，閲覧日 2022.08.13.
2)内閣府．https://survey.gov-online.go.jp/r03/r03-shakai/index.html，閲覧日 2022.08.13.

第3節　中学校における家族・家庭生活の学習への繋がり

　小学校の家族・家庭生活の学習では，空間として自分の周りの人々，特に家族・家庭生活を見つめ，さらに家族から視野を広げて近隣の地域の人々までを扱い，これらの人々と関わる中で生活できていることに気付く学習が行われる。いままで行われているのが当たり前で気付かなかった日常生活の様々な行為が，家族員が行う家庭の仕事の分担によって成り立っていることを知り，自分が担当できる仕事を探したり，さらなる基礎的技術や知識を得てできることを増やしたりしてきた。また仕事の分担も一時的なお手伝いではなく，「分担」として責任を持って継続して行う重要さも学んだ。また，家族員と一緒に過ごす団らんや触れ合いの時間の大切さを知り，触れ合いの機会をイベントとしてではなく日常として設けるために，自分や家族の生活時間を見つめ，家族が一緒になれる時間を見つけてどのように過ごしたらよいか，また地域活動への参加や異世代の地域の人々との交流についても考えてきた。

　中学校になると，この異世代交流が，具体的な幼児や高齢者との触れ合いとして学習が進められる。幼児との関わりについては，保育学習として幼児の発達の特徴や幼児との関わり方について学び，高齢者との接し方についても，高齢者の身体的特徴や関わり方について学ぶ。体験学習が求められ，知識と技術の習得を基にした実践的な関わりが展開される。小学校での地域における異世代交流の経験が生かされる場面もあるだろう。家族・家庭生活については，中学校では家庭の機能など抽象的な概念や，家族員各々の役割や相手の立場を考えた対応，将来の家族像など，客観的視点や予測へ視野が広がる。抽象概念や客観的視点による理解は，具体の理解を基礎とするため，小学校で身の回りの生活の営みを理解しておくことが中学校での学習の基礎となる。さらに中学卒業後に社会人となる生徒もいることから，子どもとしての生活視点だけではなく，自立し，将来の生活経営やキャリアにつながる学習へとステップアップする。

表7-3-1　小中学校学習指導要領の比較（家族・家庭生活）

小学校	中学校
(1) 自分の成長と家族・家庭生活 　ア　自分の成長を自覚し，家族生活と家族の大切さや家族生活が家族の協力によって営まれていることに気付くこと。	(1) 自分の成長と家族・家庭生活 　ア　自分の成長と家族や家庭生活との関わりが分かり，家族・家庭の基本的な機能について理解するとともに，家族や地域の人々と協力・協働して家庭生活を営む必要があることに気付くこと。
(2) 家庭生活と仕事 　ア　家庭には，家庭生活を支える仕事があり，互いに協力し分担する必要があることや生活時間の有効な使い方について理解すること。 　イ　家庭の仕事の計画を考え，工夫すること。	(2) 幼児の生活と家族 　ア　次のような知識を身に付けること。 　(ｱ) 幼児の発達と生活の特徴が分かり，子供が育つ環境としての家族の役割について理解すること。 　(ｲ) 幼児にとっての遊びの意義や幼児との関わり方について理解すること。 　イ　幼児とのよりよい関わり方について考え，工夫すること。
(3)　家族や地域の人々との関わり 　ア　次のような知識を身に付けること。 　(ｱ) 家族との触れ合いや団らんの大切さについて理解すること。 　(ｲ) 家庭生活は地域の人々との関わりで成り立っていることが分かり，地域の人々との協力が大切であることを理解すること。 　イ　家族や地域の人々とのよりよい関わりについて考え，工夫すること。	(3)　家族・家庭や地域との関わり 　ア　次のような知識を身に付けること。 　(ｱ) 家族の互いの立場や役割が分かり，協力することによって家族関係をよりよくできることについて理解すること。 　(ｲ) 家庭生活は地域との相互の関わりで成り立っていることが分かり，高齢者など地域の人々と協働する必要があることや介護など高齢者との関わり方について理解すること。 　イ　家族関係をよりよくする方法及び高齢者など地域の人々と関わり，協働する方法について考え，工夫すること
(4) 家族・家庭生活についての課題と実践 　ア　日常生活の中から問題を見いだして課題を設定し，よりよい生活を考え，計画を立てて実践できること。	

H29告示　学習指導要領より筆者作成

第8章
食生活の指導に必要な基礎知識

第1節　食生活に関する子どもの実態

1. こ　食

　現代の子どもの食生活の問題は「こ食」に集約されている。それは，子どもだけではなく，我々大人にも当てはまる食生活の問題といえる。こ食は，「こ」に様々な漢字が入って表現されるが，初めは孤食（一人で食べる），個食（家族が好みを優先しバラバラのメニューを食べる），固食（自分の好きなもの決まったものしか食べない），粉食（パンや麺など小麦粉製品を好んで食べる），小食（食欲なくて食べる量が少ない）の五つのこ食が指摘された。その後，外食産業の発達などによる食生活環境の変化に伴い，濃食（味の濃い物を好んで食べる），子食（子どもだけで食べる），呼食（宅配のものを好んで食べる），戸食（外食ばかり食べる）など書き切れないほどのこ食が至る所で示されている。

　子どもが一人で食べる孤食は，子どもの好きな時間に子どもの好きなものを好きなだけ，食卓につかずに子どもの好きな場所で好きなことをしながら食べることができるので，他のこ食のきっかけとなり，栄養の偏り，生活リズムの乱れ，食事マナーの低下，コミュニケーション力の低下に繋がっていく。また，五つのこ食が生まれる発端となった調査[1]では，孤食だと不定愁訴が増加することもわかっている。

　家族の大人が外での仕事をし，子ども自身も稽古事で多忙な生活，なかなか生活時間を合わせて一緒に食事をすることは難しくなってきたが，大人と一緒に食卓を囲んで同じメニューを食べることは，子どもの健やかな成長と豊かな食生活の確立にために重要だといえる。

2. 朝食欠食

　食育白書[2]によると，6年生の朝食欠食率は4.6%，中学3年生は6.9%であり，平成18年から国民運動として推進している「早寝早起き朝ごはん」国民運動を展開した当時から横ばいの数値のままである。

　朝食欠食の問題点として，脳の栄養分であるブドウ糖が脳まで行き渡らないために眠気が増すことや，消化器官が刺激されないので，朝家を出る前までに排便を済ませてられないことが挙げられている。さらに，朝食欠食と学力の関係には図8-1-1に示したような結果も出ている。国語，算数，理科の平均正答率は，いずれも朝食を毎日食べている児童の方が高くなっている。毎日同じ時刻に就寝するかしないかや，毎日同じ時刻に起床するかしないかも，この朝食の結果と酷似していることから，朝食を食べることで生活リズムを整えることが学力の向上にも必

要であることがわかる。

3. 肥満とやせ

　学校保健統計調査[3]によると，肥満傾向児の割合は増加傾向にあり，痩身傾向児の割合は，この10年間でおおむね横ばいもしくは増加傾向となっている。具体的には，令和2（2020）年調査では，男子11歳で13.3%，14歳で10.9%，女子11歳で9.4%，14歳で8.3%が肥満で，男子の方が女子よりも若干多いといえる。やせは，男子11歳で3.5%，14歳で3.2%，女子11歳で2.9%，14歳で2.8%が痩身傾向あり，肥満より全体の割合は低いものの，存在している。

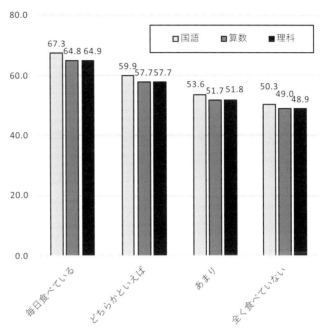

出典：令和4年度全国学力・学習状況調査より作成

図 8-1-1　朝食と学力の関係（平均正答率%）

　幼児期以降の肥満に比べて思春期の肥満は大人になってからの肥満に移行することは少ないが，肥満がメタボリックシンドローム，糖尿病などの生活習慣病の危険因子となることもある。また，やせに加えて，1）病院を受診し診断あり，2）徐脈，3）無月経，4）ダイエット・食行動異常，5）過活動，6）肥満恐怖・やせ願望，7）やせていることを否定のいずれかが該当する「思春期やせ症」というものがあり，学童期・思春期の女子に1〜2%存在する[4]。BMI値が正常でもやせたいと思う児童，このような過度な痩身願望は，マスメディアの影響だけでなく年上である母や姉など家族の影響も受けている。第二次性徴期の間違ったダイエットによって，体重や身長の成長だけでなく，将来，出産や妊娠した時に必要なからだの機能に障害が生じるケースなども起こっている。

注
1) 足立己幸．（2000）．知っていますか子どもたちの食卓-食生活からからだと心がみえる．東京：日本放送出版協会．
2) 文部科学省．（2022）．https://www.nier.go.jp/22chousakekkahoukoku/factsheet/primary.html，閲覧日2022.8.3.
3) 文部科学省．（2021）．https://www.mext.go.jp/content/20210728-mxt_chousa01-000013187_1.pdf，閲覧日2022.8.3.
4) 内田敬子．（2016）．学童期・思春期の子どもの食と問題点」慶應保健研究．34（1），101-106.

第2節　食生活の基礎知識

<table>
<tr><td>**1**</td><td>食事の役割</td><td>学習指導要領の用語
食事の役割，日常の食事，食事の仕方，
マナー，食事の計画</td></tr>
</table>

(1) 日常の食事

　毎日の食事は，生きるためにエネルギーを補給する手段というだけではなく，体をつくるために栄養素を摂取したり，食欲を満たしたり，ヒトとヒトとのコミュニュケーションの手段になる。ただし，コロナウィルスの流行により，給食では黙食，外食では衝立で仕切るなどコミュニケーションの手段としては難しくなっている。一方，幼児期から小学校までの時期は味覚が育ち，うま味の理解や塩味の感覚を養うことに繋がる。また，朝食は体温を上昇させ，活動のための体の準備を早める働きがあることから，習慣化することを推奨されている。特に小学校で朝食摂取率は一番高く，中学校，高等学校になるに従って摂取率は低くなっていく。小学校の時期に朝食を摂取する習慣をつけることが，その後の習慣に反映される可能性が強いことから，重要な時期となる。

(2) 食事の仕方

　現代のグローバル化や社会情勢に伴い，家族の形態が多様化している。その中で，家族で一緒の食事時間を取ることが当たり前ではなくなり，家庭で食習慣を伝えることも減ってきている。一人で食事をする孤食，家族それぞれが異なる物を食べる個食，アレルギーとは関係なく特定の食品に対して極度に好き嫌いがある偏食などがある。さらに，柔らかいものを好み，よく噛む習慣が少なくなると，歯やあごが弱くなるだけでなく，唾液の分泌が減り消化器に負担をかけたり，年齢を重ねるに従って脳の伝達刺激が弱くなる。

(3) マナー

　食事の作法とは，料理を合理的に楽しく食べる方法である。世界各地で昔の食べ方を継承しつつ，改良を重ねて今日まで伝えられてきた。日本食には，はしを使い決まった持ち方があり，ご飯や汁物のお椀は置かずに持つなど，西洋食のマナーとは異なる。

(4) 食事の計画

　朝昼夕の食事でバランスの良い，成長期に対応した栄養を摂取する献立を考えることが基本となる。また，調理方法や主食が重ならないことや，食費にコストをかけすぎない食材選び，食品ロスを削減することを念頭に入れた食べきれる量を意識することが重要である。

参考文献
吉田勉，堀坂宜弘，宮沢栄次. (2011). 私たちの食と健康 食生活の諸相 (p.56-57). 東京：三共出版.

体内で消化・吸収され使われる一連の活動のことを「栄養」といい，その原料になる物のことを「栄養素」という。食品に含まれる栄養素は五つに分けられる。車でたとえると，炭水化物・脂質・たんぱく質はガソリン燃料となり，鉄・カルシウム以外の無機質やビタミンは，スイッチ・ネジ・工具・潤滑剤など動かすためには必須の役割を果たしている。

(1) 炭水化物

炭水化物はエネルギー源となる糖質と，エネルギー源とならない食物繊維に分類される。

体の臓器は主にぶどう糖（グルコース）をエネルギーに変えて活動に用いている。しかし，食品からはぶどう糖だけでなく，でんぷんや麦芽糖（マルトース）などとして摂取し，口・膵臓・小腸から分泌される消化酵素によって最終的にぶどう糖となる。

(2) 脂質

脂質は最も大きなエネルギーを産み出すことができる栄養素である。継続的な過剰摂取は心疾患や脳血管疾患に繋がるが，エネルギー以外にも神経や脳の構成成分となるため不足しないことも重要である。また，脂質の一種である脂肪酸はホルモンのような働きを持ち，魚に多く含まれている脂肪酸のドコサヘキサエン酸は，血管を拡張させ，血液を固まりにくくする作用がある。一方，コレステロールは副腎皮質ホルモンなどの原料となる。

(3) たんぱく質（プロテイン）

たんぱく質は，多数のアミノ酸がつながったものである。エネルギー源になる他，筋肉・酵素・消化器・髪などはたんぱく質が原料となっている。アミノ酸の配列によって，臓器の違いや個々の違いが現れる。アミノ酸は糖質などから作られるものもあるが，食品として外から摂取しなければいけない必須アミノ酸がある。

(4) ビタミン

ビタミンは脂溶性と水溶性に分類される。脂溶性ビタミンはA・D・E・Kの四つであり，それ以外は全て水溶性ビタミンとなる。脂溶性ビタミンは，油と相性がよく吸収率がよくなる。ほうれん草のビタミンCは水溶性である。ほうれん草をゆでるとゆで汁にビタミンCが溶け出し，そのまま捨てることに繋がるため，ゆで時間の短縮やスープの汁にしたり，ゆでる以外の調理法にするなど工夫が必要となる。

(5) 無機質（ミネラル）

日本では，ナトリウムの化合物である塩の過剰摂取により高血圧が指摘されている。一方，成長期および老齢期のカルシウム摂取不足も意識しなければいけない。また，月経や過剰な運動によって赤血球は不足するため，原料となる鉄およびたんぱく質の摂取が必須となる。

小学校では食品を栄養素の働きに基づいて 3 色に分類し，中学校ではさらに六つに細分化する。さらに高等学校では，栄養素の必要摂取量を四つの食品群で捉えた発展型となる。

(1) 三色食品群

食品に含まれる栄養素を基に，三つの働きに分類している（表 8-2-1）。三つの働きは，上から時計回りに赤色・緑色・黄色で示される。内容は表の通りとなるが，赤色の大豆製品として豆腐や納豆などが入ることを注視したい。また，豚肉やレバーにはビタミン B が多く皮膚の合成に関わり，牛乳・乳製品・小魚は骨の原料となるカルシウムを豊富に摂取できる。緑色の食品は，食物繊維により便通を促したり，カリウムにより血圧や体温を下げたりする。黄色にはせんべい・飴・マヨネーズなどの加工品も入る。また，本来であれば赤色のたんぱく質もエネルギーの原料になることも頭に入れておきたい。

表 8-2-1　三色食品群と六つの基礎食品群

三色食品群	赤		緑		黄	
六つの基礎食品群	1群	2群	3群	4群	5群	6群
食品例	肉, 魚, 卵, 大豆・大豆製品	牛乳・乳製品, 小魚	緑黄色野菜	淡色野菜, 果物	穀類, いも類, さとう	油脂
主に含まれる栄養素	たんぱく質	無機質（特にカルシウム）	ビタミン, 無機質	ビタミン	炭水化物	脂質
				無機質		
主な働き	体をつくるもとになる		体の調子をととのえる		エネルギーのもとになる	
	血液や筋肉をつくる				力や体温になる	

(2) 六つの基礎食品群

魚は煮る・焼く・蒸すの調理方法で身のみ食べられる魚は 1 群に，骨まで丸ごと食べられる魚は 2 群に分類される。トマトは 3 群に分類するため 4 群の果物ではないことがわかる。三色食品群と六つの基礎食品群との共通事項として，児童・生徒の中には，食品は丸ごと一つの栄養素で満たされていると認識する者がいる（誤った例：牛乳は 2 群だからカルシウム 100% のみでできていて，他の栄養素は入っていない）。しかし，食品は様々な栄養素が含まれており，群分けはその食品の特徴や主な栄養素に基づいて分類していることを伝えなければいけない（正しい例：牛乳は水分・糖質・脂質・たんぱく質・カリウム・カルシウムの順に含まれているが [1]，牛乳のカルシウムは吸収されやすい性質のため 2 群に分類される）。

(3) 食事バランスガイド

食事バランスガイドは，何を・どれだけ食べれば偏りのない食事になるのか示している [2]。料理として分類することで，どのような食品や栄養を，どれだけ摂取できたか理解できる。コマが立つことで一日の食事のバランスがよいことになる。単位は一つ（s.v）で示され，コンビニのおにぎり（100g）が一つとなる。なお，欧米ではコマではなく，ピラミッドで表現される。

引用文献
1) 文部科学省. https://www.mext.go.jp/component/a_menu/science/detail/__icsFiles/afieldfile/2017/02/16/1365343_1-0213r9.pdf. 閲覧日 2022.8.8
2) 農林水産省. https://www.maff.go.jp/j/syokuiku/zissen_navi/balance/guide.html. 閲覧日 2022.8.8

| **4** | 献　立 | 学習指導要領の用語
主食・主菜・副菜，１食分の献立 |

（1）献立とは

　献立とは，料理を組み合わせたもので，その内容を示したものが献立表（メニュー）である。健康に過ごすためには，バランスのとれた食事となるように献立を作成し，評価することが大切である。献立は誰が（喫食者），いつ，どこで食べる食事かを考え，１日や１週間，１ヶ月単位で作成・評価されることが多いが，１食分を考える場合でも前後の食事との関連を考慮する。

　日常食の献立作成では，第一に栄養面を重視し，喫食者に必要なエネルギーと栄養素を満たす内容となることを目指す。そのための食品選択として，栄養素の働きが食品と結びついている食品群の考え方を活用すると良い。量については，四群点数法や六つの基礎食品群でエネルギーや栄養素の必要量を満たすための摂取量の目安が食品群別に示されている。

　献立作成では，喫食者の好み，いろどり，調理法や味付けの組み合わせ，和洋中といった料理の形式のようにおいしさに関連する要素も重要である。さらに，食事を楽しむ気持ちと共に，地域性や季節感，食文化の継承，環境への配慮といった要素も含めると，献立をより豊かなものにできる。一方，予算，時間，技能，設備など，調理条件により制約される要素もある。食事の目的に合わせて何を優先するか，何が制約されるか考え，献立を作成するとよい。

（2）献立作成の流れ

　日常食の１食分の献立は，「一汁三菜」を基本の枠組みとすると考えやすい。一汁三菜とは，ご飯（主食），汁物，副食３品（主菜１品，副菜２品）という構成である（図8-2-1）。状況に応じて，副菜の数を加減したり，デザートや飲み物も含める。優先する要素を含めて「主食・主菜→副菜→汁物→デザート・飲み物」の順に料理を決めると良い。

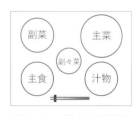

図 8-2-1 基本の配膳図

　以下に，食品群の考え方を活用した献立作成の流れを示す。単に食品群を満たすのではなく，栄養面や嗜好性を充実するという点から，様々な種類の食品を選ぶとより良い。

① 主食：米・パン・麺類など，エネルギー源となる炭水化物のでんぷんを多く含む穀類を用いる。丼物やカレーライスのように主食と主菜が一緒になった料理もある。

② 主菜：魚・肉・卵類など，体をつくるたんぱく質を多く含む食品を用いたメインとなるおかず。

③ 副菜：野菜・きのこ・海藻類など，体の調子を整えるビタミン，無機質を多く含み，食物繊維の供給源ともなる食品を用いたおかず（小鉢や付け合わせ等）。芋類や豆類も活用すると良い。２品目の副菜は副々菜という。

④ 汁物：みそ汁やすまし汁といった汁物。①～③で使用しなかった食品を補い選択すると良い。汁物はだしの風味により満足感を与えたり，旬の食品により季節感を添えたり，献立を豊かにする工夫がしやすい。一方，塩分摂取量を増やさないために，汁物を省く場合もある。

⑤ デザート・飲み物：デザートでは果物や乳製品を用いると良い。

　水は栄養素ではないが生命維持に必須であり，飲み物は水分補給の役割もある。

(1) 和食

　日本は，四季があり，海・山・里の幸を活用し，その土地土地の風土に合わせた豊かな食生活が育まれてきた。2013（平成25）年12月，「和食；日本人の伝統的な食文化」はユネスコの無形文化遺産に登録され，継承すべき食文化として位置づけられた。その特徴として，① 地域性：多様で新鮮な食材とその持ち味の尊重，② 機能性：健康的な食生活を支える栄養バランス，③ 精神性：自然の美しさや季節の移ろいの表現，④ 社会性：正月などの年中行事との密接な関わりが挙げられている[1]。

　食文化としての和食を継承するためには，自らが暮らす土地の食材や郷土料理を知り，調理し，味わうことが大切である。和食の継承を通じて，食事を楽しむ気持ちも大事にしたい。

　郷土料理の中には，現在では入手し難くなった食材を別のもので代替し，家庭で作りやすい内容に変化しているものもある。また和食は，調味料として醤油やみそといった発酵食品や食塩を使った料理が多いため，塩分摂取量が過剰にならないように注意したい。これは，調味料の使用量の調整，料理の組み合わせの見直し，だしの活用といった工夫により対応できる。

(2) ご飯とみそ汁の組み合わせ

　和食の食事は，日常食（ケの食事），正月のおせち料理のような行事食（ハレの食事）に分けることができる。ご飯とみそ汁の組み合わせは，日本の伝統的な日常食である。日本の高温・多雨な気候が栽培に適している米は，国内でほぼ全て自給できる数少ない食材である。飯の淡白な味やかおりは，塩味が強いみそ汁と相性が良い。飯はみそ汁に限らず多彩な料理と相性が良いため，その受容性の高さから，カレーライス，カツ丼といった和洋折衷料理も生まれた。

　ご飯とみそ汁の組み合わせは栄養面でも，米に不足するアミノ酸（リジン）を，みそや実の豆腐のような大豆食品のたんぱく質で補うことができる。また，おかずとして動物性のたんぱく質を組み合わせると栄養価をより向上できる。

　ご飯とみそ汁に主菜1品と副菜2品を加えることで，一汁三菜の献立となる。一汁三菜やその器の配置は，安土桃山時代にほぼ完成し，江戸時代に発展した本膳料理に由来する。一汁三菜という言葉には表れていないが，「香の物（漬物）」がご飯のお供として含まれている。

(3) 盛り付けと配膳

　和食では，箸を巧みに使い料理を食べる。このため箸で扱いやすい大きさやかたさに調理された料理を，見栄え良く食べやすいように盛り付ける。基本的には料理を器に盛りすぎない。例えば，飯は茶碗の8分目までよそい中央をやや高くする，汁物はお椀の6〜7分目までよそう。また，一汁三菜の配膳では，ご飯は左，汁物は右に置き，それらの上に副食を配置する（図8-2-1）。これにより，ご飯茶椀を手にとり，副食と口内調味して食べやすい。なお，箸の使い方にはマナーやタブーがあることも確認しておきたい。

引用文献
1) 農林水産省. https://www.maff.go.jp/j/keikaku/syokubunka/ich/index.html, 閲覧日 2022.8.8

<table>
<tr><td>**6**</td><td>**ごはん**</td><td>学習指導要領の用語
米飯</td></tr>
</table>

(1) 米の種類

　米は，でんぷんを主成分とする。でんぷんは，ぶどう糖の結合の仕方によりアミロースとアミロペクチンに分けられる。その成分比は，日本型とインド型，うるち米ともち米，銘柄別で違いがあり，米の調理性や飯のおいしさに影響する。日本では，飯の粘りが高くツヤがある日本型のうるち米が主食として食されている。玄米を搗精し，糠層と胚芽を除いたものが精白米である。

(2) 炊飯の意義

　炊飯は，米をおいしく食べるために経験的に見いだされた調理法である。密な構造をもった生でんぷんは，炊飯による加水と加熱により水分子が入り構造が崩れた糊化でんぷんとなる。これにより，ヒトの消化酵素が作用しやすくなり，でんぷんを分解・吸収できる。また，糊化でんぷんの粘りと，酵素作用による甘味の強い麦芽糖の生成により，食味も増す。このように，炊飯により米のでんぷんを糊化させることは，嗜好性だけでなく栄養価も高める意義がある。

(3) 炊飯過程

　うるち米の炊飯の要点を次に示す。

① 洗米：不味・不浄成分の除去が目的。搗精技術の向上により，水を数回変え軽く混ぜる程度で良い。米重量の約10%の水を吸水。

② 加水：おいしい飯の重量は米の2.2〜2.4倍（増加分は水分）であるため，蒸発分も加味し米重量の1.5倍（容量約1.2倍）の水を加水する。米の種類や好みにより水量を加減（例えば洗米の吸水がない無洗米は量を増す）。

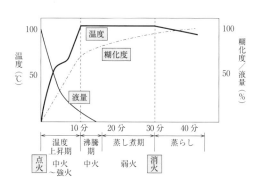

図 **8-2-2** 炊飯過程（加熱と蒸らし）[1]

③ 浸水：でんぷんを均一に糊化させるために吸水。省略すると芯のある飯になる。米重量の約25%の水分を吸水。水温が吸水速度に影響。

④ 加熱：飯の仕上がりに最も影響。水温の上昇に伴い米がさらに吸水・膨潤し，98℃以上で20分保持することで中心部まで均一にでんぷんが糊化した飯となる（図8-2-2）。鍋蓋は開けず高温を保ち，鍋や蒸気の様子を観察しながら，調理条件に合わせて火力と加熱時間を調節。文化鍋は，縁が高いため吹きこぼれを防げる。

⑤ 蒸らし：蓋を開けず置くことで，表面の僅かな水分が吸収されふっくらとした飯になる。終了後，飯を軽く混ぜ余分な蒸気を逃す。

引用文献
1) 三宅紀子. (2012). 第3章2-1 米. 藤原葉子（編），食物学概論（p.66）. 東京：光生館.

7	みそ汁	学習指導要領の用語 みそ汁，だしの役割

（1）みそ

　みそは，蒸した大豆に塩と麹を加え発酵させた調味料である。麹を作る原料によって，米みそ，麦みそ，豆みそに分類できる。発酵によって特有の風味や色合いを呈するみそは，全国各地で様々な種類が作られ，親しまれている。みそは種類により塩分濃度が異なる。みそ汁の塩分濃度は 0.8 ％程度が好ましいため，みそによって使用量を調節する。

　みそ汁を例にみその調理性をみると，まず色と風味の付与がある。だしにみそを溶くことで，特有の色，香り，うま味や塩味を加えられる。次に，におい消し作用がある。みその強い香りとコロイド粒子による吸着で，煮干しの生臭みをカバーできる。そして，緩衝作用がある。汁の pH が変動しにくく味の変化が少ないため，多くの食材がみそ汁の具（実）として適する。

（2）みそ汁

　みそ汁は，その土地のみそに旬の食材を加えて，地域の味を楽しむことができる日常食である。みそ汁の実は，食品群の考えを活用し，豆腐のように体をつくるもとになる群と，野菜や茸，海藻のように体の調子を整える群の食品を組み合わせると良い。汁物は不足している食品を取り入れることで，献立の栄養バランスを整えやすい。さらに，ネギや生姜といった吸口は，いろどりを良くし，味と香りのアクセントとなると共に，旬の食材を用いることで季節感を演出できる。

　みそ汁の調理では，食材の切り方を工夫すると，同じ食材でも加熱時間や食べやすさが異なる。また，みそ汁は「煮えばな」と呼ばれる煮え立ち始めの状態が香りを最も強く感じる。この状態で鍋の火を消し，お椀に注ぐと好ましい状態でいただくことができる。加熱しすぎは口当たりが悪くなり，風味も損ねるため，みそを加えてからは長時間加熱や沸騰は避ける。

（3）だしの役割

　和食のおいしさの要である「だし」には，だし素材の特有の風味が抽出されている。だし素材は煮干しや鰹節，昆布が多く用いられ，焼きあご（飛び魚）のように地域特有のものもある。だし素材からとっただしと，顆粒の風味調味料を溶かしたものを飲み比べてみると，香りが異なることに気付く。香り成分は多種あり複雑なため，天然のだしの香りを再現するのは難しい。

　だしは，料理に風味を付与する。みそ汁でのだしの役割は，みそを湯とだしに溶いたものを飲み比べると実感できるだろう。煮干しや鰹節は核酸系のイノシン酸ナトリウム，昆布やみそはアミノ酸のグルタミン酸ナトリウムが主なうま味成分である。両成分を同時に口にするとうま味の強度が著しく高まる相乗効果が知られている。煮干しだしのみそ汁の場合，だし由来のイノシン酸とみそ由来のグルタミン酸の相乗効果により，うま味をより強く味わえ，おいしさが増す。また，煮干しだしは鰹だしと比べると香りが弱いためみその香りを楽しめ，コクのある味わいとなる。だし素材により風味が異なるため，だしの種類を変えると違った風味のみそ汁を楽しむことができる。

　なお，煮干しだしをとる際は，生臭み成分を飛ばすため沸騰中は鍋の蓋を開けると良い。

8	調理の目的と調理計画	学習指導要領の用語
		調理，調理計画，手順（衛生・安全）

(1) 調理

ヒトはなぜ道具や火を使った調理を行うのだろうか？　調理とは，洗う，切る，焼くといった調理操作によって「食品」を「料理」にすることである。調理の目的は，① 安全性の向上，② 栄養効率の向上，③ 嗜好性の向上である。これらは，安全で衛生的な調理により成立する。

(2) 調理計画

作成した献立を実現するためには，準備や作業の流れを考え，計画する必要がある。調理計画では，必要な調理器具や材料を確認し，段取りよく，安全・衛生的に調理する流れを組み立てる。調理計画は日常の調理では頭の中で思い浮かべることが多い。しかし，調理経験が少ない者にとっては「洗う」や「計る」のように一般的な作り方では省かれる操作も含め計画を可視化すると，調理の作業工程を想像でき，実際の調理をスムーズに行うために役立つ。

調理計画では初めに，時間，設備，調理者の人数や技能といった制約を確認する。その際，献立が現実的ではない場合は見直す。次に，米の浸水のように時間を要するため，最初または事前に行うべき作業を確認する。そして，温度といった料理を提供する状態も考え，時間内に仕上がるように調理操作の順番を考える。効率化を追求するあまり，安全・衛生への配慮が欠けることは避ける。

調理実習では，授業時間内に完了させるため，試食や後片付けも計画に組み込む。作りながら片付けも行い，試食の前には片付けが大体終わることを目指す。さらに教員は対象者の技能を考え計画を見直し，教員による適切な声かけやサポートを確認する。このように調理計画を立て，料理や献立の難易度を段階的に上げることで，経験が少ない者でも一人で調理するための技能を積み重ねて習得できる。

(3) 調理の手順

調理の一連の手順は，「① 計画・準備（献立作成，調理計画，食品購入），② 調理，③ 試食，④ 片付け，⑤ 振り返り」である。各手順の要点をふまえて実践し，次の調理に繋げることが大切である。

おいしい料理は，安全・衛生的であることが大前提である。このため，安全で衛生的な調理ができるようになることも調理実習の目的である。教員は実習室を管理し，調理環境を整え，各手順において安全・衛生的に調理するための実習のルールを確認・周知する必要がある（表8-2-2）。

表 8-2-2　安全・衛生的な調理のための注意点と事例

ケガや事故を防ぐ	コンロ周りの管理，調理場の整理整とん，作業スペースの確保，包丁の適切な取り扱い，高温の鍋や湯の適切な取り扱い，調理時間に余裕を持つなど
食中毒を防ぐ	食品表示を活用した食品選択と保管，身支度を整える，細菌・ウイルス性の食中毒を予防するための手洗いの徹底，ジャガイモの自然毒の除去など
食物アレルギー症状の発症を防ぐ	アレルギーの有無の確認，食品表示を活用した原因食品の確認，調理操作・試食での混入防止，万が一発症した場合の対処法の把握など

| 9 | 材料の準備と分量 | 学習指導要領の用語
材料の分量, 計量, 計量器具, 食物アレルギー |

(1) 材料の準備

　材料を準備する際は，食品の廃棄率を調べ，自宅などにある材料を事前に確かめた上で購入する分量を決定する。食品の購入にあたっては，食品表示法（2015年施行）によって定められている食品表示を参考にしたりするとよい。主な食品表示には，生鮮食品は名称と原産地，加工食品は名称，原材料名，内容量，消費期限または賞味期限，保存方法，製造者，製造所の所在地，栄養成分表示（エネルギー・たんぱく質・脂質・炭水化物・食塩相当量），アレルギー表示などがある。アレルギーを引き起こす可能性のある食品として表示が義務づけられた卵・乳・小麦などの品目と，特定原材料に準ずるものとして表示を奨励する品目に分かれている。表示される特定原材料などは，食物アレルギーの実態に応じて見直されることがある。食物アレルギーのある児童については，材料にアレルギーを引き起こす食品が含まれていないか，児童の状況に応じて，注意が必要となる。

　食品の選び方として，地元で生産される食品を使用すると，輸送にかかるコストやそれに伴う二酸化炭素の排出量の削減などにも期待できる。また，旬の食材は市場に多く出回るため，値段も安く，栄養成分やおいしさも増すことを意識させたい。

(2) 分量と計量の仕方

　使用する材料の分量は，一人分の量から考えて，おおよその必要な量を把握できるようにする。分量は，計量器具を利用することで，効率的に把握できる。計量器具には，重さをはかる上皿自動秤，自動デジタル秤があり，体積（かさ）をはかるには，計量スプーン・カップを用いるとよい。食品によって，同じ体積でも重量が異なるので，よく使用する食品の重量の目安を知っておくと便利である（表8-2-3）。

表8-2-3　標準計量スプーン・カップによる重量表(g)実測値

食品名	小さじ (5mL)	大さじ (15mL)	カップ (200mL)
水・酒・酢	5	15	200
食塩・精製塩	6	18	240
砂糖（上白糖）	3	9	130
みそ	6	18	230
しょうゆ	6	18	230
油	4	12	180
牛乳（普通牛乳）	5	15	210
精白米	—	—	170

女子栄養大学　2017年1月改訂

　また，計量スプーン・カップは，はかり方によっては，重量にばらつきがでるため，正しく使用するよう留意する。砂糖などの粉類，しょうゆなどの液体，みそなどによってもそれぞれのはかり方があるので，食品に応じた方法で，正しく計量して用いる事を理解させるようにする。

参考文献
香川明夫監修. (2021). (八訂) 食品成分表2021. 東京：女子栄養大学出版部.
消費者庁. 食品表示制度全般. 知っておきたい食品の表示. https://www.caa.go.jp/policies/policy/food_labeling/information/pamphlets/, 閲覧日 2023.1.10

10	**切り方**	学習指導要領の用語 切り方，包丁

食品を切る目的は，① 食べられない部分を取り除く，② 食べやすい大きさにしたり，外観を整えたりする，③ 食品の表面積を大きくすることにより，火の通りをよくし，調味料を浸透しやすくするなどがある。食品の繊維方向に対して，垂直か平行に切るかによって食感や調味料の浸透も異なってくるため，でき上がりの状態を想定しながら，切ることが大切である。

(1) 調理用具と扱い方

切る，むくための調理用具には，包丁，ピーラー，まな板などがある。食品によっては，ピーラーを用いると簡単で能率的であるが，調理の基礎として，包丁を使って切ったり，皮をむいたりすることができるようにし，目的に合わせた切り方について理解させ，適切に切ることができるようにすることが求められている。

包丁の種類には，大きく分けて和包丁（菜切包丁，出刃包丁等）と，洋包丁（牛刀，ペティナイフ等）がある。刃には両刃と片刃があり，両刃の三徳包丁（文化包丁や万能包丁ともいう）は，野菜，肉や魚を切るのにも適しており，使い勝手もよい。

包丁の持ち方は，図8-2-4のようにいずれの持ち方も，柄はしっかりと握る。包丁の峰（みね）に人差し指をそえると，刃先が安定しやすい。包丁を持ち運ぶ時は，清潔な布巾で包んだり，バットやケースなどに入れたりして運ぶ。包丁は，相手に刃を向けず，渡す時は台の上に置いて渡す。まな板の上に包丁を置く時は，刃を向こう側に向けて定位置に置く。不安定な場所に置いたり，複数人が一枚のまな板で，包丁を使用したりしないよう留意する。

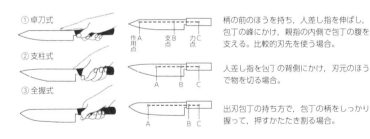

図8-2-4　包丁の持ち方
高橋敦子・安原安代・松田康子編．(2013)．第6版 調理学実習
基礎から応用（p4）。東京：女子栄養大学出版部。

(2) 切り方

食品の切り方には，押したり，引いたり，垂直に圧をかけたりに大別され，調理の際はそれらが複合的に行われる。食品を押さえる指は丸めて，包丁に添わせるようにする。はじめのうちは，児童が扱いやすい食品を用いて，包丁の使い方に慣れさせるよう工夫する。指導にあたっては，実物投影機やタブレット端末などのICTを活用して，手元がよく見えるようにするとよい。

参考文献
文部科学省．小学校学習指導要領（平成29年告示）解説 家庭編（pp.38-41）．東京：東洋館出版社．

11	ゆでる	学習指導要領の用語
		ゆで方，青菜，じゃがいも

「ゆでる」は，食品を湯中で加熱する湿式加熱の一つである。主な目的は，たんぱく質の熱凝固，組織の軟化，でんぷんの糊化，不味成分の溶出除去，色をよくするなどがある。

(1) 青菜の調理性

青菜は，主にほうれん草，こまつ菜などの緑色の葉菜で，緑黄色野菜に分類されるものが多い。緑黄色野菜とは，原則として，可食部100 g当たりの β カロテン当量が600 μg 以上のものとしているが，それ未満であっても，トマト，ピーマンなど一部の野菜については，摂取量及び摂取頻度を勘案の上設定している（厚生労働省）。調理する際は，たっぷりの湯で蓋をしないで短時間でゆでる。湯の量が少ないと，青菜を入れた時に温度が下がり，ゆで時間が長くなるため，青菜の色素（クロロフィル）が酸や加熱により変色し，茶褐色の色素（フェオフィチン）になる。そのため，ゆであがったらすぐに冷水に入れて温度を下げ，同時にほうれん草などに含まれるあく成分（シュウ酸）を溶出させる。青菜は，ゆでることによってかさが減り，より多くの量を食べる事ができる。

(2) じゃがいもの調理性

じゃがいもには，芽や緑色の皮の部分に有毒なソラニンやチャコニン（カコニンとも呼ばれている）が含まれているため，調理の際に，芽や皮の部分を取除く必要がある。加熱によりある程度の毒性を低下させる。農林水産省は，食品中の天然毒素ソラニンやチャコニンに関する情報を公開している[1]。

じゃがいもの主成分は，炭水化物で，ビタミンC，食物繊維，カリウムが多く，ビタミンCの残存率は加熱にも比較的安定している。肉質により粉質性と粘質性に区別され，粉質性（男爵や農林1号など）はでんぷん含量が高く，粉ふきいも，マッシュポテトなどの料理に適し，粘質性（メークインなど）は煮崩れの嫌う煮物などに適するなど，料理によって使い分けるとよい。じゃがいもをゆでる際は，沸騰水で加熱すると，食品の中心部まで加熱される前に，表面が煮くずれしてしまうため，水から入れて加熱する。ただし，薄く切った場合は湯からゆでてもよい。

表 8-2-4　ゆで操作の目的とゆで水量

材料の種類	ゆで操作の目的	ゆで水量
葉菜類	組織の軟化，あく抜き，色の保持	5～6倍
いも類	組織の軟化	食材が覆える程度
卵類	熱凝固	食材が覆える程度

澤田崇子（2011）。手法別調理。新調理研究会編，基礎から学ぶ調理実習（p.40）。東京：理工学社．を基に作成

参考文献
赤石記子．（2021）．調理操作と調理器具．長尾慶子編著，調理を学ぶ第3版（p.142-143）．東京：八千代出版．
香西みどり．（2017）．植物性食品．藤原葉子編著，食物学概論第2版（pp.82-84）．東京：光生館．
注
1）農林水産省．https://www.maff.go.jp/j/syouan/seisaku/solanine/index.htm．閲覧日 2022.8.9

「いためる」は，熱せられたフライパンや鍋と少量の油を媒体とし，攪拌しながら加熱する調理操作で，乾式加熱の一つである。主に高温，短時間の加熱のため，食品の栄養が保持されやすく，油の使用により香味や風味も加わる。

(1) いため方

材料は，熱伝導を均一にするため，大きさやかたちを切りそろえておくとよい。材料によって切り方をかえると，食べやすく，味もしみこみやすくなる。いためる順に食材を並べて置き，調味料もはかっておくとよい。油の使用量は，材料の5〜10%程度を目安とし，加熱時間の異なる食品を組み合わせていためる時は，火の通りにくい食品から順に加熱する。事前にゆでておいた材料をいためたりしてもよい。

均等に熱を加えるため，頻繁に攪拌する。鍋底の高温を材料に伝えるため，たえず攪拌して材料を均一に高温部に接触させる。鍋の大きさに対して材料が多すぎると鍋の温度が下がるため，一度にいためる量は，鍋の大きさに対して1/2以下にすると攪拌しやすい。また，野菜を弱火でいためると加熱時間が長くなり，放水量が増え水っぽいいため物になる。弱火でも攪拌を頻繁に行わないと，一部焦げたりすることもあるので注意する。

調理に使用する鍋は，中華鍋，鉄製のフライパン，フッ素樹脂加工などのフライパンがあり，熱容量の大きい厚手のもので，材料を攪拌しやすい形を選ぶとよい。フッ素樹脂加工のフライパンを用いると，油の使用量を減らしたり，食材を焦げ付きにくくしたりする。ただし，調理の際は表面の加工を傷つけないような調理用具を用いたり，使用後は，表面の加工が取れないようにスポンジで洗ったりするなどに留意する。

(2) 調理実習の材料

小学校の調理実習で用いる食品は，入手しやすく，調理の基礎的な事項を学ぶうえで適切な食品を選択するようにする。調理に用いる食品は季節，旬などを考慮して選択するようにし，地域で生産される食品を活用するのもよい。生の魚や肉については，調理の基礎的事項を学習しておらず，衛生的な取扱いが難しいため扱わない。生の魚や肉を用いた調理は中学校で学習することに留意する。また，食物アレルギーを有する児童については，材料にアレルギーを引き起こす食品が含まれていないか，児童の状況に応じて事故のないよう十分に配慮する必要がある。

参考文献
赤石記子．(2021)．調理操作と調理器具．長尾慶子編著，調理を学ぶ第3版 (p.144-146)．東京：八千代出版．
畑江敬子・飯渕貞明・長尾慶子．(1993)．加熱操作．島田淳子・中沢文子・畑江敬子編，調理科学講座2 調理の基礎と科学 (p.69)．東京：朝倉書店．
文部科学省．小学校学習指導要領（平成29年告示）解説 家庭編．(p.38)．東京：東洋館出版社．

(1) 後片付けの仕方

　調理をする際は，後片付けまでを計画的に行い，衛生的で環境に配慮した取組みが大切である。調理に用いた用具は同時に片付けをしながら取組み，廃棄する食材や，油などはそのまま排水口に流さないようにする。調理用具は，安全・衛生面に気をつけ，包丁は柄の部分までしっかり洗い，水分を拭き取ってから，使用前と後の本数を確認し，一定の場所に保管する。まな板やふきんは，よく洗い，日のあたる場所で干し，十分乾燥させるなどに留意する。調理をすることによって出たごみや残菜，空き缶や瓶などは適切に分別できるようにする。

　使用した食器・鍋類，飯粒など乾燥すると落ちにくいものは，事前に水につけておく。カレーなどを作った鍋，油，ソースなどの汚れは余り布や古紙などで拭き取っておき，洗剤を使い過ぎないようにしながら，汚れの少ないものから多いものの順に洗うとよい。

(2) エコクッキング

　エコクッキングとは，環境に配慮しながら，買物や調理，片付け，廃棄などの一連の流れを工夫することである。エコはエコロジー（ecology），クッキング（cooking）を合わせた造語とされる。

　表8-2-5にエコクッキングのポイントや事例を紹介する。持続可能な開発目標（SDGs）と関連させながら，食生活から取組める事を工夫し，実践していくことが大切である。

表 **8-2-5**　エコクッキングのポイントや事例

買物（購入）	調　理	片付け
・必要な量を購入する。 ・自宅などにある食品を確認してから買物にいく。 ・すぐに使用する時は，消費期限・賞味期限の近い食品を選択する。 ・旬の食材を活用する。 ・地産地消に取組む。 ・過剰な包装のない食品を選択する。 ・買物袋を持参する。	・食材の廃棄する部分を少なくし，ごみの量を減らす。 ・食べ残しがないように，食べられる分を作る。 ・使う調理用具を少なくする事で洗いものを減らす。 ・湯を沸かす時は，蓋をする。 ・ガスの炎は，火加減に注意し，鍋底からはみ出さないようにするなど，省エネルギーになるように取組む。	・水をだしっぱなしにせず，ため洗いなどで節水をする。 ・油などで汚れた食器や鍋は，古紙や布で拭取ってから洗う。 ・油は排水口に捨てない。 ・生ごみは水分を切ってから処分する。 ・ごみは，きちんと分別して処理をする。 ・生ごみを堆肥化するなどしてごみの量を減らす。

参考文献

長尾慶子監修．三神彩子著．（2016）．食生活からはじめる省エネ＆エコライフ－エコロジークッキングの多面的分析－（pp1,152）．東京：建帛社．

第3節　中学校における食生活の学習への繋がり

1. 食事の役割

　中学になると，活動範囲も広がり家族以外の友人などと食事をする機会が増える。食事の役割を教える際も，第二次性徴期や思春期の心理的側面を考慮し中学生の特性に合った食事の仕方や必要な栄養などを学習することになる。そのため，小学校では，生命を維持し心身ともに健康であり続けるために食事が重要であるという基礎的なことを押さえたい。

2. 調理の基礎

　小学校の調理実習では，基礎的な調理技能に，ゆでる，いためるの調理操作がでてくる。ゆでるは，食品が湯に覆われた状態なので満遍なく加熱していくことができる加熱調理法である。中学になると，それぞれの食品に合った加熱調理法を学んでいくため，焼くなどのムラが出やすく難しい調理法（直火，オーブン，フライパン）も出てくる。その他，煮るや蒸すなどの調理操作や小学校では扱わなかった肉，魚といった食材も取り扱う。複数の調理操作を行う料理も多いので，小学校のうちに衛生や安全など基本的な内容をマスターさせておきたい。

　また，中学では，地域の食文化や和食の調理も学習する。和食を調理する際に大切になる出汁については，小学校のみそ汁調理の際に，押さえておきたい学習内容である。

3. 栄養を考えた食事

　小学校では，三色食品群や五大栄養素について学習しているが，食事バランスを見る際に料理に含まれたそれぞれの食品の栄養素数で見ることが多い。1食分の献立で使用する食品が五大栄養素すべてに入るよう献立を作成するような授業展開である。中学校では，概量を扱うため，1日に必要な栄養素の量を食品で考え，どのくらい（何gくらい）必要かも考えていく。

表 8-3-1　小中学習指導要領の比較（食生活）

小学校	中学校
(1) 食事の役割 ア 食事の役割と食事の大切さ，日常の食事の仕方 イ 楽しく食べるための食事の工夫	(1) 食事の役割と中学生の栄養の特徴 ア (ア) 食事が果たす役割 　　(イ) 中学生の栄養の特徴，健康によい食習慣 イ 健康によい食習慣の工夫
(2) 調理の基礎 ア (ア) 材料の分量や手順，調理計画 　　(イ) 用具や食器の安全で衛生的な取扱い，加熱用調理器具の安全な取扱い 　　(ウ) 洗い方，調理に適した切り方，味の付け方，盛り付け，配膳及び後片付け 　　(エ) 材料に適したゆで方，いため方 　　(オ) 伝統的な日常食米飯及びみそ汁の調理 イ おいしく食べるために調理計画及び調理の工夫	(3) 日常食の調理と地域の食文化 ア (ア) 用途に応じた食品の選択 　　(イ) 食品や調理用具等の安全と衛生に留意した管理 　　(ウ) 材料に適した加熱調理の仕方，基礎的な日常食の調理 　　(エ) 地域の食文化，地域の食材を用いた和食の調理 イ 日常の1食分のための食品の選択と調理計画及び調理の工夫
(3) 栄養を考えた食事 ア (ア) 体に必要な栄養素の種類と働き 　　(イ) 食品の栄養的な特徴と組み合わせ 　　(ウ) 献立を構成する要素，1食分の献立作成の方法 イ 1食分の献立の工夫	(2) 中学生に必要な栄養を満たす食事 ア (ア) 栄養素の種類と働き，食品の栄養的な特質 　　(イ) 中学生の1日に必要な食品の種類と概量，1日分の献立作成 イ 中学生の1日分の献立の工夫

H29告示学習指導要領より，筆者編集

第9章
衣生活の指導に必要な基礎知識

第1節　衣生活に関する子どもの実態

1. 自分で服をコーディネート

　小学校高学年になると，自分が着る衣服への関心が高く，自分で自分の服をコーディネートする子どもがほとんどである。小学5年生より小学6年生の方が多く，男子より女子の方が自分でコーディネートしている児童が多いことがわかる（図9-1-1）。コーディネートを「全くしない」小学6年生の女子はいないほど，自分で選択して着ていることがわかる。

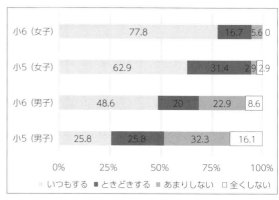

出典：細谷佳菜子他，(2008)．児童生徒の服装に対する意識と着装行動．福井大学教育実践研究第32号，p.160より筆者編集

図9-1-1 外出時の服装を自分でコーディネートする頻度（%）

　いったいどのような考えで小学生は服を選択しているのだろうか。現代，低年齢層を対象としたファッション関連の雑誌が次々に発行されている。衣生活の調査によるとそのような雑誌を女子は小学5年生頃から読んでいることがわかっている。また，男女ともに衣生活への関心は高いが，男子が小学5年生頃から関心を持ち始めるのに対して，女子はもっと早い段階から関心が芽生えている。また，雑誌からだけでなく，SNSでファッションに関する情報があふれるなか，「見た目」だけを重視した衣服の選び方をする傾向になるのではないだろうか。保護者の方も子どもの好きなファッションをさせたいと思っている者が多いため，子どもはメディアの影響を受けながら自分でコーディネートした服を着ているといえる。

　このように，衣生活の着方は子どもの関心が高いので，過度に「見た目」だけを気にするようにならないためにも，家庭科での学習内容である体を守るための服や活動にあった服についてだけでなく，中学校の学習内容ではあるが，どのようにコーディネートすればよいかについても授業で触れてもよいかもしれない。一方で，小学5年と6年の男子は自分で服をコーディネートしないもそれなりに多いので，家庭科で季節や気候を考慮した日常着の着方について，基礎からしっかり学習させたい。

2. おしゃれの容認

　子どものファッションは，メディアによる影響を受けているが，保護者が容認してはじめて子どもの実際の着装が可能となる。子どもに好きなファッションをさせたいと思っている保護者も多く，メイクアップ，ネイル，アクセサリーによる装飾，ピアス，毛染めについても容認している保護者もいる。また，おしゃれは外見に気を配っている表れであり，「身だしなみ」の一つとも捉えられる一方で，おしゃれが原因での友人関係への影響も考えられる。

　小学校と中学校の教員の8割がおしゃれによる身体トラブルについて認知しておらず，特に指導しようと思わないというが，第二次急進期に入った小学校高学年の子どもの心や体への影響や安全も考慮して，正しい方法を指し示していく必要がある。

3. 衣服の手入れの実態

　衣服の手入れの実態として，小学生がどのようなお手伝いをしているかについて，食生活と衣生活のものを表にした（表9-1-1）。もともと家事参加が少ない子どもたちではあるが，食生活に比べて衣生活のお手伝いは少ない傾向がある。衣生活で挙げられた家事の種類はすべて洗濯に関わるものであったが，アイロンかけや保管，修繕に関する記述はなかった。全国総務実態調査の2009年の結果で電動ミシンのある世帯は61.6%で，2014年の調査では1ヶ月の生地・糸に対する支出は全世帯平均132円と少ない。このような家庭環境では家庭で衣服を修繕したり，布で製作する機会がなく，裁縫を行うお手伝いの記述がないことも推察できる。

　内閣府の子どもの貧困に関する現状では，子どもがいる世帯の1割以上で，過去1年間に，経済的な理由で家族が必要とする衣服を買えなかった経験があるという。ひとり親世帯で

表 9-1-1 どのようなお手伝いをするか（n=69）

手伝いの種類		（%）
食生活	食事の準備	24.6
	食器洗い	21.7
	料理	11.6
	食器ふき	7.2
衣生活	洗濯	11.6
	洗濯物をたたむ	5.8
	洗濯物干し	4.3

出典：岡田みゆき他．（2022）．小学生の家事手伝いに関する研究．北海道教育大学紀要（教育科学編）72（2）．p.245より筆者編集

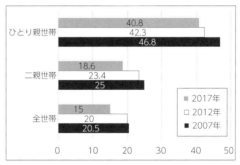

出典：内閣府．子供の貧困に関する現状　資料2．p.8より筆者編集

図 9-1-2　衣服の困窮経験があった世帯割合の変化（2007 〜 2017年）

は4割以上にも上る（図9-1-2）。新しい服が買えなくとも手入れをすることで長持ちすることや，洗濯で清潔にすることで体を健康に保つことに繋がることをしっかりと伝えていきたい。

参考文献

細谷佳菜子他．（2007）．児童生徒の服装に対する意識と着装行動．福井大学教育実践研究第32号，157-165.
内閣府．https://www8.cao.go.jp/kodomonohinkon/yuushikisya/k_9/pdf/s2.pdf，閲覧日 2022.10.15.
岡田みゆき他．（2022）．小学生の家事手伝いに関する研究．北海道教育大学紀要（教育科学編）72（2），239-248.
鈴木公啓．（2019）．大人における子どものおしゃれに対する態度．社会と調査（23），52-65.

第2節　衣生活の基礎知識

1	衣服の働き	学習指導要領の用語 衣服の主な働き，保健衛生上の働き， 生活活動上の働き

(1) 人はなぜ服を着るのか？

　衣服の働きは「人はなぜ服を着るのか？」を問うことで探ることができる。人が衣服を着る理由は何かひとつに集約されるものではない。まず，暑さ・寒さから身を守り「体温調節を補助」し，虫，火，紫外線，放射線，水，菌，薬品，乾燥等から「身体を保護」することが挙げられる。下着は，汗や皮脂，垢を吸って「肌を清潔に保つため」に身に着ける。さらに，適度なゆとりやしめつけによって動きやすくなり，快適に行動できるので「動作に適応」するためともいえる。一方で，自己表現，アイデンティティーの表現，装飾，美的欲求を満たすこと等，「おしゃれ」をしたいからというのも理由になる。職業，学校，スポーツチーム，民族等の「所属集団の表現」，「社会慣習への順応」や，「冠婚葬祭や儀礼時のTPOへの適合」のために着装をすることもある。他にも，大事な衣服を肌身離さず身に着けていたいとか，自分ではない誰かになりたいという変身願望を満たすためとか，着ないと恥ずかしいからとか，そもそも「人間だから」というのも理由になるかもしれない。哲学者の鷲田清一は「ひとはなぜ服を着るのか」（筑摩書房，2012）の中で「自分の輪郭を感じさせるため」と書いている。衣生活学習の導入には「衣服の主な働き」を扱うことになっており，まずは児童生徒に対して，この答えが一つではない問いかけをして考えてもらい，衣服の働きを整理してから単元を始めたいものである。

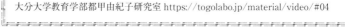
参考：動画教材「人はなぜ服を着るのか？」▶
大分大学教育学部都甲由紀子研究室 https://togolabo.jp/material/video/#04

(2) 衣服の機能

　衣服の働きは衣服の機能とも言い換えられる。衣服の機能は，下に記すように保健衛生上の機能，生活活動上の機能と社会生活上の機能に分類される。小学校家庭科で扱うのは主に保健衛生上，生活活動上の機能であり，「体温調節の補助」を学習するが，そのほかの機能も理解した上で学校生活における適切な着装について指導する機会もあるだろう。中学校では，社会生活上の機能も含めて学習する。日本文化の継承のために和服の基本的な着装を扱うことも推奨されている。

> 【保健衛生上の機能】
> ➤ 体温調節の補助：暑さ寒さから身を守り，体温を調節する
> ➤ 身体の保護：外界の刺激や外界と皮膚表面からの汚れから身を守る
> 【生活活動上の機能】
> ➤ 動作適応性：適度なゆとりやしめつけで行動しやすくする
> 【社会生活上の機能】
> ➤ 個性の表現：自己表現，装飾をする
> ➤ 職業や所属集団の表示：職業，学校，スポーツチーム，民族等を表す
> ➤ 社会慣習への順応：TPOに合わせる

（1）組織による布の分類

　小学校でも中学校でも，家庭科において布を用いた製作実習をする。布とは，繊維あるいは糸を使って作られた平面状のものを指す。裂（きれ），生地ともいう。JISでは「シート状の繊維製品で，織物，ニット，不織布などの総称」としている。

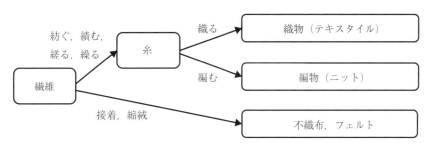

図 9-2-1　布の成り立ちと種類

　布を用いた製作実習の導入ではフェルトを使って小物作りをすることも多いが，袋やエプロンなどの作品を作るための材料としては織物が用いられる。Tシャツ素材のニット生地は家庭用ミシンでは縫いにくいので，児童に材料を用意させる際には注意が必要である。フェルトは裁ち目がほつれないが，織物はほつれやすいので始末が必要である。ピンキングばさみで裁つか，かがり縫いをするか，家庭用ミシンのジグザグ縫いの機能や布端の始末専用のロックミシンを活用するとよい。

（2）織物生地の種類

　織物は，たて糸とよこ糸を交差させて組み合わせたものである。糸に伸縮性がない限り，斜め方向以外には伸縮しにくい。硬くて張りがあるが，シワや折り目がつきやすい。織物の種類を下の表に一部紹介する。小学校の実習では，ギンガム，綿ブロード，シーチング等の平織りの布が扱いやすい。織物の基本的な三つの組織である平織，綾織，朱子織を三原組織という。

表 9-2-1　織物生地の種類

	説明	組織図
ギンガム	先染糸と晒し糸を用いて格子柄やたて縞柄を出した平織の綿織物。	
綿ブロード	平織で光沢がある柔らかな手触りの綿織物。シャツ等の素材。	
シーチング	太めの糸を平織にした綿織物。シーツ用の生地。	
デニム	たて糸に 20 番手以下のインジゴ染色糸（青）を用い，よこ糸にはたて糸より細い晒し糸で綾織にした綿生地。ジーンズともいう。	
サテン	朱子織の英語名称であり，光沢のある生地。手触りが滑らかであり，ドレープ性がある。ネクタイやスカーフ等に用いられる。	

(1) 着心地に関わる布の性質

　衣服素材としての布には，衣服内を快適に保つために人体から発散される水分や熱を吸収・放散させる性質が必要になる。水分や熱の移動には衣服素材の吸水性，吸湿性，透湿性や熱伝導度が関係する。気温や湿度に対応して，寒い時は熱を逃がさず保温性の高い素材，蒸し暑い時は熱と湿気を放散させることのできる通気性の高い素材でできた衣服を選ぶとよい。さらに，人体にフィットし，人の活動で受ける力に対応する性質が必要になる。適度な締め付けがあり，しなやかで伸びや曲げ等の変形から回復する弾性や伸縮性のある衣服は，人の動作に適応するので着心地がよい。

(2) 取り扱いのしやすさに関する布の性質

　取り扱いのしやすさに関する布の性質としては，丈夫さと手入れに耐える性質が挙げられる。丈夫さは引っ張りで加わる力や光，気候，燃焼に対する耐性のことである。洗濯時にはアルカリ性や洗剤・漂白剤・柔軟剤・ドライクリーニング溶剤，水に対する耐性があるとよい。乾燥やアイロンの熱に対する耐性，シワを防ぐ性質，形態や寸法の安定性，虫やカビを防ぐ性質，防虫剤・防カビ剤に対する耐性も備えた布が材料の衣服は，取り扱いがしやすい。丈夫で繰り返し洗える衣服は長持ちする。

(3) 繊維の種類と布の性質

　布は，繊維の種類によって分類でき，布の性質に大きく影響を及ぼすので理解しておきたい。

表 9-2-2　繊維の分類

分類名		繊維名（原料）	特徴	
天然繊維	植物繊維	綿 （綿の種子表皮の毛）	セルロース繊維である。吸湿性に優れているが，シワになりやすく乾きにくい。	肌触りがよい アルカリに強く，洗いやすい
		麻（亜麻，苧麻の靭皮）		接触冷感がある
	動物繊維	毛（羊毛，各種獣毛）	タンパク質繊維である。吸湿性に優れているが，アルカリ・紫外線に弱く虫がつく。	保温性がある
		絹（蚕の繭）		優雅な光沢がある
化学繊維	再生繊維	レーヨン （木材パルプ）	天然セルロースを薬品で溶かし繊維状に再生したもの。	伸びや吸湿性は綿より大きい 濡れると強度が低下する
	半合成繊維	アセテート （木材パルプと酢酸）	天然の高分子に化学薬品を反応させた繊維である。	耐水性はよい 除光液で溶ける
	合成繊維	ナイロン （石油由来の薬品）	化学合成した繊維である。軽くて丈夫である。 引っ張りや摩擦に強い。カビや虫害が少ない。耐候性が比較的高く，マイクロプラスチックになる。熱に弱い。吸湿性が小さい。	合成繊維の中では吸湿性がある 紫外線に弱くて黄変しやすい
		ポリエステル （石油由来の薬品）		合成繊維の中では耐熱性がある 耐薬品性，耐磨耗性がよい
		アクリル （石油由来の薬品）		羊毛に似た感触を持つ 難燃性　毛玉が生じやすい

(1) 体温調節と衣服

　人は暑さと寒さ，どちらにより弱いだろうか？　人の皮膚には触った感覚や温かさ，冷たさ，痛みを感じる感覚点が存在し，温かさを感受する「温点」と冷たさを感受する「冷点」では圧倒的に「冷点」の数が多い。体温調節機能が正常に働かなくなるほど気温が上がりすぎても下がりすぎても命が危険にさらされることは言うまでもないが，より多くの危険を知らせるセンサーがあるのは寒さに対してであり，寒さに対してより警戒が必要である。人は恒温動物であり，食品を摂取してエネルギー源とし，体内で熱を産生し，体外に熱を放散することで体温を一定に保ち，生命を維持している。

> ➤ 熱産生＝熱放散の条件一定に保たれる。
> ➤ 熱産生＞熱放散の条件で，体温は上昇する。発汗や血管の拡張等で体温を下げる。
> ➤ 熱産生＜熱放散の条件で，体温は下降する。ふるえや立毛，血管の収縮で体温を保つ。

　体温調節機能が正常に働いていれば，熱産生と熱放散のバランスがとれる。

　熱産生と熱放散のバランスをとるために，発汗や血管の拡張，ふるえや立毛，血管の収縮といった無意識下での体温調節（自律性体温調節）もあるが，人は衣服や空調，食事等による意識下での体温調節（行動性体温調節）も行う。第2節1. で述べたとおり衣服の働きは体温調節のみではないが，生命を守るための重要な要素であることに疑う余地はない。生命の危険にはつながらなくとも，冬の寒い時は暖かく，夏の暑い時は涼しく，快適に過ごしたい。そのためには，季節や天候の変化に伴う温度や湿度，気流等の状況を把握し，熱の移動についての科学的な知識を持ち，温熱環境に適した衣服の選び方や着方をする必要がある。

　皮膚と最も内に着る衣服との間の気候を衣服内気候と呼ぶ。この空間の温度が 32 ± 1℃，湿度が 60% RH 以下，気流が 25 ± 15 cm/sec の範囲にあるとき，人は快適と感じるとされている。日本の外気温は，地域にもよるが冬は氷点下から夏は40℃近くまで変化する。その中にあっても，体温を37℃程度に保ち，衣服内気候が快適な範囲になるように衣服の着用や空調で調節することで，健康で快適な生活を送ることができる。

(2) 熱の移動

　衣服によって熱をコントロールするためには，「熱」に関する知識が必要である。熱力学第二法則のとおり，熱エネルギーは温度の高い方から低い方に移動する。逆の移動は起こらない。衣服によって，熱放散をコントロールすることになる。熱放散には「伝導」「対流」「放射」による乾性熱放散と「蒸発」による湿性熱放散がある。

> ➤ 伝導：固体内を，物質の移動を伴わずに熱が移動する現象。
> 　　　　触って冷たいとか温かいとか感じるのは熱の伝導によるものである。
> ➤ 対流：流体が移動することによって熱が移動する現象。
> 　　　　気温が同じでも風があると涼しく感じるのは対流により熱が奪われるからである。
> ➤ 放射：全ての物体から放出されている熱線（赤外線）により熱が移動する現象。輻射ともいう。
> 　　　　太陽やストーブから離れていても暖かさを感じるのは放射によるものである。
> ➤ 蒸発：液体が気体になる際の熱放散。液体が存在した表面から蒸発熱が奪われる。

(3) 暖かい着方

気温が低い環境では，人体から熱が逃げて寒いと感じる。暖かく過ごすためには，熱が逃げないよう熱の移動を妨げる必要がある。衣服によって伝導，対流による熱移動が起こらないようにする。

> ➢重ね着をする。保温性の高い素材の衣服を着る。
> ➢開口部の小さい衣服を着る。
> ➢外気に触れる体表面をできるだけ小さくするため，帽子，手袋，ブーツ等を身に着ける。

熱の伝わりやすさは物質により異なる。熱の伝わりやすさは熱伝導率として物理的に測定できる。熱の伝わりにくい，すなわち熱伝導率の低いものを身に纏うとよい。熱伝導率が低いのは「空気」である。しかし，空気は流体であり，対流すると熱を奪うため，静止空気であることが重要である。冬に重ね着をして羊毛のセーターやダウンコートを着ることは，身体周囲の静止空気を保っているといえる。衣服によって熱の移動を妨げる様子は，スマートフォンやタブレット端末に接続できる赤外線サーモグラフィカメラを活用して観察することができる。

汗の水分を吸収して発熱する機能を付与した，吸湿発熱繊維でできた衣服が2003年に初めて発売され，さほど重ね着をしなくても暖かく過ごすことのできる衣料も開発されている。

コラム　保温性実験
綿さらしと羊毛編み地を用いた保温性を調べる実験。
https://www.gakujutsu.co.jp/text/isbn978-4-7806-1076-5/9-2-4/

---

(4) 涼しい着方

気温が高い環境では，人体から熱を逃しにくくなって暑いと感じる。涼しく過ごすためには，熱を逃す必要がある。暖かい着方とは逆に，空気の対流を起こして衣服の中に熱がこもらないようにする等の工夫が必要である。

> ➢薄着をする。通気性に優れた衣服を着る。
> ➢開口部が大きく，ゆったりして空気が通りやすい服を着る。
> ➢日光を遮る（日差しが強いときには特に太陽の輻射熱を遮断する必要がある）。

触れた時にひんやりと冷たく感じられる接触冷感素材や，遮熱・UVカット機能を持つ繊維も開発・販売されている。涼しく過ごすために着る枚数を減らしても，皮膚表面から汗や汚れを吸って蒸れを防ぐ役割として，夏でも下着をつけた方が衛生的かつ快適に過ごすことができる。皮膚表面の水分が蒸発すると熱が逃げるが，濡れたまま長時間過ごすと体温が下がりすぎるので注意する。

浴衣は，女性にとっては帯の締め付けで暑いというイメージもあるが，着付けを工夫すれば，首周り，手首，足元を締め付けることなく風を通しやすいので涼しく着られる。綿や麻の素材は汗を吸いつつ肌触りもよい。日本文化における夏の風物詩の伝統も受け継いでいきたいものである。

（監修）文化学園大学　佐藤真理子

参考文献
潮田ひとみ. (2019). 5章 衣服の機能と快適性. 山口庸子, 生野晴美編著, 衣生活論・持続可能な消費と生産, アイ・ケイコーポレーション.

　小学校の家庭科では，衣服を大切に扱い，気持ちよく着るために，日常の手入れが必要であることがわかり，洗濯やボタン付けができるようにする。小学校では手洗いを中心として，洗濯の基本がわかり，日常着や身の回りのものを工夫して洗い，身につけた知識や技能を活用して，衣生活の課題を解決する力を養う実践的な態度を育成することを目指す。

(1) 衣服の洗濯

　着用に伴って低下する快適性などの衣服の機能を回復させるためには，材料の特性をふまえた手入れが必要である。汚れない衣服を開発するという発想も考えられるが，衣服が汚れを吸い取ることで着心地がよくなることを考えると，衣服が汚れることにも意味がある。汚れ物質を除去して，着心地よく衛生的な衣生活を送るために，洗濯をする。

　洗濯の主目的は，衣服に付着した汚れをいかに効率よく落とすかにある。洗濯洗浄の汚れ除去に関わる要因である，化学作用と物理・機械作用（機械力）に関して，洗浄を構成する五つの要素は，「汚れが付着している衣類」と「汚れそのもの」の二つおよび，「洗剤や水」，「機械力」と「洗浄条件としての温度・時間・浴比など（洗浄操作側）」の三つである。これらの要素により，洗浄性（汚れの除去率・被洗物損傷度・環境影響や経済性など）が決定される。

　汚れは洗濯で用いる水に対する溶解性から，基本的に水に溶解する水溶性汚れ，水には溶けにくいが有機溶剤には溶解する油性汚れ，水にも有機溶剤にも溶解しない固体汚れの三種に分類できる。洗剤の主成分である界面活性剤による汚れ除去のメカニズム（①〜④）から汚れの除去は以下のプロセス（Ⅰ〜Ⅳ）となる。1回使用量の目安に対し，それ以上にいくら洗剤を増やしても，洗浄力はさほど変わらない。洗剤量が多過ぎると，洗剤がムダになるだけでなく，

Ⅰ．汚れにくっつく ：①浸透作用
Ⅱ．汚れを引きはなす ：②乳化作用（油性汚れ），③分散作用（固体汚れ）
Ⅲ．汚れをつけない ：④再汚染防止作用
Ⅳ．すすぐ（水ですすぐと汚れや布についた界面活性剤が流され，汚れのない布になる）

すすぎ回数が増え水もムダになる。これが「洗剤は適量を入れましょう」という理由となる。洗剤洗いとすすぎの間に手絞りや洗濯機による遠心脱水を行って，すすぎ効果を高める。

(2) 泥汚れ（固体粒子汚れの性質）と洗濯の工夫

　固体粒子汚れで親水性を有する泥汚れは，靴下など衣類に付着した後に汗や洗濯などで水に濡れることで繊維の内部に入り込んでしまう。

泥汚れを落とすためのポイント
【1】水で濡らす前に，靴下など被洗物表面の泥汚れを乾いた状態ではたき落とし，できるだけ取り除く。これは洗濯中に他の洗たく物に泥汚れが移ることも防ぐ。
【2】水洗いする前に，靴下の泥汚れ部分に洗濯用の液体洗剤を直接塗ると洗い落としやすくなる。

(3) 洗濯物が乾くとは（干し方の工夫）

　洗濯物が乾くのは，繊維や繊維の間にある水分が蒸発して目に見えない気体に変わり，空気中へ移動するからである。洗濯物が早く乾く条件として，気温が高く・湿度が低く・空気の動きがあることがあげられる。洗濯物がしっかりと早く乾けば，生乾きの臭いやカビの発生も防げる。

参考文献
大矢勝，（2011）「図解入門　よくわかる最新洗浄・洗剤の基本と仕組み」，秀和システム．
日本石鹸洗剤工業会「石けん洗剤知識」https://jsda.org/w/03_shiki/index.html

衣服に付けられている表示は，家庭用品品質管理表示法（＝家表法）で義務づけられている組成表示，取扱い絵表示，はっ水表示のほか，事業者による自主表示もある。一般消費者の利益保護を目的として，1962（昭和37）年に制定された。家庭用品は，生活スタイルやニーズの変化，技術革新等により変化しており，対象とする品目や表示は，必要に応じて見直しが行われている。基礎的な知識の獲得が衣服の選択や手入れにおいて求められる。2016（平成28）年に改正された家表法の改訂後の認知度調査2020（令和2）年では，洗濯時に洗濯表示を確認する人は，衣服購入時に確認するよりも多く，若年層では男女の差がなく認知度が他の世代より高い傾向もみられ，学校教育の効果との関連が報告されている。また自分で洗濯している人が洗濯表示を確認している実態となり，衣服の取扱いと洗濯の実践との関連が示唆される。一方で取扱い絵表示は，繊維の科学的性質を根拠に定められているため，児童生徒の発達段階に応じた授業での取扱いが求められる。

（1）表示の種類（家庭用品品質管理表示法に基づく）

名称等	内容
組 成 表 示	生地がどのような素材でできているか，％で表している。（ただし，くつ下やブラジャーなど％を表示しないものがある。）
取扱い絵表示	洗濯方法やアイロン温度など手入れの方法（取扱い方）を表している。
は っ 水 表 示	着用や洗濯で注意してほしいことや，素材の特徴を言葉で表している。
原 産 国 表 示	衣料品は，縫製を行った国名，あるいは地名で知られている場合は地名を表している。生地の産地ではない。 ※くつ下は編み立てた国を表している。
サ イ ズ 表 示	既製衣料品は，製品そのものの大きさを示すできあがり寸法（仕上がり寸法）ではなく，着用者のヌード寸法（はだか寸法）を表している。
任 意 の 表 示	**寸法**：タオルやふとんなど，タテ・ヨコの大きさを表している。 **収縮率**：カーテンやシーツなど，洗うとどの程度縮むか収縮率を表している。 **難燃性**：カーテンや絨毯など，燃えにくさを表している。 **その他**：事故防止のための注意などを表している。

（2）取扱い表示

日本で生産・販売する既製衣料品の取扱い表示は，JIS（日本工業規格）で定められているが，日本独自のもので ISO（国際標準化機構）との整合性が図られ2016（平成28）年に改正された。海外の表示では洗濯物を自然乾燥させる習慣がほとんどないなど，日本の現状と合わないため，従来の国際規格に自然乾燥に関する表示を加える手続きを行い，日本国内向けに JIS が新しい洗濯表示の規定を定めた。

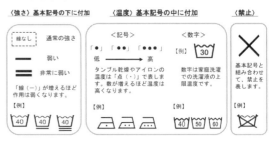

① 「基本記号」と，「付加記号」や「数字」の組合せで構成されます。
● 5つの基本記号
家庭洗濯　漂白　乾燥　アイロン　クリーニング
＊上記の順に表示されます。

● 付加記号と数字　文字ではなく，記号と数字で強さや温度，禁止を表します。

〈強さ〉基本記号の下に付加
線なし　通常の強さ
━　弱い
═　非常に弱い
「線（一）」が増えるほど作用は弱くなります。

〈温度〉基本記号の中に付加
＜記号＞「•」「••」「•••」
低← →高
タンブル乾燥やアイロンの温度を「点（・）」で表します。数が増えるほど温度は高くなります。
＜数字＞【例】30
数字は家庭洗濯での洗濯液の上限温度です。

〈禁止〉×
基本記号と組み合わせて，禁止を表します。

図 **9-2-3**　取扱い絵表示［消費者庁発行のハンドブック（HP掲載）より抜粋（新しい！衣類の「取扱い表示」）］

(1) 布を用いた製作実習の意義

　布を用いた製作実習の意義は時代とともに変化してきた。布を用いて衣服をはじめとした布製品を製作することが家庭内の仕事であった時代は，生活のために必要に迫られて製作方法を学習し，裁縫技能を向上する必要があった。着物の調達は女性の仕事で，女学校で学ぶ内容は家事裁縫が中心であった時代もあった。しかし，現代においては衣服が大量生産されて安価で販売されており，必ずしも裁縫技能を習得しなくても容易に衣服を入手し，生活することができるようになった。

　H20年告示の小学校学習指導要領では「生活に役に立つ物を製作して活用できるようにする」ことが目指されていたのに対し，H29年の改訂で「生活を豊かにするための布を用いた製作」をするようにと変更されている。必ずしも役に立つばかりではなく，身近な人との関わりを深め，生活文化への関心を高め，製作そのものを楽しんで心を豊かにすることを目的とした作品作りが求められているといえる。さらに，布を用いた製作実習の意義としては次のことが考えられる。

> ➤ものづくりの楽しみは，人間にとっての付加価値を創り出すことの喜びに通じる。その喜びとともに作品を完成させ，プロジェクトを完遂した時の達成感と，自身が作ったオリジナルの布製品を使用することで自己効力感を味わう。
> ➤身近な布製品の生産工程を理解し，繊維産業と密接な労働問題，環境問題等の社会課題について体験を通して発展的に学習する。
> ➤手縫いとミシン縫いの縫い目や手間を比較することにより，人の手だけで布製品を作り出す労力と楽しさ，機械を導入することで実現する効率化やテクノロジーの発展を実感する。
> ➤既成の布製品を選択する消費科学的な視点を養うことができる。
> ➤資源を有効活用するために，修復やオリジナルの装飾ができる技能を習得する。

(2) 布を用いた製作実習の計画

　小学校学習指導要領には実習題材として「日常生活で使用する物を入れるための袋」が例示され，教科書でも扱われている。下図のとおり準備から作品の活用までを含む実習計画を立てる。教員が何を作るかを決めて作り方を教えるのではなく，児童生徒が製作計画を立てられるようにする。

> 参考：動画教材「布を用いた製作実習　袋をつくってみよう」▶
> 大分大学教育学部都甲由紀子研究室　https://togolabo.jp/material/video/#04

袋製作の準備	袋の作品製作	作品の活用
・何を入れるどのような袋を作るか考え，形や大きさを決める ・作り方を確認する ・布の必要量を見積もる ・必要な材料と道具を揃える ・児童が自ら製作・作品活用の計画を立てる	・型紙を作る ・しるしをつける ・裁断する ・しつけをかける ・縫い合わせる ・ひも・持ち手をつける ・仕上げをする	・機会を作って袋を使う ・使ってみて改めて製作実習を振り返る ・活用して工夫が活かされたか確認する ・さらに工夫したらよいことは何かについて考え，報告する

図9-2-4　準備から作品活用までの袋製作実習の計画

(1) 製作に必要な道具

　裁縫箱には何が入っているのか, どのようにして使うのか教員が把握しておき, 布を用いた製作指導の導入ではまずそれを児童にしっかり伝える必要がある。裁縫道具の取り扱い説明書を作る活動を取り入れるのもよいだろう[1]。一人一台のタブレット端末を活用し, グループごとに担当する道具の写真を撮り, 使い方の説明文とともに集約して共有しよう。

> ➤巻尺・ものさし：採寸には巻尺, しるし付けの際には主に端の目盛が0のものさしを使う。
>
> ➤チャコペンシル：ものさしを当て, しるしを付けるのにチャコペンシルを使う。
>
> ➤裁ちばさみ：裁断には裁ちばさみを使う。紙を切るはさみでは布を切らないこと。
>
> ➤まち針：頭が球状の洋裁用と, 洋裁用より針が長くて太く, 頭が平たく花のような形をしている和裁用がある。頭の部分に記名でき, 転がりにくく落としても見つけやすいため小学生向け裁縫箱には和裁用のまち針が入っていることが多い。洋裁用のクリップの使用も検討したい。
>
> ➤指抜き：短針用, 長針用, 洋裁用がある。革製, 金属製のものがあるが, 初心者には革製の方が使いやすい。小学生向け裁縫箱によく入っているのは, 短針用革製の指抜きであり, 利き手中指の第一関節と第二関節の間につけ, 中指を曲げて中指の背で針を押して使う。
>
> ➤手縫糸と針：しつけ糸, 手縫い糸 (30番), ボタンつけ糸 (20番) は用途に応じて使い分ける。糸は, 番号 (番手) が大きくなるほど細くなる。手縫針にはメリケン針と和針, それぞれに短針と長針がある。刺繍針は針の穴が大きく, 糸を通しやすいが, 縫っている時に糸が抜けやすい。
>
> ➤ミシン糸と針：ミシン糸は布の色に合わせて縫い目が目立たないものを選ぶ。ミシン針は番号が大きくなるほど太くなる。普通の厚さの綿ブロードの布は, 60番の糸と11番の針の組み合わせで縫う。デニムのような厚地の布は, 30番の糸と14番の針の組み合わせで縫う。
>
> ➤針山：針を机の上に置いたままにすると無くす危険があり, 収納ケースに毎回しまうのは手間がかかるので必ず針山を用意する。手首につけるタイプもあり, フェルトで製作させてもよい。
>
> ➤糸切りばさみ：和ばさみ, 洋ばさみがある。和ばさみは刃先で糸を切る。
>
> ➤アイロン：布を用いた製作では, アイロンで折り目をつけながら作業することで綺麗に仕上がる。綿100%なら高温, 綿とポリエステルの混紡なら中温, そのほか合成繊維は低温でかける。
>
> ➤ひも通し・ゴム通し：ひもやゴムを挟んで使うものと通して使うものがある。通している最中に抜けてしまわないように, 安全ピン等で代用してもよい。

(2) 製作に必要な技法

　裁縫をするためには様々な技法を習得する必要がある。布を縫い合わせる技法, 布端・縫い代の始末をするための技法, そのほかに分類されるものもある。小学校では最も基本的な技法を習得することになる (p.155-156参照)。布を縫い合わせる際は, 手縫いのなみ縫いや返し縫い, ミシン縫いをする。縫い代はピンキングばさみによる裁断, かがり縫い, ジグザグミシン, ロックミシンで始末する。袋の口やエプロンの裾は三つ折り縫い, 三つ折りぐけ, まつり縫いで始末する。

参考文献
1) 山口 (諏訪) 友美. (2008). さいほう道具取り扱い説明書, 財津庸子 (編), 小・中・高を繋げる試み 大分県の家庭科実践事例集, (p.70). 東京：教育図書

(1) 手縫いの技能

　小学校の教科書に掲載されている手縫いの技法は，並縫い（なみぬい），返し縫い2種類（半返し縫い，本返し縫い），かがり縫いの4種類であり，目的に合った縫い方を選ぶ。並縫いが最も一般的な縫い方で，返し縫いはしっかり糸が渡るので縫い目が丈夫になる。並縫いをするときも，両端は一針半返しや本返し縫いをすると丈夫になる。かがり縫いは，布端の始末やフェルトのマスコットの輪郭を縫うときに適した縫い方である。四つの縫い方，縫い始めの玉結びと縫い終わりの玉どめについては，自分でできて演示できることはもちろん，言葉で技法を説明できるようにしておく必要がある。まつり縫いは中学校で扱う。糸は針に通して片方の端を玉結びして，一本どりで縫う。

　玉結びは，糸の端を人差し指の腹に置き，指先に一周だけ巻いて人差し指と親指で糸をよりあわせ，よりあわせたところを中指で押さえて糸を引く。最初，糸端が人差し指の腹から離れていると解けやすくなる。指先に巻くときは，複数回巻くと余分な糸の輪ができてしまうことが多い。2枚の布のしるし同士を合わせたり，折り目をつけたりしてから縫う方向と垂直にまち針を打って縫い始める。縫い終わった部分は縫い目に沿って指先でしごき，布がつれないようこまめに糸こきをする。玉どめは，縫い終わりの糸が出ている布上に針を当てて親指で押さえ，糸を2～3回針に巻き，巻いたところを親指で押さえながら針を引き抜く。布と玉の間に隙間ができないように，糸が布の上に出ているところにピンポイントに針を置き，ずれないように押さえる必要がある。手縫いは時間がかかるが，糸が布の手前と向こう側にわたるので，一か所が切れたとしてもほつれにくい。一方，ミシンは早く縫えるが，針目の中で上糸と下糸を引っ掛けているので，一か所が切れるとほつれやすくなる。

　実物投影機で手元を写して演示したり，教科書のQRコードやデジタル教科書のリンク，Webサイト等の動画教材を視聴させたりしながら説明して，わかりやすく伝える工夫をしよう。グループを作り，実物見本を見せてお互いにやり方を確認しながら実習を進める工夫も有効である。ただやり方を教えるだけでなく，なぜその縫い方をするのか，ミシン縫いとの違いは何か等の問いを立て，縫う目的を児童に考えさせるしかけもして，製作実習をするとよい。

(2) ボタン付けの技能

　ボタンには，二つ穴のもの，四つ穴のもの，足つきボタン等の種類がある。

図 9-2-5 ボタンの種類とボタンの付け方

　二つ穴，四つ穴のボタンは中心に凹面がある方を上にしてつける。ボタンをボタンホールに通すときに，ボタンの上に出ている糸を擦って切らないようにするための工夫である。四つ穴のときに糸をクロスさせるとボタンをかけるときに糸が擦れやすくなるが，見た目の好みでこのようにしてつけることもある。ボタンをかけた時の布の厚みの分だけ糸足をつける。

　ボタンは，手縫い糸ではなくボタン付け用の太い糸を用いることで糸が切れにくくなり，丈夫に縫い付けられる。糸を針に通し二つの糸端を揃えて玉結びし，二本どりにする。

(1) ミシンの準備

① 布に合った針，糸を準備し，針目を設定する（表9-2-4）。

② 下糸（ボビン）を巻く：下糸巻き糸案内に糸をしっかりはさまないとボビンの糸巻き具合の調節がされず，正しく巻けず，適切な縫い目で縫えなくなるので注意する。

③ 下糸をセットする：ボビンを正しい向き（「の」の字の逆向き）にして内がまに入れ，糸端を引きながら手前，左側の溝にかけ，糸端を向こう側へ10cmほど出しておく。

④ 上糸を準備する：押さえを上げた状態ではずみ車を手前に回して天びんを上げておき，糸立て棒にセットした上糸を，上糸案内→糸案内板→天びん→糸かけ→針棒糸かけ→針穴の順にかける。

⑤ 下糸を引き上げる：左手で上糸の端を持ちながら，右手ではずみ車を手前に1回転させ，針が一番高い位置にきた時に上糸を引き，輪になって出てきた下糸を端まで引き出す。

(2) ミシンで縫う

① 体の中心を針棒の位置に合わせて座り，フットコントローラは踵を床につけて踏める位置に置く。足が小さい場合は向きを変え，厚みのある方から踏むとよい。

② 縫い始め：布を針と押さえの下に置き，はずみ車を手前に回して，針を縫い始めの位置に刺し，押さえを下ろして縫い始める。

> ➤ミシンで指を縫わないように縫っているところをしっかり見ながら縫い，押さえの下に指が入らないように気を付ける。指が入りにくいようにした押さえも販売されている。
> ➤まち針を付けたまま縫うと針が折れて危険なので，押さえの手前でまち針を抜く。
> ➤角まできたらミシンを止め，針をさしたまま押さえを上げ，布を回転して方向を変え，押さえを下ろして再び縫う。

③ 縫い終わり：針と押さえを上げ，布をミシンの向こう側に引き出し，糸を15cmほど残して切る。

> ➤ミシン縫いの糸端の始末：縫い始めおよび縫い終わりは，丈夫にしたい場合，1〜2cm返し縫いをし，きれいな縫い目にしたいなら上糸と下糸両方を布の片方から出して結ぶ。

ミシンは安全のため定期的に専門業者に点検を依頼する。実習の際は，すぐに縫える状態にした予備を準備しておき，トラブルの際はミシンを交換し，授業後に点検をするとよい。

表9-2-4 布，針，糸，針目の組み合わせ

布地	ミシン針	ミシン糸	針目
薄地	9番	80番・90番	1.8〜2
普通地	11番	60番	2〜2.5
厚地	14番	30番・50番	3

表9-2-5 ミシンの不調とその対応

ミシンの不調	不調に対する対応
糸が絡む・切れる 裏に糸がたまる	上糸のかけ方，下糸（ボビン）を入れる向き，ボビンの糸巻き具合が正しいか確認する。
針が折れる・曲がる 縫い目が飛ぶ	針の向き，つけ方を確認する。 布に対して針・糸の太さが正しいかを確認する。
布を送らない	下糸巻き設定になっていないか確認する。
糸調子が悪い 縫い目にシワがよる	上糸・下糸のかけ方が正しいか確認した上で，上糸調節ダイヤルで糸調子を整える。

(7-10 監修）和洋女子大学　柴田優子

1. 衣服の着用，選択と手入れ

　衣服の着用は，小学校では児童の日常生活と関連させ，「保健衛生上」や「生活活動上」のはたらきを扱う。中学校では衣服の「社会的機能」において，職業や所属集団への帰属，個性の表現，冠婚葬祭の気持ちを慣習に従い衣服で表現するはたらき等を理解できるようにする。和服を取り扱い，日本の伝統文化への理解も深める。衣服の選択は，小学校では季節の変化や生活場面への適応，清潔感のある衣服の着方などを理解できるようにする。中学校では品質表示や価格などの関係から，原料や製造，廃棄に関わる環境問題など資源や環境に配慮する視点に気付き，理解を深める。衣服の手入れは，小学校では児童が衣服の手入れや管理にほとんど関わっていない現状から，手入れの必要性の意識づけから，身だしなみを整える上での大切さに気付かせボタン付けや洗濯に繋げる。洗濯では，手洗いを中心とし洗濯の基本について学習する。洗濯について中学校では，繊維材料の理解（繊維の種類や布の構造など）に基づき，洗濯機を用いた洗濯の原理の科学性を重視し，洗濯用水，洗剤，洗濯物に加わる機械力等と洗浄力の関わりや，衣服材料と汚れの性質を踏まえた洗濯条件についても理解できるようにする。

2. 生活を豊かにするための布を用いた製作

　小学校では，縫うことの意義や，扱いやすく丈夫で，製作の目的や使途に適した材料の選択を理解できるようにする。児童が製作品を活用する生活場面を考え，製作計画や製作品に必要な機能を理解できるように繋げられる。また縫製そのものの意義を通して，製作品に求められる強度や機能性の実現を理解できるようにする。手縫いやミシン縫いの基本的な技能の習得への支援が大切である。中学校では，布等の材料の特徴を理解し，製作する物に適した材料の選択と，適した縫い方や製作方法等について理解できるようにする。また，家庭にある布や不用となった衣服等を再利用する方法も取り上げるようにする。ミシン縫いは安全な操作方法や簡単な調整方法について振り返りを含めて確認することが必要である。アイロンの取扱いは材料（繊維）や状態（附属品の有無や施された加工の有無）別の設定温度などの判断と，安全な取扱いについても確実にできるように徹底することが大切である。

表9-3-1　小中学習指導要領の比較（衣生活）

小学校	中学校
⑷　衣服の着用と手入れ 　ア（ア）衣服の主な働き，日常着の快適な着方 　　（イ）日常着の手入れ，ボタン付け及び洗濯の仕方 　イ　日常着の快適な着方や手入れの工夫	⑷　衣服の選択と手入れ 　ア（ア）衣服と社会生活との関わり，目的に応じた着用や個性を生かす着用，衣服の選択 　　（イ）衣服の計画的な活用，衣服の材料や状態に応じた日常着の手入れ 　イ　日常着の選択や手入れの工夫
⑸　生活を豊かにするための布を用いた製作 　ア（ア）製作に必要な材料や手順，製作計画 　　（イ）手縫いやミシン縫いによる縫い方，用具の安全な取扱い 　イ　生活を豊かにするための布を用いた物の製作計画及び製作の工夫	⑸　生活を豊かにするための布を用いた製作 　ア　製作する物に適した材料や縫い方，用具の安全な取扱い 　イ　生活を豊かにするための資源や環境に配慮した布を用いた物の製作計画及び製作の工夫
	⑺　衣食住の生活についての課題と実践 　ア　食生活，衣生活，住生活についての課題と計画，実践，評価

H29告示学習指導要領より筆者編集

第10章

住生活の指導に必要な基礎知識

第1節　住生活に関する子どもの実態

　住居の機能としては，（1）風雨，寒暑などの自然から保護する働き，（2）心身の安らぎと健康を維持する働き，（3）子どもが育つ基盤としての働き，がある。ここでは，子どもたちが置かれている実態を住居の機能と関連する資料からみていく。

(1) 風雨，寒暑などの自然から保護する働きからみた子どもの実態

　近年，日本では，熊本地震（2016年），令和2年7月豪雨（2020年）など，ここ数年，毎年のように大規模な自然災害が発生している。それらの自然災害を経験する度に，自然から保護する働きである住居の機能と事前の備えの重要性が再認識されている。防災に関する世論調査（平成29年）によると，ここ1〜2年の間に，家族や身近な人と災害が起きたらどうするかなどについて話し合ったことがある者の割合は57.7%（平成25年調査では62.8%）であり，話し合った内容については，「避難の方法，時期，場所（68.2%）」が最も多く，次いで，「家族や親族との連絡手段（57.8%）」，「食料・飲料水（55.3%）」，「非常持ち出し品（41.7%）」であった。防災に関する世論調査を地域別ならびに年代別に分析すると，① 大災害の発生の認識はあるものの，防災の取り組みは十分ではないと感じている，② 大災害の発生の可能性が高いと感じている者は6割以上いるが，太平洋側で高く日本海側で低い傾向といった地域によって意識に差がみられる，③ 防災の取り組みは，自宅でできるような「自助」に係ることが取り組みやすいと考えられている，といった実態と課題が挙げられる。

(2) 心身の安らぎと健康を維持する働き

　子供・若者の意識に関する調査（2019）によると，今の中・高校生にとって，ほっとできる場所・居心地の良い場所で最も高かったのが「自分の部屋（85.3%）」，次いで，「家庭：実家や親族の家を含む（75.6%）」であった。過去の調査と比較すると，上記を居場所と思わない者が増加しており，反対に「インターネット空間（56.6%）」と回答した者が増えている傾向がみられた。スマートフォンの所有率をみると，中学生世代では65.0%と年々，上昇している傾向がみられ，今後は，インターネット空間への志向性が強まることが予想される。家庭における小・中学生の清掃活動の実態（ダスキン，2019）をみると，家の掃除をする（手伝う）時は，「大掃除などの時（41.0%）」が最も多く，「定期的な習慣として」として行っている者は36.0%であった。自宅を掃除する時間を合計すると，1週間で「10分未満（52.5%）」，「10分〜30分未満（37.8%）」であり，9割以上の者が一週間で30分未満であった。また，掃除をしない者の割合は，小学

生から中学生になるに従い高くなる傾向がみられた。

（3）子どもが育つ基盤としての働き

　厚生労働省の人口動態統計調査から子ども（0〜14歳）の不慮の事故の発生傾向をみると，不慮の事故による子どもの死亡者数は減少傾向であるが（図10-1-1参照），病気を含む全ての死因の中で上位である（表10-1-1参照）。死因と年齢をみると，「窒息（ベッド内での不慮の事故を含む）」は，0歳で圧倒的に多く，「交通事故」は，2歳以上ですべて1位，「溺死」は，1歳・3歳で2位，5歳以上で自然水域での事故が多い，「建物からの転落」は3歳・4歳と10〜14歳が多い，という特徴がみられる。

図10-1-1　子ども（0〜14歳）の不慮の事故等死者数（厚生労働省：人口動態統計調査より作成）

表10-1-1　2020年の死因順位

	0歳	1〜4歳	5〜9歳	10〜14歳
第1位	先天奇形等	先天奇形等	悪性新生物	自殺
第2位	呼吸障害等	悪性新生物	不慮の事故	悪性新生物
第3位	乳幼児突然死症候群	不慮の事故	先天奇形等	不慮の事故
第4位	出血性障害等	心疾患	心疾患	心疾患
第5位	不慮の事故	インフルエンザ	インフルエンザ	先天奇形等

人口動態統計調査（2020）死因順位別にみた
性・年齢（5階級）別死亡数・粗暴率（人口10万対）及び割合から作成

表10-1-2　年齢別でみた不慮の事故の詳細順位

	1位	2位	3位	4位	5位
0歳	窒息（ベッド内）34%	窒息（胃内容物の誤えん）21%	交通事故 7%	窒息（食物の誤えん）7%	窒息（詳細不明）7%
1歳	交通事故 24%	溺水（浴槽）21%	窒息（胃内容物の誤えん）12%	窒息（食物の誤えん）10%	溺水（その他）5%
2歳	交通事故 51%	窒息（食物の誤えん）13%	窒息（胃内容物の誤えん）10%	溺水（浴槽）8%	溺水（その他）6%
3歳	交通事故 38%	溺水（自然水域）8%	転落（建物又は建造物）7%	溺水（浴槽）5%	溺水（その他）5%
4歳	交通事故 37%	転落（建物又は建造物）10%	煙・火炎等 10%	溺水（浴槽）8%	溺水（プール）8%
5〜9歳	交通事故 45%	溺水（自然水域）16%	煙・火炎等 7%	溺水（浴槽）6%	溺死（その他）5%
10〜14歳	交通事故 33%	溺水（浴槽）15%	溺水（自然水域）14%	転落（建物又は建造物）9%	その他 6%

％は年齢別の不慮の事故死亡件数に対する割合　　消費者庁：子供の事故防止に関する関係府省庁連絡会議資料（子どもの不慮の事故の発生傾向）

　子どもの事故防止に向けては，国も様々な対策を講じている。例えば2016年度から「子供の事故防止に関する関係府省庁連絡会議」を設置し，関係府省庁が，子どもの事故防止に関する取り組みの実施状況等について情報共有を図り，関係府省庁間の連携を推進している（「子どもの事故防止週間」を創設。消費者庁では，事故の情報を収集し，類似の事故が起きないよう改善できることは何か分析し，対策を実行するとともに，「子どもの事故防止ハンドブック」等を作成し情報を公開している）。このような対策や情報を活用し，子どもの事故防止に向けては，社会全体で防ぎ，子どもを安全な環境で育てていくことが重要である。

第2節　住生活の基礎知識

<table>
<tr><td>**1**</td><td>住まいの働き</td><td>学習指導要領の用語
住まいの主な働き，快適</td></tr>
</table>

(1) 住まいの働き

　世界保健機関（WHO）は，住宅について「人間が外部から保護されるに足る十分な構造のもので造られ，その中に必要な家具，設備，装置などを有することによって家族の個人と全員が，精神的にも肉体的にも健康で快適な生活ができるような環境を保持するもの」としている。そこから住まいの働きをみると，「人間が外部から保護されるに足る十分な構造のもので造られ」（安全性），「必要な家具，設備，装置などを有する」（利便性），「精神的にも肉体的にも健康で」（健康性），「快適な生活ができる」（快適性）といったハードな側面に加え，「家族の個人と全員」（共生性）といったソフト的側面を併せ持つことの重要性を指摘している。すなわち，住まいの働きの基本要件として，安全性，利便性，健康性，快適性，共生性の五つの視点を有することが求められよう。

(2) 生活の営みに係る見方・考え方との関わり

　今回の学習指導要領の改訂に伴い，家庭科の目標において「生活の営みに係る見方・考え方」を働かせることができる授業を通して，生活をよりよくしようと工夫する資質・能力を育成することを目指している。そして，「生活の営みに係る見方・考え方」について，協力・協働，健康・快適・安全，生活文化の継承・創造，持続可能な社会の構築等の視点で物事を捉えさせることとしており，住生活領域については主に健康・快適・安全及び生活文化の継承・創造の視点を重視していることがわかる。

　先に示した住まいの働きの基本要件に照らし合わせてみると（図10-2-1），協力・協働＝共生性，健康＝健康性，快適＝快適性，安全＝安全性と共通している視点が多いことがわかる。すなわち，住生活の授業づくりを行う際，「生活の営みに係る見方・考え方」を働かせるため，住まいの働きと関連づけて授業を構想し，かつ，地域の特性や生活課題を取り扱う際に生活文化の継承・創造の視点を働かせる工夫が求められよう。

　また，「生活の営みに係る見方・考え方」は，生活観と捉えることができる。日本家政学会（1988）は，新しい家庭科教育のあり方を検討した際，住生活領域において「正しい住生活観を養う」ことに向け，教育内容の項目を示しており，住まいの働きや生活の営みに係る見方・考え方に示された視点を働かせた学習活動を通して，児童の住生活観を育むことも期待できよう。

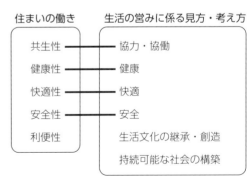

図 10-2-1　住まいの働きと生活の営みに係る
見方・考え方との関連性

暖かい住まい方と
涼しい住まい方

(1) 暖かい住まい方

　冬季における快適な室内環境を創出するためには，温熱環境を 18 ～ 22℃に制御することが望ましい。特に省エネルギー等を考慮すると，太陽光を窓等から効果的に室内に取り込むことが大切である。また，浴室やトイレ等は，暖かい居間等と比較して気温差が生じやすく，急激な温度低下により心筋梗塞や脳卒中等を引き起こすヒートショックが発生しやすいため，暖房器具を適切に活用することが求められる。さらに，窓やドアの隙間等から入ってくる隙間風を防ぐためにアルミサッシ等を導入し，室内の気密性を高め外部環境の影響を受けにくくすることも重要である。

　冬季における暖かい住まいを実現するためには，こうした室内の気密性を高めることや暖房器具を活用することはとても大切であるが，一方で室内の汚れた空気を屋外の新鮮な空気と入れ換えるための自然換気が行われにくくなる。そのため，生活者は換気扇を使用した機械換気を適切に行い，家族の安全や健康を保持することが求められる。

(2) 涼しい住まい方

　夏季における快適な温熱環境は，25 ～ 28℃に制御することが望ましいとされている。夏季に涼しく快適な住まいを創出するためには，窓等の開口部から差し込む日差しを遮蔽することが大切である。その際，窓面の内側にブラインドを設置するよりも外側にブラインドを設置する方が高い遮蔽効果が期待でき（図 10-2-2），伝統的な住まいで用いられてきた「すだれ」や「よしず」を設置することは，理に適っているといえよう。また，開閉可能な可動式のルーバーを設置することで日射を制御し，快適な住まいを実現することが可能となる（写真 10-2-1）。さらに，南面する開口部については，屋根の軒先や庇を長く張り出すことでも遮蔽効果が期待できる。

　夏季に室内を涼しくするためには，風通しの良い住まいを創出することも不可欠である。通風を確保するためには，風の出入口となる 2 方向の窓等の開口部を開放することが求められる。特に風上側は夏季の風向きを考慮して南面する開口部を大きく確保し，あわせて風の出口となる開口部については風下側の対角線の位置に設けることで室内全体の通風を確保することが可能となる。

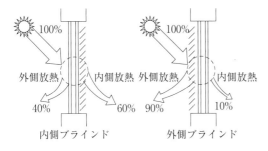

図 10-2-2　ブラインドの位置と室内への侵入熱
（出典・北海道外断熱建築協議会（編），「住まいの断熱読本夏・冬の穏やかな生活づくり」，彰国社，2001,p.81

写真 10-2-1　可動式ルーバーで日射を制御する

(3) 環境に配慮した住まい方

1) 環境共生住宅

環境に配慮した住まい方を実現する手立てとして環境共生住宅がある。環境共生住宅とは，「地球環境を保全する観点から，温暖化防止，資源・エネルギーの有効活用，生物多様性の保全などの面で充分な配慮がなされ，また周辺の自然環境と親密に美しく調和し，住み手が主体的にかかわりながら，健康で快適に生活できるよう工夫された，環境と共生するライフスタイルを実践できる住宅，およびその地域環境」のことで，住み手が主体的に関わることの重要性を指摘している。そうした生活者の主体的な取り組みは，SDGsとのかかわりも期待でき，目標の「6　安全な水とトイレを世界中に」「13　気候変動に具体的な対策を」「14　海の豊かさを守ろう」「15　陸の豊かさを守ろう」など，身近なことで取り組めることを考えてみることも大切である。

2) 緑（植栽）の活用

緑（植栽）は生活者に安らぎや癒しを与えてくれるだけでなく，日射の調節，延焼防止等に加え都市のヒートアイランド現象を緩和する効果も期待されている。夏季のアスファルトの表面温度は50℃にも達するが，芝等の地被性植物の草地表面だと21℃まで下がり，さらに建物前面の高木植栽により緑陰が創出され，涼しい風が住宅内に流れ快適な室内環境の創出につながる（図10-2-3）。緑（植栽）の効果は屋上緑化や壁面緑化，さらにはツル性植物を活用した緑のカーテンも有効である。

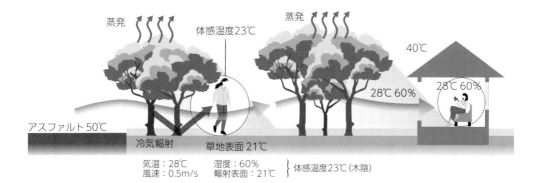

図 10-2-3　植栽・地表面と住まいの微気候の関係
（出典：環境共生住宅推進協議会（編）「環境共生住宅 A－Z」ビオシティ，1999，p.25 をもとに作成）

3) 水の活用

南西諸島の伝統的な住宅では，住宅の屋根に降った雨水を貯水し利用することが継承されてきた。今日においては，屋根に降った雨水を地下貯水槽に貯め，トイレの洗水や打ち水，庭の草木への散水等に利用する住宅もみられ，雨水の効果的な利用がなされている。特に，一般家庭におけるトイレに使用する水量は全体の 20 ～ 25% を占めており，節水の効果も期待できる。また，夏季の日中に庭や路地に打ち水をすると路面温度を約10℃低下させ，路面から受ける放射熱を低減させる効果が期待できる。その際，上述の雨水利用に加え風呂の残り水等も活用するとよい。そうした生活文化の継承・創造の取り組みは，災害時の非常用水源としての活用も期待できる。

(1) 採光・照明と照度

　採光とは，室内の光環境を調節するために，窓などの開口部を通して外部から自然光を導入することで，自然採光ともいう。自然採光は，省エネルギーや持続可能な社会の構築の視点からも室内に上手く導入することが望まれるが，直射日光の侵入は様々な室内環境への影響を制御するため，建物外部に設置する庇やルーバー等に加え，室内ではブラインド等を使用して遮蔽することが大切である。

　照明とは，室内の天井等に設置された照明器具で室内を照らして明るくすることで，人工照明ともいう。一日を通して室内の適切な明るさを確保するためには，照明は欠かせない。

　室内が適切な明るさであるかを確認するには，照度を測定することになるが，住宅の照度基準はJISの規格（JIS Z 9110）があり，学校施設の照度については学校環境衛生基準もある。

　学習指導要領解説では，「採光については，勉強や読書をする場合を取り上げるなど，児童の身近な生活と目の健康とを関連させ，適度な明るさを確保する必要とその方法を理解できるようにする。なお，人工照明については，自然採光が不足する場合と関連させて照明の必要性に触れる程度とする。」とあるが，教室のような大空間の場合は日中でも採光だけでは適切な照度を確保することが難しく，照明器具を併用した照度の確保が求められる。

(2) 教室での照度の測定

　教室内の照度を測定する実習を行う場合，教室内の光環境を照明器具の点灯・消灯で操作して実施してみるのもよい(写真10-2-2)。教室の場合，照明器具が3〜4列設置されているが(写真の教室の場合3列)，照明スイッチは二つに集約されていることが多い。照明スイッチ①で廊下側（写真左側）の2列（4列の教室の場合は3列）が，照明スイッチ②で窓側（写真右側）の1列が制御できるようになっているのが一般的である。照度の測定前にケース1〜3の明るさの印象を5段階評価等で実施した後，実際にそれぞれのケースについて照度計を用いて計測する。机の場所によって照度に違いが生じるが，その理由を児童に考察させるとよい。また，日中の晴天の場合，採光が十分確保できるため，照明スイッチ①のみ点灯した状態（ケース2）で概ね適正な照度が確保できるよう照明設計されているが，雨の日や夕方になると照明スイッチ②も点灯しないと適切な照度を確保することができないことがわかる（ケース3）。

（ケース1）　　　　　　　　（ケース2）　　　　　　　　（ケース3）

写真 10-2-2 照明器具を制御し教室内の光環境を操作した様子

(1) 生活と音

　私たちの生活の中には様々な音が存在する。人の話声や足音，車や鉄道の音といった人工的な音もあれば，雨や風，川の流れや波の音といった自然の音もある。騒音に悩まされることもあるが，音楽を楽しんだり，自然の音に癒されたり，虫の音，蛙や蝉の声，鳥のさえずり，雷鳴，風鈴，祭囃子などに日本の豊かな四季を感じることもある。

　音とは空気中を伝わる波動（音波）であり，この音波が鼓膜を振動させ，それが神経により脳に伝わり音として知覚される。音には高さ，強さ，音色の３要素がある。人が感じる音の大きさは周波数によって異なるため，騒音レベルは人の聴覚に近い周波数特性（A特性）で補正して測定する。単位はdB（デシベル）である。音の伝搬には空気中を伝搬する空気伝搬音と固体や液体中を伝搬する固体伝搬音がある。空気伝搬音が空気中に発せられた音が，空気の振動として伝わっていくのに対して，固体伝搬音は建物の床や壁などに与えられた衝撃によって生じた振動が建物内を伝わって，最終的に音として放射される。

(2) 騒音と騒音対策

　騒音とは不快な音，好ましくない音の総称である。何が騒音となるかは個人差が非常に大きく，また同じ人でも時間や状況によって音の感じ方が異なる。例えば自分が好きな音楽も他の人には騒音になり得る。よって音を出す際にはなるべく他人に迷惑を掛けないように気をつけることが基本となる。特に多くの人が集まって暮らす集合住宅では生活騒音が住民同士のトラブルの原因になることも多く，住民相互の配慮が欠かせない。集合住宅では住戸が近接するため空気伝搬音が伝わりやすいことに加えて，固体伝搬音による騒音が問題になる。代表的なものとしてスリッパや椅子を引く音，モノを落とす音が下階に伝わる軽量床衝撃音，子どもが飛び跳ねる音が下階に響く重量床衝撃音がある。他にも，ドアの開閉，トイレやシャワーによる流水や配管の振動，掃除の際の床・壁への衝撃，洗濯機の振動などが躯体を通じて隣接住戸に伝わることがある。

　騒音対策には音の発生を抑えることが効果的であり，工場や建設現場，道路に対しては騒音防止法などによる規制がある。また環境基本法に基づき行政が目標とする基準が定められている。一方，生活騒音の対策としては住まい方の工夫に加えて居住者同士のマナーやルール作りが重要になる。集合住宅では下階に音が響かないようにじゅうたんや防振マットを敷いたり，振動や音を出す機器の置き場所を工夫する，洗濯機や掃除機などを使用する時間帯に気をつけるなどの配慮が不可欠である。各人のマナーによって騒音を防止することが望ましいが，場合によってはマンションの管理規約などのルールを定めることも必要となる。例えば，楽器演奏によるトラブル対策として演奏時間帯を限定したり，防音設備の導入を義務づける規定を定めることが考えられる。また，生活騒音が住民間のトラブルに至るのはコミュニケーション不足が原因であることも多い。互いの生活を理解するために日ごろから近隣の人に挨拶をするなどコミュニケーションを取ることが重要である。

(1) 整理・整とんの意義・目的

　日本では高度経済成長によって生活が豊かになり，耐久消費財をはじめとした多くのモノが家の中に溢れるようになった。モノは生活の利便性を高める一方で，空間を占拠して管理のための手間や時間を奪う。真に豊かな生活に必要なのはモノの多さではなく使いやすさであり，その第一歩が整理・整とんである。整理・整とんされた状態とは物が必要なときに，必要な場所で，すぐに使えるようになっていることで，その意義・目的は以下のとおりである。① 効率性：すぐに使える，探す時間の短縮，空間の有効活用，② 安全性：つまずかない，当たらない，落とさない，災害時の避難経路の確保，③ 経済性：2度買いを避ける，長持ちさせる，効率的になる（時間は金），④ 教育性：計画をたてる，習慣化する，工夫をする，⑤ 精神性：気持ちよさ，きれいになる満足感・達成感，工夫する楽しさ

(2) 整理・整とんの仕方

　整理とは物を必要性や使用頻度などによって分類することである（図10-2-4）。必要性も使用頻度も高い物は使いやすい場所に置く。必要性は高いが使用頻度の低い物は収納する。必要性が低く使わない物は処分することを考える。必要性の判断に迷う物は集めて置いておき，一定期間をあけて再度判断する。処分する際は，単にゴミとして廃棄するのではなく，作り変えて利用する（リフォーム），人に譲って再利用する（リユース），再生利用する（リサイクル）ことを検討する。また，自らの消費生活を見直して不要な物の購入などを控える（リデュース）ことも重要である。

　整とんとは物の置き場所を決め，そこに片付けることである。整理によって物の優先順位をつけ，使用頻度の高い物は机の上や引き出しの手前などの取り出しやすい場所に置く。また，物の形，大きさ，重さなども考慮し，大きく重い物は下の方に置く。さらには目に見える場所に物を置く場合は物の色やデザインを考慮して美しく見えるような工夫をする。使用頻度の低い物や使用する期間や季節が限定されている物は収納する。空間を有効利用し，置き場所を確保する努力も必要である。整理・整とんされた状態を保つためには使った物を元に戻す習慣を身につける。必要に応じて置き場所にラベルを貼るなどすると，何がどこにあるか自分にも家族にもわかりやすいことに加えて，物を戻す場所が明確になる。

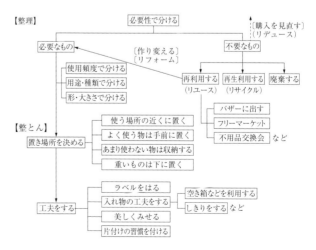

図 **10-2-4**　整理・整とん（出典：家族の生活と住居，櫻井純子編著，明治図書，1994，p.14 をもとに作成）

(1) 家庭科における掃除

　掃除は衛生的な室内環境を維持し，健康で快適な生活を営む上で非常に重要である。さらには住まいの傷みの原因となる汚れを除去するという役割もある。日本のほとんどの学校では，低学年から日々の学校掃除をしており，また，奉仕活動としても掃除をする。家庭科の授業での掃除は，「サボらずに掃除をしよう」というような日々のしつけではなく，「なぜするか」「どのようにするか」という科学的認識や効率を考えさせ，生活の質を高める実践的な態度につながる指導を行う必要がある。

(2) 掃除の計画と実施の流れ

　掃除はまず対象とする場所の汚れの種類や程度を知り，掃除方法や道具などの計画を立てることから始まる。住居内の汚れは土ほこり，綿ほこり，食品くずのように表面にのっている汚れと泥汚れ，油汚れ，手あか汚れ，こげつき，石けんかすなどのように表面材に付着している汚れに大分できる。汚れの種類

表 10-2-1　住居の汚れ落としの方法

方法	場所	道具	特徴・注意点
はたく はらう	天井，棚，カーテンレールの上	羽ぼうき はたき	ほこりを舞い立たせるので，窓をあけて行う。高いところから始め，床に落ちたほこりを掃き集める。
はく	床 （木材など）	ほうき	ほこりを空中に舞いあげる。 細かいごみを集めきれない。
ふく からぶき 水ぶき 洗剤ぶき	床（材質による），窓，棚，テーブル，ガス台	ふきん，雑巾 モップ 化学雑巾 洗剤	汚れや材質に応じて，拭き方を選ぶ。洗剤ぶきの場合，最後に水ぶきしておく。
拾う	床，棚	手	目につくごみを拾い集めておき，掃除の時間を短縮できる。
吸い取る くっつける	床	電気掃除機 手動掃除機	汚れを移動させずに集める。 ほうきに比べ，掃除に時間がかかる。

出典：教師養成研究会「小学校家庭科教育研究」p.102 学芸図書（2010.8）

や程度，場所，汚れの付いている部分の材質などによって掃除方法と道具を選択する（表10-2-1）。表面にのっている汚れはほうき，電気掃除機，化学雑巾などで除去し，付着している汚れはからぶき，みずぶき，洗剤ぶきなどを行う。洗剤を使用する場合は品質表示を確認して安全性に注意する。特に，塩素系漂白剤と酸性洗浄剤をまぜると塩素ガスが発生して危険であるため，両者を続けて使わないように注意する。

　掃除を実施するときの流れは準備，掃除，後片付けである。準備は身支度を整え，必要な道具を用意することに加えて，物の整理・整とんを事前に行い，大きなゴミは手で拾い，窓を開け，掃除の支障になるものを一時的に動かすなどして掃除を効率的に行える環境を整える。掃除の順序は，① はたく，② はく・吸い取る，③ ふく・こする，が基本となる。加えて，作業は「上」から「下」へ，「奥」から「手前（出入口側）」へ進める。後片付けは使用した道具をキレイにして片付け，異動させた物を元に戻す。また，不用品を掃除に利用したり，洗剤の代替品を使うことで環境への負荷を低減できる場合があるので工夫する。不用品の利用には窓ガラスを拭くときに古新聞を使う，古い歯ブラシを細かい部分の汚れ落としに使う，古いシャツなどを拭き掃除に使う，などが可能である。また，洗剤の代替品としては重曹を台所の油汚れや手あか，湯あか落としに使用する，酢を水あかや石けんかすなどの水周りの軽い汚れを落とすのに使うなどがある。

第3節　中学校における住生活の学習への繋がり

　小学校の住生活内容では，快適な住まい方に関する知識及び技能を身に付け，住生活の課題を解決する力を養い，住生活をよりよくしようと工夫する実践的な態度を育成することが，中学校の住生活の内容では，家族の生活と住空間との関わり，住居の基本的な機能，家族の安全を考えた住空間の整え方に関する知識及び技能を身に付け，これからの生活を展望して，住生活の課題を解決する力を養い，住生活を工夫し創造しようとする実践的な態度を育成することがねらいとされている。

表 10-3-1　小・中学校の住生活の評価規準

	小 学 校	中 学 校
知識及び技能	・住まいの主な働きが分かり，季節の変化に合わせた生活の大切さや住まい方について理解している。 ・住まいの整理・整とんや清掃の仕方を理解しているとともに，適切にできる。	・家族の生活と住空間との関わりが分かり，住居の基本的な機能について理解している。 ・家庭内の事故の防ぎ方など家族の安全を考えた住空間の整え方について理解している。
思考力，判断力，表現力等	季節の変化に合わせた住まい方，住まいの整理・整とんや清掃の仕方について問題を見いだして課題を設定し，様々な解決方法を考え，実践を評価・改善し，考えたことを表現するなどして課題を解決する力を身に付けている。	家族の安全を考えた住空間の整え方について問題を見いだして課題を設定し，解決策を構想し，実践を評価・改善し，考察したことを論理的に表現するなどして課題を解決する力を身に付けている。
学びに向かう力，人間性等	家族の一員として，生活をよりよくしようと，快適な住まい方について，課題の解決に向けて主体的に取り組んだり，振り返って改善したりして，生活を工夫し，実践しようとしている。	家族や地域の人々と協働し，よりよい生活の実現に向けて，住居の機能と安全な住まい方について，課題の解決に主体的に取り組んだり，振り返って改善したりして，生活を工夫し創造し，実践しようとしている。

　少子高齢社会の進展や自然災害への対策を踏まえ，小・中学校の系統性が図られるとともに，健康・快適・安全，生活文化の継承の視点から内容の整理が行われた。具体的には，健康・快適の視点では，これまで中学校で扱っていた「音と生活との関わり」が小学校に移行され，小学校から，暑さ・寒さ，通風・換気，採光，音のそれぞれを相互に関連づけて，快適な住まい方の学習の充実が図られた。安全の視点では，中学校で扱う「住居の基本的な機能」のうち，「風雨，寒暑などの自然から保護する働き」を小学校の「住まいの主な働き」として扱うこととし，小学校の段階から，安全の視点と関連させて住生活の大切さを気付かせ，中学校において，幼児や高齢者の家庭内の事故を防ぎ，自然災害に備えるための住空間の整え方を重点的に扱えるように，安全な住まい方の学習の充実が図られた。生活文化の継承の視点では，小学校において，和室の畳の清掃の仕方に触れるとともに，季節の変化に合わせた住まい方の学習を踏まえて，中学校において，我が国の伝統的な住宅や住まい方に見られる様々な知恵に気付き日本の生活文化を継承する学習の充実が図られた。

表 10-3-2　住生活における育成を目指す資質・能力

	小 学 校	中 学 校
住まいの働き機能	・過酷な自然から人々を守る生活の器としての働きがわかるようにする。	・心身の安らぎと健康を維持する働き，子どもが育つ基盤としての働きなどがあることを理解できるようにする。
住まい方	・季節の変化に合わせて自然を生かして生活することの大切さについて理解できるようにする。 ・暑さ・寒さへの対処の仕方やそれらと通風・換気との関わり，適切な採光及び音と生活との関わりについて理解できるようにする。	・家族がどのような生活を重視するのかによって住空間の使い方が異なることを理解できるようにする。 ・家族が共に暮らすためには，住生活に対する思いや願いを互いに尊重しながら調整して住空間を整える必要があることを理解できるようにする。
住空間の整え方	・気持ちよく生活するために，住まいの整理・整とんや清掃が必要であることが分かり，身の回りの整理・整とんや清掃の仕方を理解し，適切にできるようにする。	・家族が安心して住まうためには，住空間を安全な状態に整える必要があることが分かり，家庭内の事故を防ぎ自然災害に備えるための住空間の整え方について理解できるようにする。
生活文化の継承	・昔と今の住まい方を比べる活動を取り入れるなどして住まい方における日本の生活文化に気付くことができるようにする。	・畳，座卓，座布団などを用いた我が国の座式の住まい方が現代の住居に受け継がれていることが分かり現代の住居には和式と洋式を組み合わせた住空間の使い方の工夫があることに気付くようにする。

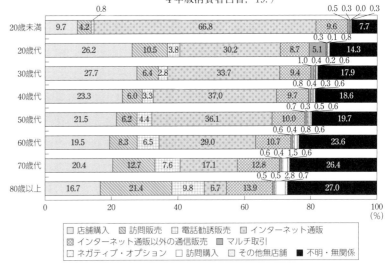

第11章　消費生活・環境の指導に必要な基礎知識

第1節　消費生活・環境に関する子どもの実態

1. 子どもの消費生活の変化

　私たちの消費生活はネットショッピングに依存したものに変化している。総務省「家計消費状況調査」によると，ネットショッピングの支出額は増加している[(1)]。この背景には，インターネットの普及に加え，2020年から始まったコロナ禍もある。人との接触を避け，家にいる時間が増えたからこそ，人々の消費行動はネットショッピングへと移行した。

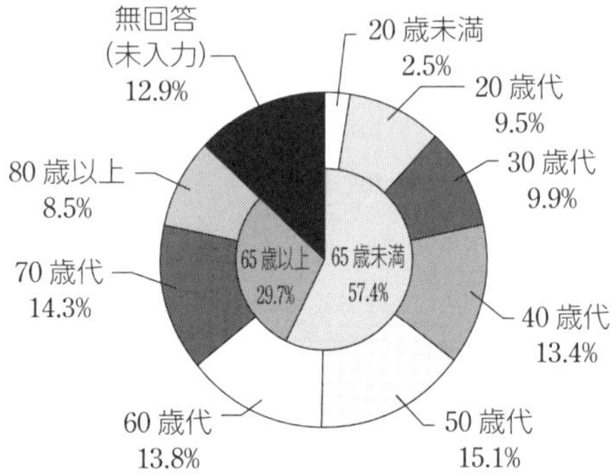

　こうした中で，消費生活相談件数は近年減少しており[(2)]，望ましい傾向といえる。一方，消費生活相談の契約当事者の属性を年齢層別にみると，「20歳未満」は2.5%，「20歳代」は9.5%であり，この二つの年齢層の間に大きな差がある（図11-1-1）。

図 11-1-1　消費生活相談の契約当事者の属性（2021年）（出典：消費者庁（2022）. 令和4年版消費者白書，19.）

図 11-1-2　消費生活相談の販売購入形態別割合（年齢階層別・2021年）（出典：消費者庁.（2022）. 令和4年版消費者白書，24.）

つまり，2022年4月より前の成人年齢20歳になると相談件数が一気に増えている。成人年齢が18歳に引き下げられ，今後10代の消費者問題増加が懸念されている。販売購入形態別の消費生活相談割合の推移を年齢別にみると，20歳未満では，7割近くが「インターネット通販」に関する相談で,他の年齢層に比較して顕著に多い（図11-1-2）。「インターネット通販」には，

インターネットゲーム等も含まれる。このインターネットゲーム（オンラインゲーム）は，子どもの消費者問題として増加している。国民生活センターによると，オンラインゲームに関する相談が年々増加し，相談件数の内訳をみると小学生が最も多く約半数を占め，次いで中学生，高校生となっている[3]。

2. 子どもを取り巻く地球環境の変化

世界100カ国以上で活動する環境保全団体，WWF（世界自然保護基金）は，「地球が生物多様性と気候変動という2つの危機に直面しており，今がその危機に対応できる最後のチャンスである」[4]

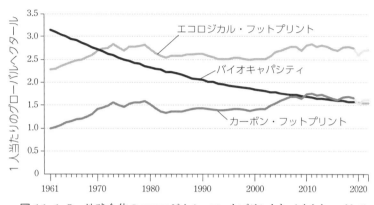

図11-1-3 地球全体のエコロジカル・フットプリントとバイオキャパシティ
（出典：WWFジャパン．（2022）．生きている地球レポート2022, 68.）

という。日本人が2018時点と同じ生活を続けていくと2.8個分の地球の生産力が必要とされる[4]。世界全体でも，1.75個の地球が必要である[4]。2019年，国連の地球温暖化サミットで，当時16歳のスウェーデンの環境活動家，グレタ・トゥーンベリさんは，「世界の気温上昇を1.5度以内に抑えられる可能性は50％しかありません。（中略）私たちにとって，50％のリスクというのは決して受け入れられません。その結果と生きていかなくてはいけないのは私たちなのです。」[5]と演説した。大人はもちろん，子どもたち自身も地球環境の変化を自分事として考え，できることを行動に移していくことが求められている。図11-1-3のように，2020年，地球のバイオキャパシティ（生態系の再生能力）に対して，人間のエコロジカル・フットプリント（消費するすべての再生可能な資源を生産し，人間活動から発生する二酸化炭素を吸収するのに必要な生態系サービスの総量）は75％も超過している。カーボン・フットプリント（化石燃料の燃焼やセメント生産において排出された炭素量）を削減するには，環境負荷の少ない物を選んだり，生産に必要な資源や廃棄物を減らしたり，太陽光や風力など再生可能エネルギーを活用したりすることが考えられる。

註
(1) 総務省．（2022）．家計消費状況調査．
(2) 消費者庁．（2022）．令和4年版消費者白書．
(3) 独立行政法人国民生活センター．（2021）．報道発表資料「スマホを渡しただけなのに…」「家庭用ゲーム機でいつの間に…」子どものオンラインゲーム課金のトラブルを防ぐには？．
(4) WWFジャパン．（2022）．生きている地球レポート2022. https://www.wwf.or.jp/activities/lib/5153. html，閲覧日2022.10.28.
(5) NHK政治マガジン．https://www.nhk.or.jp/politics/articles/statement/23238.html，閲覧日2022.3.21.

第 2 節　消費生活・環境の基礎知識

1	消費者の役割	学習指導要領の用語 消費者の役割・身近な物の選び方， 購入するために必要な情報の収集・整理

(1) 消費者の行動のもつ意味

　私たちは生活に必要なものを購入し，それを使用して廃棄する，ときには再使用・再利用している。現在の家庭生活は消費行動によって成り立っており，この一連の行為が消費行動である。

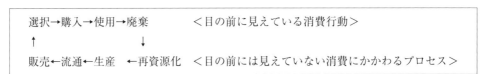

図 11-2-1　消費行動に含まれる意味

　図 11-2-1 に示したように，消費行動は目の前に見えている部分と，そこに至るまでの見えていない消費にかかわるプロセスがある。現代社会は高度化・複雑化しているので，購入した商品について，生産履歴や廃棄後の状況を把握するのは困難である。このような状況下で生活が成り立っている。見えていないプロセスでは事業者が関わっているので，モノやサービスの選択・購入は事業者を評価することでもあり，お金による投票行為といえる。私たち消費者が，このような権利を持っていることを自覚したい。一方で，私たちの消費行動は自然環境へ負荷を与えている。消費行動はライフスタイルを規定するとともに，地球の未来を決める責任をともなう行動でもあることも自覚したい。

(2) 消費者の権利と責任

　国際消費者機構では，消費者には下表のとおり，八つの権利と五つの責任があるとしている。

表 11-2-1　消費者の権利と責任

消費者の八つの権利		消費者の五つの責任
1 安全である権利	5 保障を受ける権利	1 批判的意識をもつ責任
2 知らされる権利	6 消費者教育を受ける権利	2 主張し行動する責任
3 選択する権利	7 生活に基本的ニーズが満たされる権利	3 社会的弱者へ配慮する責任
4 意見が反映される権利	8 健康な環境の中で働き生活する権利	4 環境へ配慮する責任
＊ 1〜4 の権利はケネディ大統領が提唱		5 連帯する責任

　わが国では消費者基本法にも示され，消費者教育推進法においても「消費者が主体的に消費者市民社会の形成に参画することの重要性について理解及び関心を深める」ことが求められており，その核心にあたる概念でもある。消費者教育推進法では消費者市民社会の説明の中で「自らの消費生活に関する行動が現在及び将来の世代にわたって内外の社会経済情勢及び地球環境に影響を及ぼし得るものであることを自覚して，公正かつ持続可能な社会の形成に積極的に参画する社会」と示されており，責任の認識をより強化することが求められている。消費者の権利と責任の両方を認識して行使できることが消費者の役割といえる。

（1）物と金銭

学習指導要領において，小学校では「物と金銭の使い方」，中学校では「金銭の管理」を扱うよう示されている。消費生活の基本として小学校では，買物（物の購入）の仕方の前に，自分や家族の生活を支えている要素として，買物に必要な金銭の有限性や，すでに家庭で所有している物や資源を有効に使うことの重要性に目を向けるよう求められている。

金銭の有限性として，家庭で扱う金銭つまり家庭の収入等が，多くの場合，家族の労働の対価であり，限りある生活資源であることを確認させたい。その上で，生活に必要な食材や衣服，生活用品，水や電気等を無駄なく使うことは，限られた金銭を生かすことでもあるとの基本を押さえたい。これらを理解できるようにすることが「物と金銭の使い方」の学習内容であるために，小学校で取り上げる買物の仕方では，まず買物ありき，ではなく，購入する以外に入手する方法がないか，本当に購入が必要であるか，購入する物の要・不要などを検討することが大切である。

なお近年のキャッシュレス化により，子ども自身が，買物の支払い時に交通系のプリペイドカードなどを使ったり，保護者がクレジットカードやデビットカード，QRコード決済を使う場面を目にしたりする機会は増えている。またオンライン経由の消費行動の普及

で，オンラインゲーム等への課金や，動画や音楽等のサブスクリプションのようなサービスの消費も身近になっている。こうした実態に応じた学習内容の検討は大切であるが，小学校の段階では，色々な事象を網羅することよりも，できるだけ具体的な事物を扱い，実感をもって消費生活の基本的な仕組みや原理をとらえられるよう教材を工夫しよう。

（2）家庭の収入と支出

収入と支出の基本的な構成を図11-2-2に示す。小学校段階では，上述の収入の有限性とともに，実支出のうち消費支出の大まかな内容に気付いた上で，子ども自身が扱える物や金銭の範囲で意思決定を行わせたい。なお，家庭の収入と支出内容が，世帯構成や家庭のライフスタイル・価値観によっても異なる点には十分留意しておきたい。

図11-2-2　収入と支出の構成

収入	実収入	経常収入（勤め先収入，事業・内職収入，財産収入，社会保障給付，仕送り金）
		特別収入（受贈金，その他）
	実収入以外	預貯金引出，保険受取金，借入金，有価証券や財産の売却，その他
	繰入金	前月の月末における世帯の手持ち現金

支出	実支出	消費支出（食料，住居，高熱・水道，家具・家庭用品，被服及び履物，保険医療，交通，通信・教育，教養娯楽，その他）
		非消費支出（所得税，住民税，その他税金，社会保険料など）
	実支出以外	預貯金（預入），保険掛け金，借金返済，財産購入など
	繰越金	当月末における世帯の手持ち現金

（総務省「家計調査2021年報」の分類に基づき作成）

(1) 契約とは

契約とは，法的な拘束力を持つ約束のことであり，消費者と事業者の両者の合意により成立し，一旦，成立した契約は一方的に解除できないことを理解させる必要がある。小学校では売買契約を扱う。本当に必要かどうか吟味する能力が求められる。実際の売買場面（例えばコンビニエンスストアなど）では，一言も話さず，書面もなくても，商品をレジに持って行けば，事業者は購入意思があると認識し，売りたいという事業者の意思と合致していることが暗黙の了解となっており，消費者は商品の代金を支払い，事業者は完全な商品を販売する。契約は必ずしも書面を作成する必要はなく，原則，口約束でも成立する。ただし，契約をするかどうか，誰とどのような内容や方式で契約するのかについては，自由に決められる状態が前提である（契約自由の原則）。ただ，トラブル防止のため，契約内容は可能な限り書面に残し，後日確認できるようにしておくとよい。

(2) 契約の無効・取り消し・解除となる場合

無効となる場合は，契約そのものに問題がある場合である。例えば，意思能力のない人の契約，公序良俗に違反した契約，示し合わせて結んだうそ（虚偽表示）の契約，一方的に消費者に不利益な内容の契約条項は無効となる。取り消しができるのは，錯誤や詐欺・脅迫，事業者の不当な勧誘等で誤認や困惑による契約，未成年者などによる契約である。解除できる場合は，当事者の一方が契約内容を守らない（債務不履行）場合，契約内容と違う場合（数や品質など），訪問販売や電話勧誘販売などの特定商取引法に該当する販売で問題があった場合，クーリング・オフが適用される場合等である。

(3) 契約概念についての小中高の系統性

キャッシュレス化の進展，18歳成年，それにともなう問題状況として，消費者被害の低年齢化が危惧されており，新学習指導要領の浸透が求められている。これまで中学校以降で扱われていた契約概念を小学校で扱うことは特筆すべき点であり，小学生にどのように理解させるのか工夫が求められる。また，今回の改訂では小中高の系統性も強調されており，契約概念については，小学校では対面での売買契約（二者間）を扱い，契約の基礎を理解させ，中学校では近年増加している対面ではない場面（例えば，インターネットショッピングやオンラインゲーム等の課金，動画や音楽等のサブスクリプションサービス利用等）で，どの段階で契約が成立するのか，対面と異なる点や注意すべき点はどこにあるのか等を認識させる必要がある。小学校では従来通り，プリペイドカードや商品券を扱っているが，高校で扱われていたクレジットカードに関する内容は中学校で扱うこととなり，中学校で三者間契約を扱うこととなった。高校では卒業後の就職に関連して労働や賃貸住宅，保険や金融商品などに関わる内容等，書面で契約内容を確認するようなより複雑な契約も扱っている。このような契約に関する小中高の系統性をふまえて小学校では基礎を押さえることが重要である。

参考文献
「くらしの豆知識　2022年版」独立行政法人国民生活センター，2021年8月発行

(1) ニーズ（needs）とウォンツ（wants）

　まず，買う前にその商品やサービスが本当に必要なのか，欲しいだけなのかというニーズとウォンツを意識化することが大切である。その必要性には，実際に使う場面やこれまでの使い方を想起し，どのような品質・価格・見た目や好みのものが求められるのかを吟味する作業が必要である。実際の生活の中で，毎回，そのようなことを行うのは難しいからこそ，家庭科の学習としてシミュレーションし，保有している持ち物の管理や購入について考える機会をもつことに意味がある。

(2) 意思決定

　意思決定には下図のような六つのプロセスがあるとされており[注1]，これらを買物場面にあてはめ吟味する学習が求められる。

図 **11-2-3** 意思決定のプロセス

(3) 優先順位

　意思決定のプロセスを認識し，プロセス③において解決策を考える際に以下の点から自分の状況に応じて，何を優先すべきか考えることである。自分が持っている選択肢として，購入だけでなく，もらう・借りる・代用する・共有する・作るなどの選択肢を検討する。購入にあたっては，どこで購入するか（店舗かインターネットか等）や支払い方法（プリペイドカードや商品券等）の多様化をふまえて検討する。その他，オンラインゲームのアイテム購入など，目の前で現金が支払われなくても購入しているものが身近にあることにも注意を向けさせたい。予算についても，こづかい額や調理実習の材料費などを設定し，考えさせるとよいであろう。購入するものの価格が予算オーバーの場合の解決方法を自分で考える機会も持たせたい。安易にねだるのではなく，貯金をするなど長中期的な期間で購入計画を考えることの必要性にもふれることが必要だろう。

(4) 振り返り・フィードバック（意思決定プロセス ⑥）

　さらに購入後についても，使用状況（取り扱い方・使用頻度など）や廃棄方法などの確認を行い，買物の振り返りをすることで，次のよりよい買物につなげていきたい。

注
注1）　野中美津枝．（2016）．CHECK！意思決定のプロセスと資源の活用．監修日本消費者教育学会関東支部．編著神山久美・中村年春・細川幸一．新しい消費者教育〜これからの消費生活を考える．67．慶應義塾大学出版会．

(1) 品質表示

　技術革新が進んで商品の効用や機能が高度化したり，原材料や商品の流通過程が複雑になったりすることで，消費者が商品の品質を一目で判断することが困難になってきた。そこで，消費者が商品を選択する際の判断材料としたり，適切に使用したりするために付けられているのが品質表示である。表示される主な内容は，その商品の素材や組成，機能や効用である。

　どのような内容を表示するかは，「食品衛生法」，「薬事法」，「電気用品安全法」，「家庭用品品質表示法」などの法律で義務づけられている。例えば，「家庭用品品質表示法」で対象となっている衣服やカーテンなど多くの「繊維製品」は，使われている繊維の名称や混用率などの組成表示，洗濯などの取り扱いを示す洗濯表示，表示者と連絡先が表示事項になっている（図11-2-4）。また，「雑貨工業品」に含まれる洗剤や石けんの場合，表示者と連絡先の他，図11-2-5の例に示すように品名や成分，使用上の注意など7項目が指定されている。

　なお品質表示については，不適切な表示により不利益を被らないように「不当景品類及び不当表示防止法」が制定され，不当な表示は排除・是正される仕組みがあることも確認しておきたい。

綿　　　　55% ポリエステル　45% 〔30〕〔洗濯〕〔アイロン〕〔F〕 株式会社○○商事 連絡先　03-0000-0000	品　名:台所用合成洗剤　　液　性:弱アルカリ性 正味量:200 ml　　　　　使用量の目安:・・・・ 用　途:食器・調理器具，スポンジ，プラスチックまな板，ふきん（除菌） 成　分:界面活性剤（34%　アルキルエーテル硝酸エステルナトリウム・・・・・・ 使用上の注意:用途外の使用不可。子供の目の届かない・・・ ○○ジャパン（株）　連絡先 0120-000-000
図 **11-2-4**　繊維製品の品質表示の例	図 **11-2-5** 合成洗剤の品質表示の例

(2) 身の回りのマーク

　マークには国や自治体，業界団体などが安全性や品質について基準を定めているものや，エネルギーの使用やリサイクルの度合い，廃棄の際の分別収集など環境への配慮を示したマークもある。

SGマーク	STマーク	エコマーク	再生紙使用マーク	国際エネルギースターロゴ
			古紙パルプ配合率100%再生紙を使用	
製品安全協会が安全と認証した製品	おもちゃの安全基準に基づいて適合した製品	環境保全型製品	再生紙使用製品	オフィス機器の国際的省エネルギー制度に適合した製品

図 **11-2-6**　安全や環境に関するマークの例

　目的に合った商品の上手な選択や購入のために，子どもが，身の回りの商品にどんな品質表示やマークが付いているか，なぜ付いているのか関心を持てるようにしたい。その上で，簡単な表示やマークの意味を理解したり，その情報を確認する必要性を考えさせたりしよう。

(1) 倫理的消費（エシカル消費）とは

　消費者庁では2015年5月から2年間にわたり「倫理的消費」調査研究会を開催し，倫理的消費について，「地域の活性化や雇用なども含む，人や社会・環境に配慮した消費行動」と定義し，消費者基本計画にも明示された。倫理的消費に関する現状は，消費者庁が実施した「エシカル消費（倫理的消費）に関する消費者意識調査報告書（2020年2月調査）によると，エシカル消費に関連する言葉（エコやフェアトレード等）の認知度は2016年度調査に比し全体として上昇したものの「エシカル消費」については前回より倍増しても12.2%であった。認知度は低いものの，「エシカル」について興味があると回答した人は大幅に増加し59.1%となった。まだ多くの人々にとっては耳慣れない言葉だと思うが，SDGsとも関連してよりよい社会に向けた消費のあり方として関心が高まっている。

　「倫理的消費」調査研究会は平成29年4月に結果をとりまとめた。その概要版「〜あなたの消費が世界の未来を変える〜」では，倫理的消費について「消費者それぞれが各自にとっての社会的課題の解決に取り組む事業者を応援したりしながら消費活動を行うこと」としている。具体的には次のように整理されている。

表11-2-2　倫理的消費（エシカル消費）の配慮の対象とその具体例

配慮対象	具体例
人	障がい者支援につながる商品 （ユニバーサルデザインや障碍者が生産・販売している商品など）
社会	フェアトレード商品 寄付付の商品（震災復興支援等の寄付付商品・各種支援団体への寄付付商品）
環境	エコ商品・リサイクル製品（アップサイクルを含む）資源保護等の認証がある商品
地域	地産地消・被災地産品
その他	動物福祉・エシカルファッションなど

2017（平成29）年4月「倫理的消費」調査研究会とりまとめ概要版[注1]に基づき，一部加筆

　表中のフェアトレードの定義として広く認められているものとして，フェアトレード団体のネットワーク組織FINEが2001（平成13）年に策定した「フェアトレードの定義と原則」がある。「フェアトレードとは，より公正な国際貿易をめざす。対話と透明性，互いの敬意に基づいた貿易のパートナーシップであるフェアトレードは，とくに南（途上国）の立場の弱い生産者や労働者に，よりよい貿易条件を提供し，その権利を守ることによって，持続可能な発展を支援する。」というものである。具体的には日本ではコーヒー，チョコレート，服飾品などがある。

　アップサイクルとは，デザインによってリサイクル商品に付加価値を付けたものである。その他，震災復興支援の寄付金付の各種商品（Tシャツ・食品など）が身近なものとして挙げられる。

注
注1）消費者庁．https://www.caa.go.jp/policies/policy/consumer_education/consumer_education/ ethical_study_group/ 閲覧日 2022.10.21

（1）環境に配慮した生活

　環境に配慮する意味で使われるエコとは，生態系や自然環境保全の意味をもつエコロジー（Ecology）の略である。日常生活の様々な場面で環境を意識するためには，普段の自分や家族の選択や行動について，意思決定のプロセスや大事にしている価値観を見えるようにして検討していくことが大切である。

　環境に配慮した生活や資源を有効に使う生活について，家庭科では，子どもに身近な衣食住の生活それぞれに関連づけて学習することができる。例えば，気候にあった日常着や住まい方を考える場合，暑さ，寒さへの対応をどうするかだけでなく，適切な衣服を選んだり，通風や日光を利用する工夫をしたりすることと，冷暖房の省エネルギーの関係に思考が向くように働きかけたい。調理実習で使う食材に目を向ければ，フードマイレージや食品ロスについて考えることもできるし，調理の過程でも省エネルギーや廃棄物の処理など，環境配慮行動を実践的・体験的にできる。整理整とんや清掃の実習，布を用いた製作なども同様に，使う道具や素材，手順などについて教材研究を深め，用いる素材の選択や合理的な行動が，環境に配慮した生活に直結することをとらえさせたい。

（2）資源の有効利用

　大量生産・大量消費・大量廃棄の社会と決別し，資源・エネルギーの消費を抑制し，環境負荷を減らす循環型社会を構築していくために，図11-2-7に示すような基本原則を押さえたい。授業では，5Rの優先順位を考えたり，消費者としてできるゴミの分別や削減，水や電気，ガスの使い方，再利用や詰め替え可能な商品の選択など具体的な行動を想起したりして，実践につなぐようにしたい。

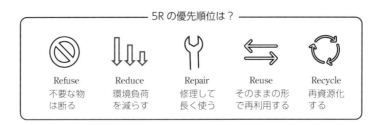

図11-2-7　循環型社会に必要な基本原則

（3）他教科等との関連からみた家庭科的環境教育のアプローチ

　環境や資源について，自然環境や産業との関わりで学習する理科や社会科に対し，家庭科では，自分や家族の生活の営みと環境との関わりに目を向けて，環境に配慮した行動を工夫し，実践することに意味がある。総合的な学習の時間も含め，各教科等の特質を生かしながら教科横断的な学習を組み，繰り返しライフスタイルや生活の価値観を揺さぶり，環境配慮行動の習慣化を図りたい。

1. 消費生活

　子どもたちの中には小学生前から自分で買物をしている者もいる。家庭科を学ぶ小学校高学年の段階では，買物の仕組みは契約で成り立つという概念をしっかりと押さえたい。つまり，契約は買う人と売る人の合意の上に成立することを捉えさせ，契約と契約ではないことの違いがわかるようにする。買う人にはお金を払う義務，売る人には商品を渡す義務があり，自分の都合でどんな時でも，どんな商品でも返却できるわけではないことも理解できるようにする。

　消費者の役割としては，欲しいものか，必要なものか，また，環境への負荷もよく考えて買うことの大切さを指導したい。困った時には，家族や先生などに相談し，地域の消費生活センターにも相談できることも触れておこう。

　物や金銭の大切さでは，お金がいつでもいくらでもあるものではないことに気付かせ，家族の労働があって家庭で使える金銭が得られることを理解できるようにする。また，近年ではプリペイドカードや電子マネーなど見えないお金も同じように大切なお金であることを捉えさせる。

　物や金銭の計画的な使い方では，物を長く使うことで環境の負荷が小さくなることに気付き，どのようにしたら長く使えるかを考えさせたい。自分で自由に使えるおこづかいをもらう子どももいるため，計画的に使えるよう，計画を立て，貯蓄することで，適切な物を無駄なく買えるようにする。

　身近な物の選び方では，商品に付けられている安全，品質，環境に関する表示を確認することや，環境に配慮されているか，長く使えるかなどを考えられるようにする。

　身近な物の買い方では，いくらで買うか，いつ買うか，どこで買うか，どれくらい買うかなどを考える必要があることを理解させる。学習指導要領では，地域や児童の実態に応じて，通信販売を扱うことになっているが，ネットショッピングが身近な買い方になってきていることから，買い方の一つとして触れておくとよいだろう。

　また，購入に必要な情報を収集・整理することで，よりよい買物ができるよう指導する。そのためには，具体的な場面を想定して，情報・収集をし，値段や分量，品質，買い方についても比較し，購入計画を立てるという活動から工夫を考えさせ，実践につなげられるようにする。

　中学校の消費生活に関する学習では，小学校における「買物の仕組み」の学習を踏まえ，売買契約は法律上の責任と義務がともなう行為であることを理解させたい。増加しているネットショッピングで活用されることが多いクレジットについても，中学生において保護者のクレジットカード等の利用実態がある上，中学生自身の将来的な利用も考えられることから，三者間契約で成り立っていることについて理解できるようにする。

　また，中学校の学習では，「物」に加えて，「サービス」の選択・購入の内容も含まれている。バスに乗るなど，小学生でもサービスを購入していることがあるが，中学生では行動範囲が広がり，バスや電車の交通サービスに加え，学校段階が上がるにつれて増えるスマホの利用で，音楽や漫画，ゲームなどのネット上のサービスの購入が多くなる実態がある。そうしたネット

ショッピングの利用，さらにキャッシュレス化の進行とともに，それらに付随する消費者被害の増加がある。中学校では，このことを自覚させ，被害に巻き込まれないためには，小学校の学習でも扱った情報の収集と整理の必要性と共に，契約内容の確認を行うことが重要であることに気付けるようにする。

支払い方法については，小学校でも扱う前払いのプレペイドカードに加えて，デビッドカードなどの現金以外の即時払い，前述したクレジットカードやキャリア決済による後払い，そしてコード決済などについても扱い，それぞれの利点や注意点についても理解できるようにする。

さらに，消費者支援には，小学校でも扱った消費生活センターなどの相談機関があることを再確認するとともに，具体的な消費者被害の例やクーリング・オフ制度についても取り上げる。その際，ネットショッピングを含む通信販売には，クーリング・オフ制度が適用されないことにも注意させたい。

物やサービスの選択に必要な情報を活用して考え，工夫する活動では，コンピュータやタブレットなどの情報機器も活用して調べたり，考えをまとめたり，発表したりすることも考えられる。

2. 環　境

学校段階に限らず，自分の生活は家族や地域社会とつながっていることを理解させたい。その時，自分が影響を受けているだけではなく，影響を与えることにも気付かせたい。だからこそ，環境に配慮した物の使い方をすることで，自分や家族の生活もよりよくなっていくことを考えられるようにする。

小学校では，具体的に，電気，ガスなどの使い方や，ごみを減らすことなどを取り上げ，環境に配慮した生活を考える活動から，工夫し，実践につなげられるようにする。

中学校では，自分の消費生活が家族や地域だけではなく，国，世界，そして地球環境ともつながっていることを理解させたい。消費者基本方法を踏まえ，消費者としての権利と責任を自覚し行動することで，物やサービスの向上や，環境負荷の軽減になることにも気付けるようにする。衣食住に関わる資源は持続可能な使い方をしていくことができるよう工夫を考えさせ，実践につなげられるようにする。

表11-3-1　小中学習指導要領の比較（消費生活・環境）

小学校	中学校
（1）物や金銭の使い方と買物	（1）金銭の管理と購入
ア (ｱ) 買物の仕組みや消費者の役割が分かり，物や金銭の大切さと計画的な使い方について理解すること。 (ｲ) 身近な物の選び方，買い方を理解し，購入するために必要な情報の収集・整理が適切にできること。 イ　購入に必要な情報を活用し，身近な物の選び方，買い方を考え，工夫すること。	ア (ｱ) 購入方法や支払い方法の特徴が分かり，計画的な金銭管理の必要性について理解すること。 (ｲ) 売買契約の仕組み，消費者被害の背景とその対応について理解し，物資・サービスの選択に必要な情報の収集・整理が適切にできること。 イ　物資・サービスの選択に必要な情報を活用して購入について考え，工夫すること。
（2）環境に配慮した生活	（2）消費者の権利と責任
ア　自分の生活と身近な環境との関わりや環境に配慮した物の使い方などについて理解すること。 イ　環境に配慮した生活について物の使い方などを考え，工夫すること。	ア　消費者の基本的な権利と責任，自分や家族の消費生活が環境や社会に及ぼす影響について理解すること。 イ　身近な消費生活について，自立した消費者としての責任ある消費行動を考え，工夫すること。
	（3）消費生活・環境についての課題と実践
	ア　自分や家族の消費生活の中から問題を見いだして課題を設定し，その解決に向けて環境に配慮した消費生活を考え，計画を立てて実践できること。

平成29年告示学習指導要領より，筆者編集

【資 料 編】

1. 家庭科教育関連年表

その 1：家庭科設置以前

年	家政・家事・裁縫, 女子教育に関する事柄	教育全般に関する主な事柄	社会・生活の主な出来事
1871 M4		文部省設置	「戸籍法」制定 廃藩置県（3 府 302 県）
1872 M5	女児小学校に「手芸」設置 東京女学校創立	「学制」発布 「小学教則」「中学教則」発布	身分制を皇族・華族・士族・平民に
1879 M12	初等学校,「裁縫」等の科目設置	天皇「教学聖旨」提示 「教育令」公布（学制廃止）	沖縄県を置く コレラ大流行
1881 M14	小学校解説綱領により女児に「裁縫」, 及び「家事経済」設置	「小学校開設綱領」設定（小学校は初等・中等・高等の三等になる）	国会開設勅諭 「監獄則」改正
1882 M15	東京女子師範学校附属高等女学校で「家庭・育児」新設		日本銀行開業 上野動物園開園
1886 M19	高等小学校での「裁縫」週 2 ～ 6 時間に	文部省に視学官を設置 「小学校令」「師範学校令」「中学校令」「諸学校通則」公布	コレラで 10 万人, 天然痘で 1 万人, 腸チフスで 9 千人死亡
1887 M20	「大日本婦人教育会」創立		「保安条例」公布
1890 M23	「裁縫」が尋常小学校の女児に随意, 高等小学校で必修科目に 高等女学校で「家事・裁縫」必修,「手芸」随意科目に	「教育ニ関スル勅語」発布 「小学校令」改正（1886 年「小学校令」廃止）	第一回総選挙 第一回帝国会議開会 コレラで 3.5 万人死亡
1891 M24	高等女学校が尋常中学校の一種に	「小学校教則大綱」制定（学級編成等に関する規則） 「中学校令」改正	足尾鉱毒事件起こる
1893 M26	女子の就学促進のため小学校科目になるべく「裁縫」を加える訓令		「戦時大本営条例」公布
1894 M27	「女子高等師範学校規程」制定		「日英通商航海条約」調印 日清戦争勃発
1895 M28	「高等女学校規程」公布（修業年限 6 年, 尋常小学校 4 年終了者が入学）「家事・裁縫」「手芸」「技芸専修科」		「下関条約」調印 三国干渉 コレラで 4 万人死亡
1900 M33	高等小学校の「裁縫」に衣類の保存・材料・選択に関して規定 成瀬仁蔵ら日本女子大学設立（1901 年開校）	「小学校令」改正（尋常小学校を 4 年制に統一） 「小学校令施行規則」制定	「治安警察法」公布 「未成年者禁煙禁止法」公布 金融恐慌 北清事変
1901 M34	「高等女学校令施行規則」制定（「家事」「裁縫」に徳育・知育を強調）	「中学校令施行規則」制定	官営「八幡製鉄所」操業開始 「増税諸法」公布
1902 M35	菊池文相, 全国高等女学校長会での訓示で良妻賢母を指示 高等女学校での修身・しつけ教育の強化	小学校就学率, 初の 90％台	第一回日英同盟締結 国勢調査に関する法律を公布
1903 M36	「高等女学校教授要目」制定（家事の細目を示し, 実習重視を指示）	「専門学校令」公布 「小学校令」改正（国定教科書制度成立, 教育内容の国家統制強化）	「平民社」結成
1904 M37		文部省, 学生の徴兵忌避に厳重警告の訓示 小学校国定教科書の使用開始	「肺結核予防令」公布 日露戦争
1905 M38	文部省, 女学校に思想取締について訓令		日本海海戦 「日露講和条約」締結

年	家政・家事・裁縫, 女子教育に関する事柄	教育全般に関する主な事柄	社会・生活の主な出来事
1907 M40		「小学校令」改正（尋常科6年, 高等科2年） 「師範学校規程」公布 「中学校令」「女学校令」改正（中学校および高等女学校入学資格, 尋常小学校卒業程度とする）	株価暴落
1908 M41	小学校令及び同施行規則中改訂（尋常及び高等小学校で「裁縫」必修科目） 「女子師範学校」を「東京女子師範学校」と改称 「奈良女子高等師範学校」設置		「監獄法」公布 「警察犯処罰法」公布
1910 M43	「高等女学校令」改正（実科高等女学校の設置認可） 実科高等女学校（「裁縫」「理科及び家事」）	「師範学校要目」制定	大逆事件検挙開始 韓国併合
1911 M44	高等女学校及び実科高等女学校教授要目を制定	「小学校令」改正	関税自主権の回復
1912 M45	「小学校令施行規則」改正（高等小学校, 理科の中で家事の大要を教える）	・	大正と改元
1914 T3	「女子高等師範学校規程」改正（学科を文科・理科・家事科に）		「新戸籍法」公布 第一次世界大戦に参戦
1915 T4	「高等女学校令施行規則」改正（「家事・裁縫」の時間増）		対華21ヶ条要求
1919 T8	小学校令及び同施行規則中改訂（高等小学校で女児に「裁縫・家事」が理科から独立し教科目に）	「小学校令」「中学校令」「帝国大学令」改正	「結核予防法」「トラホーム予防法」公布 国際連盟規約・国際労働機構に加盟
1920 T9	「高等女学校令」改正（5年制高女, 高等科, 専攻科の設置認可） 「高等女学校施行規則」改正	森戸事件 「教科書調査会」設置 「実業学校令」改正	戦後恐慌起こる 第一回メーデー
1923 T12	「女子教育振興委員会」結成	「盲学校及聾唖学校令」公布（道府県に設置義務化）	関東大震災
1926 T15 S1	小学校令及び同施行規則中改訂（「家事」「裁縫」高等小学校で必修科目）	「幼稚園令」「青年訓練所令」公布 「小学校令」改正	「労働争議調停法」「治安警察法」公布
1932 S7	「高等女学校令改正施行規則」改正	「学校医職務規程」「学校歯科医職務規程」制定	第一次上海事変 満州国建国宣言 五・一五事件
1937 S12	中・師範・高等女・実科高等女・高等学校高等科の教授要目を改訂 青年学校教授及訓練要目で「家事及び裁縫科」の教授内容明示	文部省「国体の本義」諸学校に配布 「文教審議会」設置 「教育審議会」設置	日中戦争 「母子保護法」「保健所法」公布
1939 S14	「青年学校令」改正（家事及び裁縫科を家庭科に名称変更）	「師範学校教授要目」改訂 「青年学校教育費国庫補助法」公布 文部省, 大学での軍事教練必修を通達	「国民職業能力申告令」公布 「国民徴用令」公布
1941 S16	国民学校令施行規則（初等科は芸能科に「裁縫」, 高等科は芸能科に「家事・裁縫」を設置）	文部省に「体育局」設置 「国民学校令」公布（「小学校」を「国民学校」と改称, 国民科, 理数科, 体練科, 芸能科） 大学・専門学校の修業年限臨時短縮	「国防保安法」公布 日ソ中立条約締結 太平洋戦争（米・英に宣戦） 「国民徴用令扶助規則」公布
1943 S18	高等女学校の家事科・裁縫科は家政科に	「中等学校令」公布 「専門学校令」「師範学校令」改正 「大日本教育会」設置 「教学錬成所」設置	「国民徴用令」改正 学徒出陣始まる

その **2**：家庭科教育の歴史

年	家庭科教育に関する事柄	教育全般に関する主な事柄	社会・生活の主な出来事
1945 S 20	「女子教育刷新要項」閣議決定（女子事項等教育機関を開放，男女共学の実施）	文部省，終戦の詔書に関して訓令し教学再建を要望 文部省「新日本建設ノ教育方針」発表 GHQ内に民間情報教育局（CIE）設置 GHQ「日本教育制度に対する管理政策」発表（軍事主義的，超国家主義的教育禁止）	「ポツダム宣言」を受諾し終戦 「連合国軍総司令部（GHQ）」設置 民主化に関する五大改革をマッカーサーが指令 「衆議院議員選挙法改正」公布（婦人参選権確立等） 「労働組合法」公布 国際連合成立 JIS規格スタート
1946 S 21	文部省「新教育指針第三分冊」（女子教育の向上）発行 文部省，男女共学実施を指示	GHQ，第一次米国教育使節団来日，同報告書発表 「教育刷新委員会」設置 ガリオア資金による学校給食開始	「日本国憲法」公布 第1回国民体育大会
1947 S 22	「学習指導要領家庭科編（試案）」発表（小学校5・6学年の男女に週3時間必修） （中学校，家庭科は「職業」科の中の1科目に）	ララ物資による小学校給食（副食のみ）開始 「学習指導要領一般編（試案）」発表 「教育基本法」「学校教育法」公布 新学制による小学校・中学校発足（6・3制） 「日本教職員組合（日教組）」結成 文部省「あたらしい憲法のはなし」発行	「労働省」発足 「労働基準法」公布 「改正刑法」公布 「改正民法」公布（家制度廃止） 「児童福祉法」公布 「食品衛生法」公布
1948 S 23	CIE，小学校家庭科存廃論の開始 文部省「新制女子大学」認可 「学習指導要領家庭科編（高等学校用）（試案）」発表	「新制高等学校」発足 「教育委員会法」公布 「教育指導者講習（IFEL）」開始	「優性保護法」公布 国連総会「世界人権宣言」採択 母子手帳の配布開始 「消費生活協同組合法」公布 主婦連合会（主婦連）結成 「国民栄養調査」実施
1949 S 24	小学校家庭科存廃論の審議 「新制高等学校教科課程中職業教科の改正について」通達（家庭技芸など17科目） 「新制中学校の教科と時間数の改正について」通達（「職業・家庭科」に改称） 「学習指導要領家庭科編高等学校用」発表 「日本家政学会」設立	「教育公務員特例法」「教育職員免許法」「社会教育法」「私立大学法」公布 「日本教育大学協会」発足 「教育刷新審議会令」「教育課程審議会令」公布	ドッヂライン 中華人民共和国成立 家庭裁判所を全国49箇所に開設
1950 S 25	教育課程審議会（教課審）「小学校の教育課程をどのように改善すべきか」答申（小学校家庭科存置決定） 「全国家庭科教育協会（ZZK）」結成 文部省「職業教育における職業・家庭科について」通達	「国立大学協会」創立 「第二次米国使節団報告書」発表 文部省「日本における教育改革の進展」発表	「公職選挙法」公布 「朝鮮戦争」勃発 「警察予備隊令」公布 「生活保護法」公布 「日本食品標準成分表」発表 「JISマーク」制定 「建築基準法」公布
1951 S 26	教育課程審議会「小学校家庭科の教育について」（小学校家庭科5・6年で特設決定） 文部省「小学校における家庭生活指導の手引き」発行 「中学校・高等学校学習指導要領職業・家庭科編（試案）改訂版」発表 高等学校学習指導要領家庭科編（家庭と家庭技芸） 「全国高等学校長協会家庭部会」結成	「産業教育振興法」公布 「中央産業教育審議会令」公布 「小学校学習指導要領一般編（試案）改訂版」発表	「中央社会福祉協議会」設立 「消費生活協同組合（生協）」創立 「社会福祉事業法」「改正結核予防法」公布 「児童憲章」公布 「世界保健機構（WHO）」「国際労働機関（ILO）」「ユネスコ」に加盟 「サンフランシスコ平和条約」「日米安全保障条約」調印

年	家庭科教育に関する事柄	教育全般に関する主な事柄	社会・生活の主な出来事
1952 S 27	「ホームプロジェクトの手引き」発行 ZKK「高等学校における家庭科を女子に必修とする件」請願書提出	学校給食を全国の小学校に拡大 「中央教育審議会令」公布 日本経営者団体連盟（日経連）「新教育制度の再検討に関する要望」発表 日教組「教師の倫理綱領」決定 「父母と先生全国協議会（PTA）」結成	「琉球中央政府」発足 「農地法」公布 「破壊活動防止法」公布 「栄養改善法」公布 白黒テレビ生産開始 小型電気冷蔵庫発売 「母子福祉資金の貸与等に関する法律」公布
1953 S 28	中央産業教育審議会（中産審）「中学校職業・家庭科教育の改善について」建議 「全国高等学校家庭クラブ連盟」結成 「高等学校家庭課程について」通達 全国高等学校長協会家庭部会，家庭科は少なくとも女子必修をと要請	「全国同和教育研究協議会」結成 中央教育審議会（中教審）「義務教育に関する」答申 文部省「教育白書」発表	「日本婦人団体連合」結成 「スト規制法」成立 奄美群島が日本に復帰 「朝鮮休戦協定」調印
1954 S 29	「高等学校教育課程の改訂について」通達（女子家庭科4単位履修望ましい） 日本教育学会「高等学校教育課程改訂についての意見」発表 都立高校家庭科2単位男女共修実施	中教審「教員の政治的中立性維持に関する」答申 教育二法（教育国民特例法の一部を改正する法律」「義務教育諸学校における教育の政治的中立の確保に関する心事措置法」）公布 日経連「教育制度に関する要望」提出（性別特性の強調） 「理科教育振興法令」公布	「厚生年金保険法」全面改正 電気洗濯機の普及始まる
1955 S 30	文部省「小学校における家庭生活指導の実際例」発行 教課審，「高等学校職業課程における教育課程について」答申（教科名「家庭」に統一）	中教審，教科書制度の改善を答申 「高等学校学習指導要領一般編」発行（コース制導入） 「産休補助教員設置法」公布	原水爆禁止世界大会（広島） 「原子力基本法」公布 森永ヒ素ミルク事件 関税及び貿易に関する一般協定（GATT）正式加盟 「繊維製品人質表示法」公布
1956 S 31	「小学校学習指導要領家庭科編」発表（内容は5領域，5・6学年特設） 全国高等学校長協議会家庭部会「家庭一般4単位女子に必修」など陳情 ZKK「文部省に家庭一般女子必修」要望書提出 「高等学校学習指導要領家庭科編改訂版」発表（一般家庭が家庭一般に，女子4単位履修）	「学校給食法」改正（中学校に拡大） 「地方教育行政の組織及び運営の関する法律」公布 「任命制教育委員会」発足 日経連「新時代の要請に対応する技術教育に関する意見」発表 「地方教育行政の組織及び運営に関する法律」公布（教育委員会公選制から任命制に） 文部省「小・中・高校全国抽出学力調査」実施	「日ソ国交回復に関する共同宣言」調印ソビエト連邦との国交回復 国際連合に加盟 「売春防止法」公布 経企庁「経済白書」「国民生活白書」発表
1957 S 32	日教組第6次全国教研，家庭科分科会発足 「中学校学習指導要領職業・家庭編改訂版」発表	小・中学校の「道徳」の実施要領通知 中産審「中堅産業人の養成について」建議 中教審「科学技術教育の振興方策について」答申 文部省，科学技術振興方策発表 日経連「科学技術教育振興に関する意見書」発表	衆院「原水爆禁止」決議 南極昭和基地開設 ソ連人工衛星「スプートニック1号」打ち上げ 日本原子力発電設置 既製子供服JIS適用
1958 S 33	小学校，4領域 中学校，「技術・家庭科」となり，一教科男女二系列 日本教育学科「科学技術振興方策に関する意見書」提出 「日本家庭科教育学会」創立	教課審「小学校・中学校教育課程の改善について」答申 「学校保健法」公布 中教審「教員養成制度の改善方策について」答申 学校教育法施行規則一部改訂 「小学校学習指導要領」「高等学校学習指導要領一般編改訂版」告示	関門トンネル開通 「職業訓練法」公布 米人工衛星「エクスプローラ」打ち上げ 「水質保全法」「工場廃水規制法」公布 「国民健康保険法」公布 初インスタントラーメン発売

年	家庭科教育に関する事柄	教育全般に関する主な事柄	社会・生活の主な出来事
1959 S34	職業・家庭科教師の再教育開始 ZKK「高等学校女子に家庭科4単位必修とすることの必要性について」決議，請願書提出	「日本学校安全法」公布 中産審「高等学校における職業教育の改善について」建議 文部省「我が国の教育水準」発表 中教審「特殊教育の充実振興について」答申	「メートル法」施行 「児童福祉法」「自衛隊法」改正 国連「児童の権利宣言」採択 「最低賃金法」「国民年金法」公布
1960 S35	「全国高等学校家庭科技術検定委員会」発足（全国実施） ZKK，高等学校家庭科を女子に必修とすることの請願書を再度提出 「高等学校学習指導要領」告知（「家庭一般」4単位普通科女子必修） 「日教組中央教育課程研究委員会家庭科部会」発足	公立小学校の1学級定員を58人から56人に政令改正 教課審「高等学校教育課程の改善について」答申 「高等学校学習指導要領」告示 経済審「所得倍増計画にともなう長期教育拡充計画」答申	「日米新安保条約」調印 三池争議始まる 国民所得倍増計画閣議決定 NHK　民法カラーテレビ放送開始 NHK「国民生活時間調査」開始 厚生省「国民栄養調査実施」実施（国民25％栄養失調）
1961 S36	日教組中央教育課程研究委員会家庭科部会「家庭科の教育内容を系列化する試み」発表 「全日本中学校技術・家庭科研究会」発足	日経連，経団連「技術教育の画期的振興策の確立に関する要望書」提出 「女子教職員の出産に関しての補助教職員の確保に関する法律」公布	「農業基本法」公布 「防衛庁設置法」「自衛隊法」改正・公布 「災害対策基本法」公布 「児童扶養手当法」公布
1962 S37	中産審「高等学校家庭科教育の振興方策について」建議（男女特性教育の必要性）	「工業高等専門学校」発足 池田首相「人づくり政策」表明 「小・中学校全国一斉学力調査」実施	キューバ危機 中性洗剤の有害性社会問題化 「家庭用品質表示法」制定 少年犯罪・校内暴力増加
1963 S38	「全国小学校家庭科教育研究会」創立	経済審「経済発展における人的能力開発の課題と対策」答申 小学校新入生に教科書無償配布 「義務教育書学校の教科用図書の無償措置に関する法律」公布	「老人福祉法」公布 規制背広服・婦人服に JIS 適用 公立学童保育所開設（東京都内）
1964 S39	文部省，家庭教育資料第一集「子どもの成長と家庭」発表（全国に家庭学級設置）	小学校教科書の広域採択 厚生省，「看護制度に関する意見」発表（看護科設置要望）	東京オリンピック 主婦のパートタイマー増 「母子福祉法」公布 肥満，体力低下，朝食を食べない学童が問題に
1965 S40	厚生省「保母試験受験資格の認定基準の取扱について」通知（高等学校保育科第三学年在学中の受験を認可） 「家庭生活問題審議会」設置	家永三郎，教科書検定違憲訴訟起こす	国連総会「人種差別撤廃条約」採択 「日韓基本条約」調印 「国民生活審議会」発足 「母子保健法」公布
1966 S41	中教審第20特別委員会報告，女子に対する教育的配慮 「日教組中央教育課程研究委員会」解散（家庭科部会が発展解消し「家庭科教育研究者連盟」発足） 「国民生活審議会」答申	中教審「後期中等教育の拡充整備について」答申（別記「期待される人間像」） 婦人少年問題審議会「中高年婦人の労働力有効活用に関する建議書」	総人口1億人突破 国連総会「国際人権規約」採択（79/6/21 日本批准） 「厚生年金基金制度」発足 「雇用対策法」「特別児童扶養手当法」公布
1967 S42	理産審「高等学校における職業教育の多様化について」答申（秘書，洋裁，和裁等14学科新設） 家庭生活問題審議会「家庭生活の新しいあり方」		国連総会「女子差別撤廃宣言」採択（79/12「女子差別撤廃条約」採択） 欧州共同体（EC）成立 東南アジア諸国連合（ASEAN）結成 「公害対策基本法」公布
1968 S43	小学校，4領域変わらず 理産審「高等学校における職業教育の多様化について」答申（服飾デザイン科等の新設について） 家庭生活問題審議会「あすの家庭生活のために」答申	文部省「家庭の生活設計」発行 教課審「中学校の教育課程の改善について」答申 「小学校学習指導要領」告示 文部省，教科書検定基準改訂を告示	「消費者保護基本法」公布 「大気汚染防止法」「騒音規制法」公布 「繊維製品の取扱に関する表示記号及びその表示方法」制定 「都市計画法」公布 GNP 世界2位に

年	家庭科教育に関する事柄	教育全般に関する主な事柄	社会・生活の主な出来事
1969 S 44	「小学校指導書・家庭科編」発行 教課審「高等学校教育課程の改善について」答申（高校家庭科女子特性・家庭責任の強調）	「中学校学習指導要領」告示 日経連「教育の基本問題に関する産業界の見解と提言」発表 理産審「高等学校における情報処理教育の推進について」建議 小・中学校全学年の教科書無償供与	初の「公害白書」(72年度版「環境白書」に改題）発表 東名高速道路全通 「新職業訓練法」公布 食品公害問題急増
1970 S 45	「高等学校学習指導要領」告示（73年度学年進行で「家庭一般」4単位女子完全必修）	国連提唱による国際教育年 中教審「初等・中等教育の改革に関する基本構造試案」「高等教育改革に関する基本構想試案」発表 「日教組制度検討委員会」発足	「核拡散防止条約」調印 日本万国博覧会 公害対策関係14法案成立 沖縄に「売春防止法」公布 「国民生活センター法」公布（国民生活センター発足） 「家内労働法」公布
1971 S 46	放送大学実験放送開始（家政学，教育工学，経済学，文学） 日本家庭科教育学会「家庭科教育構想小委員会」発足 「大学家庭科教育研究会」設立	「小学校児童指導要録」「中学校生徒指導要録」改訂（通知表記載様式自由化） 中教審「今後における学校教育の総合的な拡充整備のための基本的施策について」答申（第3の教育改革）	「沖縄返還協定」調印 日本マクドナルド1号店開店 政府，円の変動相場制採用 「環境庁」発足 「児童手当法」公布 日本玩具協会安全玩具（ST）マーク実施
1973 S 48	小学校家庭科廃止論 日教組教育制度検討委員会「第三次報告」（家庭科は総合学習的取扱） 高校「家庭一般」女子必修始まる 家庭科教育研究者連盟，家庭科教育男女共修の必要性強調	筑波大学法案成立 教課審発足，小・中・高教育の再編成	「ベトナム平和協定」 水俣，森永ヒ素ミルク中毒公害裁判勝訴 第一次オイルショック 「厚生年金法」「国民年金法」改正
1974 S 49	「家庭科の男女共修をすすめる会」発足	「義務教育諸学校の教育職員の人材確保に関する特別措置法」成立 「学校教育法」改正（教頭法制化等） 「学校給食法」一部改正（学校栄養職員として，栄養士） 日教組最終報告「日本の教育改革を求めて」 「日教組中央教育課程検討委員会」発足	「自然保護憲章」制定 「日本消費者連盟」結成 「国土利用計画法」公布
1976 S 51	日教連「教育課程改善試案」，小学校家庭科廃止論 参院文教委員会，家庭科の集中審議 教課審「小学校・中学校・高等学校の教育課程の基準の改善について」答申（家庭科は実践的・体験的な学習の教科，中学校男女別学習，高校の女子のみ必修は現状維持） 全国高校長協会家庭部会，教科書の審議のまとめに賛同する決議「家庭一般女子必修についての考え」発表 家庭科の男女共修を進める会，教課審へ署名・要望書提出 全国高校長協会家庭部会「男子の家庭科はいらぬ」が毎日新聞に掲載	日教組中央教育課程検討委員会「教育課程改革試案」発表（家庭科全体構想試案） 理産審産業教育分科会職業教育の改善に関する答申	ロッキード事件発覚 「訪問販売等に関する法律」公布（クーリングオフ制度） 「民法」「戸籍法」一部改正（離婚後の婚氏続称制度を新設）
1977 S 52	小学校，家庭領域削除 中学校，技術・家庭科，一部相互乗り入れ	「大学入試センター」発足 「小学校学習指導要領」告示 「中学校学習指導要領」告示	「婦人の十年国内行動計画」発表 「日米漁業協定」調印（200カイリ宣言）
1978 S 53	「高等学校学習指導要領」告示（「家庭一般」女子4単位必修，男子選択履修する場合についての注意明記）	「高等学校学習指導要領」告示 中教審「教育の資質能力の向上について」答申	「日中平和友好条約」調印

年	家庭科教育に関する事柄	教育全般に関する主な事柄	社会・生活の主な出来事
1979 S 54	男女共修進める会「技術・家庭科の男女共修をどうすすめるか」発行	国立大学，共通一次学力試験実施 養護学校の義務制実施	元号法案成立 国際児童年 第二次オイルショック 国連で「女子に対するあらゆる形態の差別の撤廃に関する条約」採択
1980 S 55	文部大臣，初等中等教育局長「家庭一般女子必修は差別撤廃条約で許容される」と答弁	文部省，小・中学校の指導要録改訂を通知	水俣患者を国が初認定 「女子差別撤廃条約」に日本が署名 農政審，日本型食生活提唱 既製衣料サイズ表示の統一
1981 S 56	日本弁護士連合会「高等学校家庭科女子のみ必修についての意見書」公表	中教審「生涯学習について」答申 自民党教科書問題小委員会，教科書制度の全面検討開始 自民党教員問題小委員会，教員の資質改善に関する提言	国際障害者年
1983 S 58	第 13 期中教審教育内容等小委員会，技術・家庭について意見聴取，高校教育を討議	中教審「教科書のあり方について」答申（採択の広域化，無償制度） 文部省「荒れる教室実態調査」結果発表 文部省「学力調査」実施（中 3） 「学校における適切な進路指導について」通達（偏差値重視是正）	青函トンネル貫通 サラ金規制 2 法を施行
1984 S 59	文部省，家庭科教育に関する検討会議発足（高校家庭科男子必修も検討） 全国高等学校長協会家庭科部会「高等学校における家庭科教育のあり方について」発表 衆院文教委員会，家庭科審議 全国高等学校 PTA 連合大会，家庭一般の現行履修形態の存続を決議	世界を考える京都座会「学校教育活性化のための 7 つの提言」発表 文部省「児童の日常生活に関する調査」結果発表 「臨時教育審議会（臨教審）設置法」成立 文部省，小学校における個人差指導推進の事例集を作成，配布	「健康保険法」改正（本人負担1 割） 「国籍法」「戸籍法」改正 「総務庁」発足（総理府・行管庁統合）
1985 S 60	文部省，教課審に「技術・家庭，高校家庭科の履修形態のあり方などについて」諮問 女性による民間教育審議会発足	臨教審「教育改革に関する第一次答申」公表（個性重視，学歴社会是正等） 法務省，いじめ問題に積極的に取り組むよう通達	「国民年金法」改正（基礎年金導入，被扶養妻の年金権確立） 「健康づくりのための食生活指針」発表（1 日 30 品目の摂取提唱） 「労働者派遣事業法」成立 「男女雇用機会均等法」公布 「女子差別撤廃条約」批准
1986 S 61	臨教審（家庭科教育の活性化） 教課審「教育課程の基準の改善に関する基本方向について」中間まとめ公表（家庭科男女必修）中学校に「家庭生活」と「情報基礎」，高等学校に「生活技術」「生活一般」の新設を提言	「学校給食所要栄養量基準」「標準食品構成表」改訂 臨教審「教育改革に関する第二次答申」公表（生涯学習体系への移行等）	筑波科学万博 チェルノブイリ原発事故 「老人保健法」改正公布（老人保健施設創設）
1989 S 64 H1	小学校，「住居と家族」が「家族の生活と住居」へ 中学校，「家庭生活」他 4 領域が必修に 高等学校，「家庭一般」「生活技術」「生活一般」から男女とも一科目選択必修	「小学校学習指導要領」告示（生活科新設） 「中学校学習指導要領」「高等学校学習指導要領」告示 文部省「新教科用図書検定規則・規準」公示	元号「平成」に 「エイズ予防法」公布 国連「子どもの権利条約」採択 中国天安門事件 ベルリンの壁消滅
1990 H2		大学入試センター試験制度開始 「生涯学習振興法」成立 小・中学校で 40 人学級全面実施 小・中学校の登校拒否 4.7 万人	農水省「日本型食生活指針」発表 厚生省，高齢者が 10％突破と発表

年	家庭科教育に関する事柄	教育全般に関する主な事柄	社会・生活の主な出来事
1991 H3	家庭科の指導要録に「生活を創意工夫する能力」の観点新設	小・中学校の指導要録改訂 中教審「新しい時代に対応する教育の諸制度の改革について」答申 全国中学・高校教師向け環境教育の手引き書作成	「湾岸戦争」勃発 閣議，海上自衛隊掃海艇のペルシャ湾派遣決定 環境庁「レッドデータ・ブック」刊行
1992 H4	日本家庭科教育学会「家庭科教育事典」出版 「家庭科教員をめざす男の会」結成	小学校用「環境教育」指導資料作成・配布 「学校教育法施行規則」一部改正（学校5日制，月1回実施） 「エイズに関する指導の手引き」公表	「暴力団対策法」施行 国連，環境と開発に関する国際会議（地球サミット） 経済審「生活大国5か年計画」答申
1993 H5		文部省，業者テスト禁止を全国に通知 「教員の心の健康管理について」提言	「労働基準法」改正（週40時間労働制へ） 欧州連合（EU）発足 国連世界人権会議（「ウィーン」宣言採択） 「環境基本法」公布
1994 H6	高校での家庭科男女必履修開始（実質的に小学校から高校まで家庭科が共修に）	「学校教育法施行規則」一部改正（学校5日制，次年度から月2回）	「児童の権利条約」公布 政府，消費税5％など税制改革大綱を決定 「製造物責任（PL）法」公布 「年金改革法」「国民年金法」改正
1995 H7		文部省，いじめ問題緊急会議の報告を受け，いじめの問題の解決のための方策等を通知	「地方分権推進法」公布 「育児休業・介護休業法」公布 阪神・淡路大震災発生 地下鉄サリン殺人事件
1996 H8	日本家庭科教育学会「第15期中教審の「審議のまとめ」への意見書」提出	中教審「21世紀を展望した我が国の教育の在り方について（第1次答申）」公表（生きる力，学校週5日制，総合的な学習の時間等） 文部省，学校基本調査で登校拒否8万人突破と発表	社会保障制度審議会「介護保険制度の制定について」答申 男女共同参画推進本部「男女共同参画2000年プラン」策定
1997 H9	「家庭科の男女共修を進める会」解散 日本家庭科教育学会「家庭科の21世紀プラン」発行	文部省，小・中学校の通学区制緩和促進を通達 議員立法で「介護等体験特例法」成立 中教審「21世紀を展望した我が国の教育の在り方について（第2次答申）」公表（入試改革，中高一貫教育等）	香港，中国に返還 「臓器移植法」成立 「アセスメント法」公布 「均等法」「労基法」改正・公布（99/4施行，女性の差別禁止等） 消費税率5％実施 「容器包装リサイクル法」施行 「介護保険法」成立
1998 H10	小学校，衣・食・住・家庭生活の4領域 中学校，「生活の自立」「家族家庭生活」に柱立て変更 高校，「家庭基礎」2単位「家庭総合」4単位「生活技術」4単位から1科目選択	教課審「教育課程の基準の改善について」答申（学校週5日制，総合的な学習の時間新設） 「小学校学習指導要領」「中学校学習指導要領」「高等学校学習指導要領」告示	中央省庁等改革基本法成立 「災害救援法」成立 「消費生活協同組合法」50周年記念
1999 H11		文部省，国立大学法人化を表明 教育職員養成審議会「養成と採用・研修との連携の円滑化について」答申（企業研修を提言）	欧州単一通貨ユーロ発足 「国歌・国旗法」成立 オウム二法（「団体規制法」「被害者救済法」）成立 「男女共同参画社会基本法」成立
2000 H12	日本家庭科教育学会「家庭科教育50年–新たなる軌跡を求めて–」出版 全国家庭科教育協会50周年記念式典	「学校教育法施行規則」等一部改正（学校評議員制度） 教課審「児童生徒の学習と教育課程の実施状況の評価の在り方ついて」答申（絶対評価と「個人内評価」）	「憲法調査会」設置

年	家庭科教育に関する事柄	教育全般に関する主な事柄	社会・生活の主な出来事
2001 H13	日本家庭科教育学会「充実した高等学校家庭科の学習を保障するために」発表	「文部科学省」設置（文部省と科学技術庁が統合） 文科省「レインボープラン」決定	「ミレニアム開発目標（MDGs）」が発効 中央省庁，1府12省庁へ再編 米国で同時多発テロ
2002 H14	全国高等学校家庭クラブ連盟50周年記念式典開催	文科省「確かな学力向上のためのアピール『学びの進め』」公表 文科省，小・中学生に「心のノート」配布	日朝首脳会談
2003 H15		教課審「初等中等教育における当面の教育課程及び指導の充実・改善方策について」答申（確かな学力）	「有事法制関連3法」成立 イラク戦争 「イラク復興支援特別措置法」成立
2004 H16	日本家庭科教育学会「Home Economics in JAPAN」発行	中教審「食に関する指導体制の整備について」答申（栄養教諭制度） 国立大学法人化 PISA2003，TIMSS2003結果，学力低下が指摘	「裁判員法」成立 「有事法制関連7法」成立 自衛隊イラク派遣 新潟中越地震発生
2005 H17	日本家庭科教育学会「今こそ家庭科の重要性を訴える」発表	中教審「子どもを取り巻く環境の変化を踏まえた今後の幼児教育の在り方について」答申 「栄養教諭制度」「食育基本法」の施行	「京都議定書」発効 「郵政民営化法」公布
2006 H18	高等学校における家庭科の必履修科目未履修問題が全国的に判明 全5,408校のうち663校（12.3%）（公立：371校，私立：292校）	中教審，小学校での英語必修化を提言 文科省「いじめ自殺の緊急実態全国調査」実施 改正「教育基本法」公布・施行	日米政府「在日米軍再編合意」 「就学前保育等推進法」公布（認定子ども園）
2007 H19	日本家庭科教育学会「家庭科教育の重要性についての意見書」発表	改正児童虐待防止法の成立 改正少年法が成立	「国民投票法」成立 郵政民営化開始 慈恵病院「赤ちゃんポスト」設置許可 100歳以上3万人超え
2008 H20	小学校「家族」「食」「衣・住」「消費・環境」の4領域	「小学校学習指導要領」告示 「中学校学習指導要領」告示 教職大学院発足 教員免許の更新時講習試行開始	リーマンショック 観光庁発足
2009 H21	国立教育政策研究所「技術・家庭における基礎・基本となる知識・技能，生活活用力に関する調査」集計結果発表	文科省「学校における携帯電話等の取扱い等について」通知	消費者庁発足 裁判員制度施行
2010 H22	「生活やものづくりに必要な学びの充実をめざすネットワーク」発足	公立高等学校授業料無償化開始 生徒指導に関する学校・教職員向けの基本書「生徒指導提要」配付	子ども手当支給開始 日本振興銀行破綻（初のペイオフ）
2011 H23	日本家政学会「東日本大震災生活研究プロジェクト」の発足		東日本大震災（3/11）M9.0 福島原発事故
2012 H24	日本家庭科教育学会「Home Economics in JAPAN 2012」発行	中学校及び特別支援学校中学部の新学習指導要領全面実施 中学校での武道必修化開始 文科省「いじめの実態について」全国調査	東京スカイツリー開業 地上デジタル放送へ完全移行
2013 H25		いじめ防止対策推進法成立 「公立高等学校に係る授業料の不徴収及び高等学校等就学支援金の支給に関する法律の一部を改正する法律」成立	「特定秘密保護法」成立
2014 H26			消費税8% 集団的自衛権行使容認（閣議決定）

年	家庭科教育に関する事柄	教育全般に関する主な事柄	社会・生活の主な出来事
2015 H27	日本家庭科教育学会「中学校技術・家庭科及び高等学校家庭科の単位（時間）数確保の要望」の提出		マイナンバー制度制定 安保法成立 「女性活躍推進法（女性の職業生活における活躍の推進に関する法律）」が成立 18歳選挙権成立
2016 H28	次期学習指導要領案で，小中の内容が「家族・家庭生活」「衣食住の生活」「消費生活・環境」に統一 NHK Eテレ「カテイカ」放送開始	中教審「幼稚園，小学校，中学校，高等学校及び特別支援学校の学習指導要領等の改善及び必要な方策等について（答申）」	「持続可能な開発目標（SDGs）」が正式に発効 熊本地震 祝日「山の日」（8/11）施行 新取扱い絵表示施行
2017 H29	小中学校で内容が「家族・家庭生活」「衣食住の生活」「消費生活・環境」に統一	「幼稚園教育要領」「小学校学習指導要領」「中学校学習指導要領」告示	
2018 H30	高等学校で「家庭基礎」「家庭総合」から1科目を選択履修	「高等学校学習指導要領」告示	「18歳成人」改正民法成立 西日本豪雨 カジノ法成立
2019 H31・R1	日本家庭科教育学会「未来の生活をつくる　家庭科で育む生活リテラシー」発行	「公立の義務教育諸学校等の教育職員の給与等に関する特別措置法」改正	天皇の退位，即位により元号「令和」に 消費税10%
2020 R2	日本家庭科教育学会大会オンラインで開催	新型コロナウイルス感染症の拡大により全国小中高等学校等の一斉休校，「GIGAスクール構想」前倒しによる1人1台端末の普及が加速	新型コロナウイルス感染症対策の特別措置法に基づく初の緊急事態宣言
2021 R3	新型コロナウイルス感染症対応として調理実習等の学習の実施が一部困難に	大学入学共通テスト開始 中教審「『令和の日本型学校教育』の構築を目指して～全ての子供たちの可能性を引き出す，個別最適な学びと，協働的な学びの実現（答申）」	東京オリンピック2020開催
2022 R4	国際家政学会「家政学：持続可能な開発への飛躍」をテーマに米国で開催		「18歳成人」施行 ロシア軍ウクライナ侵攻

参考図書

・柳昌子・野村泰代編『家庭科の授業と家政学』北大路書房，1989
・柳昌子・甲斐純子編『家庭科教育の実践力』建帛社，2000
・日本家政学会編『家庭科教育50年』建帛社，2000
・柳昌子・中屋紀子編『家庭科の授業をつくる』学術図書出版社，2009
・中西雪夫・小林久美・貴志倫子編『小学校家庭科の授業をつくる』学術図書出版社，2017

2. 小学校・中学校「教材整備指針」（家庭科, 技術・家庭科（家庭分野）関連）

教材整備にあたっての留意点（抜粋）

1. 右表の考え方により教材整備の目安を番号により示している。各学校及び教育委員会においては、これらの目安を参考にしつつ、各教材の必要数量（整備目標）を定めるなどして、計画的な整備を図ることが望まれる。

2. 「新規」欄には、「教材機能別分類表」（平成23年4月28日付け23文科初第182号））に例示した教材との比較において、新規に例示した教材に「○」印を、例示内容を一部見直した教材に「△」印を付しているので、教材整備の参考とされたい。

番号	整備の目安
①	1校あたり1程度
②	1学年あたり1程度
③	1学級あたり1程度
④	8人あたり1程度
⑤	4人あたり1程度
⑥	2人あたり1程度
⑦	1人あたり1程度
⑧	とりあげる指導内容等によって整備数が異なるもの

＜小学校家庭科＞

機 能 別 分 類	例 示 品 名	目安番号	新規
発表・表示用教材	黒板（栄養黒板, 献立黒板など）	⑧	
	教授用掛図（家族・家庭生活, 衣・食（五大栄養素, 食品の主な働きなど）・住の生活や文化, 消費生活・環境に関するもの）など	⑧	△
	標本（基礎縫い, 布地など）	⑧	
	模型（食品, 献立, 住居など）	⑧	
	教師用教具（裁縫用具, 栄養指導用具など）	⑧	
道具・実習用具教材	カード教材（食品カード, 献立カードなど）	⑧	
（衣生活関連教材）	電気アイロン	⑤	
	アイロン台	⑤	
	噴霧器	⑤	
	電気洗濯機	①	
	手洗い関係用具（洗濯板, たらいなど）	⑥	
	ミシン及び付属品	⑥	
	裁縫板	⑤	
	裁縫用具セット	⑤	
	大鏡	①	
（食生活関連教材）	コンロ	⑥	
	炊事用具セット	⑤	
	鍋類（両手鍋, 片手鍋, フライパンなど）	⑤	
	容器類（しょうゆ・ソース入れ, 油入れなど）	⑤	
	食器類（和食器, 洋食器, はし, スプーン, フォークなど）	⑦	
	調理用生ゴミ処理機	①	
	電子オーブンレンジ	④	
	ホットプレート	⑤	
	電気冷凍冷蔵庫	①	
	エアタオル	①	
	ＩＨクッキングヒーター	⑤	
	電気炊飯器	⑤	
	上皿自動秤	⑤	
	計量器	⑤	
	食品成分検査用具（塩分計, 糖度計など）	④	
	整理用教材（電気掃除機, 清掃用具, まな板包丁滅菌庫など）	⑧	
実験観察・体験用教材（住生活関連教材）	照度計	⑤	
	温湿度計	⑤	
	簡易騒音計	⑤	○

＜中学校技術・家庭科（家庭分野）＞

機 能 別 分 類	例 示 品 名	目安番号	新規
発表・表示用教材	黒板（栄養黒板，献立黒板など）	⑧	
	教授用掛図（家族・家庭生活，衣・食・住の生活や文化，消費生活・環境に関するものなど）	⑧	△
	標本（繊維，基礎縫いなど）	⑧	
	模型（食品，献立，住居など）	⑧	
	教師用教具（裁縫用具，栄養指導用具など）	⑧	
道具・実習用具教材 （衣生活関連教材）	カード教材（食品カード，献立カードなど）	⑧	
	電気アイロン	⑤	
	アイロン台	⑤	
	噴霧器	⑤	
	電気洗濯機	②	△
	手洗い関係用具(洗濯板，たらいなど)	⑥	
	ミシン及び付属品	⑥	
	裁縫板	⑤	
	裁縫用具セット	⑤	
	大鏡	②	△
	きもの	⑥	
	帯	⑥	
	標本（衣服の再利用）	①	○
（食生活関連教材）	コンロ	⑥	
	炊事用具セット	⑤	
	鍋類（両手鍋，片手鍋，フライパン，蒸し器など）	⑤	△
	容器類（しょうゆ・ソース入れ，油入れなど）	⑤	
	食器類（和食器，洋食器，はし，スプーン，フォークなど）	⑦	
	調理用生ゴミ処理機	①	
	電子オーブンレンジ	④	
	ホットプレート	⑤	
	電気冷凍冷蔵庫	①	
	エアタオル	①	
	ＩＨクッキングヒーター	⑤	
	電気炊飯器	⑤	
	上皿自動秤	⑤	
	計量器	⑤	
	食品成分検査用具（塩分計，糖度計など）	④	
	整理用教材（電気掃除機，清掃用具，まな板包丁滅菌庫など）	⑧	
実験観察・体験用教材	家庭生活ロールプレイング用具一式	⑤	
	保育人形	⑤	
	遊具	⑤	
（住生活関連教材）	高齢者疑似体験セット	④	
	ガス検知管，採取器	①	
	照度計	⑤	
	温湿度計	⑤	

〔資料：文部科学省「新教材整備計画」（令和元年一部改訂）より作成 https://www.mext.go.jp/a_menu/shotou/kyozai/〕

さくいん

執筆者一覧 （執筆順，○印は編集者）

○小林久美　東京未来大学　　　　　1，5-2，8-1・3，9-1，資料1
○貴志倫子　福岡教育大学　　　　　2，5-1，6-3，11-2-2・5・7，資料2，ワーク4～7・9・10
○中西雪夫　佐賀大学　　　　　　　3，資料3，ワーク1～3・11
　財津庸子　大分大学　　　　　　　4-1，6-4-2，6-5-1・2，11-2-1・3・4・6
　増田　仁　熊本大学　　　　　　　4-2
　黒光貴峰　鹿児島大学　　　　　　4-3，6-4-3，10-1・3
　瀬川　朗　鹿児島大学　　　　　　4-4，6-2-1
　伊波富久美　宮崎大学　　　　　　4-5，6-1-2
　土屋善和　琉球大学　　　　　　　4-6，5-4，6-2-2
　浅井玲子　琉球大学　　　　　　　5-3，6-1-1
　室　雅子　椙山女学園大学　　　　5-5，7-2-3～5，7-3
　永田晴子　大妻女子大学　　　　　5-6，7-1，7-2-1・2，ワーク12
　駒津順子　長崎大学　　　　　　　6-4-1，9-2-5・6，9-3
　上野顕子　金城学院大学　　　　　6-5-3，11-1・3
　及川大地　長崎大学　　　　　　　8-2-1～3
　萱島知子　佐賀大学　　　　　　　8-2-4～8
　田原美和　琉球大学　　　　　　　8-2-9～13
　都甲由紀子　大分大学　　　　　　9-2-1～5・7～10，ワーク8
　國吉真哉　琉球大学　　　　　　　10-2-1～3
　澤島智明　佐賀大学　　　　　　　10-2-4～6

　カバーデザイン　谷頭加奈

小中学校家庭科の授業をつくる
5年間を見通すための理論・実践・基礎知識

2023 年 4 月 1 日　第 1 版　第 1 刷　発行
2024 年 4 月 1 日　第 1 版　第 2 刷　発行

編　　者　中 西 雪 夫
　　　　　小 林 久 美
　　　　　貴 志 倫 子
発 行 者　発 田 和 子
発 行 所　株式会社　学術図書出版社

〒113−0033　東京都文京区本郷 5−4−6
TEL 03−3811−0889　振替 00110−4−28454
印刷　三美印刷（株）

定価はカバーに表示してあります.

学籍番号（　　　　　　　　　　　　）氏名（　　　　　　　　　　　　　　　）

1．次の書きかけの文章の後に思いつく言葉を書いて文章を完成させよう。あなたの頭に最初に思い浮かんだ言葉をそのまま書こう。

（1）「家庭科」というと＿＿＿＿＿＿＿＿＿＿＿＿＿＿＿＿＿＿＿＿＿＿＿＿＿

（2）わたしが学んだ家庭科は＿＿＿＿＿＿＿＿＿＿＿＿＿＿＿＿＿＿＿＿＿＿＿

（3）女の子にとって家庭科は＿＿＿＿＿＿＿＿＿＿＿＿＿＿＿＿＿＿＿＿＿＿＿

（4）男の子にとって家庭科は＿＿＿＿＿＿＿＿＿＿＿＿＿＿＿＿＿＿＿＿＿＿＿

（5）小学生は家庭科を＿＿＿＿＿＿＿＿＿＿＿＿＿＿＿＿＿＿＿＿＿＿＿＿＿＿

（6）中学生は家庭科を＿＿＿＿＿＿＿＿＿＿＿＿＿＿＿＿＿＿＿＿＿＿＿＿＿＿

（7）高校生は家庭科を＿＿＿＿＿＿＿＿＿＿＿＿＿＿＿＿＿＿＿＿＿＿＿＿＿＿

（8）これからの家庭科は＿＿＿＿＿＿＿＿＿＿＿＿＿＿＿＿＿＿＿＿＿＿＿＿＿

（9）家庭科についてわたしは今＿＿＿＿＿＿＿＿＿＿＿＿＿＿＿＿＿＿＿＿＿＿

＿＿＿＿＿＿＿＿＿＿＿＿＿＿＿＿＿＿＿＿＿＿＿＿＿＿＿＿＿＿＿＿＿＿＿＿

＿＿＿＿＿＿＿＿＿＿＿＿＿＿＿＿＿＿＿＿＿＿＿＿＿＿＿＿＿＿＿＿＿＿＿＿

2．記入し終わったら，何人かで回し読みをしてみよう。ほかの人が家庭科に持っているイメージと似ているのはどんなことだろう。異なっているのはどんなことだろう。

学籍番号 （ 　　　　　　　　　 ） 氏名 （ 　　　　　　　　　 ）

次の小学校家庭科の目標を読んで，後の問いについて分析してみよう。

> 　生活の営みに係る見方・考え方を働かせ，衣食住などに関する実践的・体験的な活動を通して，生活をよりよくしようと工夫する資質・能力を次のとおり育成することを目指す。
> ⑴家族や家庭，衣食住，消費や環境などについて，日常生活に必要な基礎的な理解を図るとともに，それらに係る技能を身に付けるようにする。
> ⑵日常生活の中から問題を見いだして課題を設定し，様々な解決方法を考え，実践を評価・改善し，考えたことを表現するなど，課題を解決する力を養う。
> ⑶家庭生活を大切にする心情を育み，家族や地域の人々との関わりを考え，家族の一員として，生活をよりよくしようと工夫する実践的な態度を養う。

1.「生活の営みに係る見方・考え方」とは何だろう？

2.「実践的」と「体験的」の違いは何だろう？

3. 家庭科で育む「心情」とは具体的にはどのようなことだろう？

4.「家族の一員として」と，当たり前のことがわざわざ書かれているのはなぜだろう？

学籍番号（　　　　　　　　　　　）氏名（　　　　　　　　　　　　　　）

1．次の①から⑲の文は小学校学習指導要領（平成29年告示）に示された各教科等の内容から抜粋したものである。家庭科の内容はいくつあるだろうか。家庭科でないとしたら何年生の何の教科か調べてみよう。

① 食べ物は，口，胃，腸などを通る間に消化，吸収され，吸収されなかった物は排出されること。

② 人は，環境と関わり，工夫して生活していること。

③ 毎日を健康に過ごすには，明るさの調節，換気などの生活環境を整えることなどが必要であること。

④ 我が国の食料生産は，自然条件を生かして営まれていることや，国民の食料を確保する重要な役割を果たしていることを理解すること。

⑤ 廃棄物を処理する事業は，衛生的な処理や資源の有効利用ができるよう進められていることや，生活環境の維持と向上に役立っていることを理解すること。

⑥ 日常生活に必要な時刻や時間を求めること。

⑦ 家庭生活に関わる活動を通して，家庭における家族のことや自分でできることなどについて考えることができ，家庭での生活は互いに支え合っていることが分かり，自分の役割を積極的に果たしたり，規則正しく健康に気を付けて生活したりしようとする。

⑧ 自分自身の生活や成長を振り返る活動を通して，自分のことや支えてくれた人々について考えることができ，自分が大きくなったこと，自分でできるようになったこと，役割が増えたことなどが分かるとともに，これまでの生活や成長を支えてくれた人々に感謝の気持ちをもち，これからの成長への願いをもって，意欲的に生活しようとする。

⑨ 毎日を健康に過ごすには，運動，食事，休養及び睡眠の調和のとれた生活を続けること，また，体の清潔を保つことなどが必要であること。

⑩ 生活習慣病など生活行動が主な要因となって起こる病気の予防には，適切な運動，栄養の偏りのない食事をとること，口腔の衛生を保つことなど，望ましい生活習慣を身に付ける必要があること。

⑪ 健康や安全に気を付け，物や金銭を大切にし，身の回りを整え，わがままをしないで，規則正しい生活をすること。

裏に続く

⑫ 安全に気を付けることや，生活習慣の大切さについて理解し，自分の生活を見直し，節度を守り節制に心掛けること。

⑬ 日々の生活が家族や過去からの多くの人々の支え合いや助け合いで成り立っていることに感謝し，それに応えること。

⑭ 父母，祖父母を敬愛し，進んで家の手伝いなどをして，家族の役に立つこと。

⑮ 自分の成長を自覚し，家庭生活と家族の大切さや家庭生活が家族の協力によって営まれていることに気付くこと。

⑯ 家庭生活は地域の人々との関わりで成り立っていることが分かり，地域の人々との協力が大切であることを理解すること。

⑰ 体に必要な栄養素の種類と主な働きについて理解すること。

⑱ 自分の生活と身近な環境との関わりや環境に配慮した物の使い方などについて理解すること。

⑲ 家庭には，家庭生活を支える仕事があり，互いに協力し分担する必要があることや生活時間の有効な使い方について理解すること。

| ワーク4 | 家庭科の歴史 |

　　学籍番号（　　　　　　　　　　　　　）氏名（　　　　　　　　　　　）

　本書の第3章および資料の学習指導要領の変遷と年表をもとに，以下をレポートして下さい。

1．小学校教科「家庭」の設置年，および設置の目的を簡潔に述べて下さい。

（1）設置（　　　　　　　　）年

（2）設置の目的

| |
| |

2．教科「家庭」の設置から現在までの，主な「家庭科教育に関する事項」（男女の必履修の有無や，各学校段階における主な学習内容の変更）を略年表にして下さい。

　「同時代に起きたこと」には，各事項の時代を象徴する社会の出来事や政策，および，あなたの身近な年長者（30代以上の家族や好きな有名人などから1，2名程度）がどの時代の家庭科を履修したかも併記し，家庭科教育と社会背景や家族政策との関連を俯瞰しよう。

	年号	家庭科教育に関する事項	同時代に起きたこと
例	196○年 198○年 199○年	中学校で家庭分野は女子・・・ 小学校の内容が「○○」に変更 高校の履修が・・・・	このころ祖父が中学生 △△がブームに ××法の施行　　　　など

裏に続く

続き

年	家庭科教育に関する事項	同時代に起きたこと

参考文献：

以下は作成中の学習指導案である。① ② に注目し「6. 本時の学習過程」を書いてみよう。

　① 吸水実験・炊き方実験に導くための導入の手立てや発問をどうするか？

　② 吸水実験・炊き方実験の条件設定は，教師が提示，それとも子どもに考えさせる？

第5学年家庭科　学習指導案

1．題材（単元）名　　おいしく作ろう　ご飯とみそ汁

2．題材設定の理由
　(1) 児童観：自動炊飯器の普及や食品加工の発達により，家庭でご飯炊きに手間をかけることが少なくなっている。家庭で手伝いをしたとしても炊飯器のスイッチを入れる程度である。児童の中には，土鍋炊飯（8%）や野外での飯ごう炊さん（15%）を経験している者もいるが，米の炊き方に関する知識は曖昧である。これまでで学んだ家庭科の「計量の仕方」と「ゆで方」，また，算数の「量の概念」，理科の「温度による物質の変化」などの学習の上に，「米から飯になる原理と方法」について筋道を立てて理解させ，「みそ汁」の学習とともに栄養バランスのよい食事に発展させたい。

　(2) 教材観：この題材は調理の基礎のうち「調理の計画」と「ご飯とみそ汁の調理」の二つの内容で構成されている。第5学年の野菜や卵などの“ゆでる調理”に続いて，第6学年での献立学習の前提となる“組合せの調理”を扱う。その第一歩として「ご飯とみそ汁」の栄養と合理的な調理法を学習することがねらいである。「ご飯とみそ汁」は，日本の伝統的献立である「飯と汁」の基本であり，中学校，高等学校での調理と食文化の理解に応用，発展していくための基礎的な教材である。本題材のおもな指導項目は「デンプンの糊化の原理」と「みその特徴と基本的なみそ汁の作り方」および「基本的な調理計画」の理解と「ご飯とみそ汁の調理技能」の習得である。この学習を通して，動植物を人体に消化・吸収されやすいかたちに加工（調理）する知恵と技能を用いて，生きるための栄養素やエネルギーを獲得してきた人の歴史に思いを致すと同時に，学習をそれぞれの家庭生活にフィードバックして活用する態度を身につけさせたい。

　(3) 指導観：家庭科の実習を含む授業で見られる羅列的に調理手順を伝授する指導法ではなく，実験を取り入れることにより，「なぜそうなるのか」論理的に思考する場面を作りたい。班ごとにビーカーで条件を変えながらご飯を炊くことにより，①米に適した水の量，②浸水時間，③火かげん，④蒸らし方に焦点を当てて比較し，“おいしいご飯”の最適条件に気付かせたい。同様に“おいしいみそ汁”についても，①だしのとり方，②実の選び方・入れ方，③みその香りを損なわない扱い方などについて比較実験させたい。その際，変える条件項目を子どもに明示し，その他の条件は一定させるよう，とくに留意する。

3．題材（単元）の目標
　(1) 伝統的な日常食である米飯及びみそ汁の調理計画や調理の仕方を理解し，適切にできる。
　(2) 米飯及びみそ汁の調理計画や調理の仕方について問題を見いだして課題を設定して，解決方法を考え，実践を評価・改善し，考えたことを表現できる。
　(3) ご飯とみそ汁の調理を工夫し，主体的に調理に取り組み，実践しようとしている。

4．指導計画　（9時間）
　(1) 米の栄養と調理の仕方……………………………………2時間
　(2) ご飯を炊いてみよう………………………………………2時間（本時）
　(3) おいしいみそ汁のひみつを調べよう…………………1時間
　(4) ご飯とみそ汁の実習計画………………………………1時間
　(5) ご飯とみそ汁の調理実習………………………………2時間
　(6) 家庭実践の計画…………………………………………1時間

5．本時の目標（主眼）
　(1) 米の吸水とたき方の比較実験を通して，「デンプンの糊化の原理」に気づき，炊飯の手順と必要な条件を理解できる。　　　　　　　　　　　　　　　　　　　　　　　　【知識・技能】
　(2) おいしいご飯の炊き方について解決方法を考え，吸水実験，たき方実験の結果を記録してまとめ，炊き方のポイントを説明できる。　　　　　　　　　　　　　　　　　【思考・判断・表現力】

　以下は，ワーク5の学習指導案の学習過程の展開例である。二つを比較し，それぞれの特徴と指導上の留意点をまとめよう。また，どちらに近い授業をしたいか，意見交換しよう。

6．本時の学習過程（2時間分）

＜展開例1＞

	学習活動	○指導上の留意点	資料教具
導入	1．本時の課題をつかむ。 1）ご飯の実物を観察する。 2）自分の経験や家庭で聞いてきたことを発表する。	○おいしいご飯の炊き方に目をむけることができるよう，実物を例示して，観察する場を設ける。	ご飯の実物 ・成功例 ・失敗例 実物投影機
	おいしいご飯の炊き方をさぐろう。		
展開	2．おいしいご飯の炊き方を確認する。 ①水の量 ②吸水時間 ③火かげん ④蒸らし方 3．米の炊き方の実験を行う。 1）実験手順を確認して分担を班で決めて実験する。 ＜吸水実験＞ ①水の量（1,2班） 米の1.0倍と1.2倍の水量の比較 ②吸水時間（3,4班）吸水0分と30分の比較 ＜炊き方実験＞ ③火かげん（5，6班）急激に沸騰させたものとふつうに沸騰させたものとの比較 ④蒸らし方（全班）消火後すぐのものと10分間置いたものとの比較 2）米粒の大きさ・舌ざわり・味，香りなど食べ比べ，実験結果を記録する。 3）実験器具を片付ける。 4．実験記録から分かったこと，気づきを話し合い。班ごとに発表する。	○ご飯の炊き方が簡潔に分かるよう，「糊化の原理」の解説動画を用い，要点を説明する。 ○水の量は計算の仕方を示範する。 ○各実験の手順を説明する。 ○ご飯炊きの最適条件が理解できるよう，各班で変える条件を提示する。 ○吸水時間のグラフを提示して予測を立てさせる。 ○火かげんによって出来上がりが違うのはなぜか発問し，考える場面をつくる。 ○蒸らすことによる変化を考えられるよう，蒸らさずふたを開けたご飯を各班に配る。 ○各班の結果を比較できるよう，それぞれ出来上がったご飯の体積を量った後，各班に少量ずつ配るよう指示する。 ○情報を整理できるよう，発表内容をポイント別にわけて板書する。	電子黒板 プリント 米400g ふた付きビーカー 金網 さいばし 計量カップ マジック ものさし 吸水時間のグラフ 消火後すぐのご飯
整理	5．本時をまとめる 1）要点をプリントに整理する。 2）次はみそ汁について調べることを確認する。	○ご飯の炊き方を箇条書きに板書して再確認し，家庭での実践へと方向づける。 ○次時の内容と準備物を伝達する。	

＜展開例2＞

	学習活動	○指導上の留意点	資料教具
導入	1．本時の課題をつかむ。 1）昨日と今日でご飯を食べた回数を思い出す。 2）ご飯を炊く道具や方法を挙げる。 ・電気炊飯器 ・飯ごう・土なべ	○ご飯をほぼ毎日食べていることや，家での経験から，炊飯には水が必要であり，炊きあがった時には水がなくなっていることに気づかせる。	
	おいしいご飯の炊き方をさぐろう。		
展開	2．おいしいご飯を炊くにはどうしたら良いか経験をもとに話し合う。 1）ご飯炊きの要点と思う条件を発表する。 2）出された条件をみて，分類していく。 3．班ごとに証明したい条件を一つ選び，実験計画を立てて，実験を行う。 ＜炊飯実験＞ 1）各班の方法でご飯を炊き，別の班のご飯を試食し合う。 2）班ごとに「実験の手順」，「なぜそうしたか」を発表する。 4．結果を共有する。 1）全体で，比較した情報を出して，おいしいご飯の炊き方を考える。 ①水の割合 ・好みの固さを発表する。 ②浸水の必要性と浸水時間 ・生米と30分浸水させた米をメスシリンダーに入れて体積を比較し，指でつぶす。 ③火かげん ・うまく炊けたご飯の加熱の状況を聞いたり，教科書，資料を参照して理由を話し合う。 ④蒸らし方 ・蒸らす時間や中の様子を発表する。 2）実験用具を片付ける。 3）実験から分かったおいしい炊き方のポイントをまとめる。	○ご飯の炊き方を説明しないで，生活経験と教科書から班で情報収集させ，デジタル付箋に書き出すよう指示する。 ○発表された条件を内容別に板書する。 ○水の量や吸水時間，火加減，蒸らし方など条件を三つ程度に分けさせ，それぞれの最適の条件を検証するよう促す。 ○机間指導により，実験結果が得られる計画となるよう，条件や方法を助言する。 ○1.2倍前後がちょうど良いことに気づけるよう，クラスの好みの固さの表を作り水の適量を確認させる。 ○浸水の必要性に気づくよう，吸水のグラフを示し，30分程度必要な事を確認させる。 ○沸騰までは強火にし，沸騰後は火を弱め，水分がなくなり始めたら弱火にする理由を発問する。 ○蒸らす必要性に気づくよう助言する。 ○「糊化の原理」について説明し，おいしいご飯の炊き方を整理させる。	教科書 PC・タブレットの付箋アプリ 米 ふた付きビーカー 金網 さいばし 計量カップ マジック ものさし メスシリンダー プリント 吸水時間のグラフ スライド
整理	5．本時のまとめ 1）プリントで炊飯の全手順を確認する。 2）次はみそ汁について調べることを確認する。	○米の性質の点から洗い方にも触れる。 ○次時の内容と準備物を伝達する。	

1．小学校家庭科の教科書や NHK for School の動画を参照し，ご飯とみそ汁の調理を行って
   みよう。

材料・分量	手順

調理後の自己評価

2．「ご飯の炊き方」のポイントとその指導法を考えてみよう。

1）子どもに「なぜ」と 考えさせたいこと	2）「なぜ」をどのような学習活動で解決するか （例：教師の説明を聞く，お互いの意見を聞く，実験する・・・など）

3．「みそ汁の調理」のポイントとその指導法を考えてみよう。

1）子どもに「なぜ」と 考えさせたいこと	2）「なぜ」をどのような学習活動で解決するか （例：教師の説明を聞く，お互いの意見を聞く，実験する・・・など）

実習例：「ペレのあたらしいふく」絵本教材と実習を組み合わせた教材

　福音館書店の「ペレのあたらしいふく」（エルサ・ベスコフ作，小野寺百合子訳）という絵本がある。ペレという男の子が労働力を交換しながらある意味自力で自分の服を作り上げるまでの物語である。「布を用いた生活に役立つ物の製作」の実習の前に導入としてこの絵本を読み聞かせ，衣服や布に対する関心を高めて内容について掘り下げることで，製作の授業が布製品完成までの一工程であることを位置付けることができる。

1．児童に読み聞かせをするように音読してみよう

　学校の授業で絵本そのものを見せながら，もしくは，資料提示装置でスクリーンに映して読み聞かせをする場合，著作物の使用許諾は必要ない。ICTを活用した授業においても授業目的公衆送信補償金制度に基づいて，著作権者の利益を不当に害することのない範囲での活用が認められている。

　　参照：SARTRAS

　　　　　授業目的公衆送信補償金制度とは

　　　　　https://sartras.or.jp/seido/

2．印象的な場面とその理由を考えて発表しよう

3．それぞれの工程を児童に説明する場面を想定して，解説してみよう

担当者	服が出来るまでの工程		ペレが交換した労働力
ペレ	羊を飼う	繊維原料の用意	
	羊の毛を刈る	繊維材料の入手	
おばあちゃん	毛をすく	繊維材料の梳毛	にんじん畑の草取りをする
もう一人の おばあちゃん	毛を紡ぐ	繊維を糸に紡績	牛の番をする
ペンキ屋の おじさん	染め粉の代金を負担する	染料の入手	テレピン油のお買い物をする
ペレ	テレピン油のお釣りで染め粉を買う		
ペレ	糸を染める	糸の染色	
おかあさん	キレを織る	糸を布に機織	妹のお守りをする
仕立て屋の おじさん	服を作る	布を服に縫製	干し草を集める 豚に餌をやる 薪を運び入れる

4．最も多くの労働力を必要とした工程とその理由を考えて発表しよう

1．製作実習中の安全面への配慮と指導の留意点を確認し，かっこに当てはまる言葉を書き入れよう。

（1）授業前の準備

・室内の適切な①□□□□□□と作業の②□□□□□□□を確認する。

・アイロンやミシンなどの道具を③□□□□□□する。

・アイロン使用時は，十分な広さと，周囲に④□□□□□□□のない場所を確保する。

・針が折れた場合，針の全形を確認して回収し，⑤□□□□などに回収する。

（2）児童への注意事項

・使用しないものは⑥□□□□□に出さないよう指示する。

・作業前，終了時には針など用具の種類と⑦□□□□□を確認させる。

・針は，⑧□□□□□□，または収納容器へ入れる。

・使わない時には，はさみ，リッパーなどは⑨□□□□□□をつける。

・手縫い糸の長さは，扱いやすさと，縫い糸を引き抜くとき，針先が他人にあたらない安全面から，一本取りの場合，⑩□□□□□の約⑪□□□□□cm が目安。

・ミシン使用時は，⑫□□□□□に手を入れたり，作業者の体や椅子等にふれたりしない。

2．児童に示範するつもりで教材「しおり」を製作しよう。

材料と準備	作り方
・薄手（11 号）の帆布（5cm × 25cm の周囲をピンキングばさみでカットしておく） ・接着芯（のり付きの不織布）4cm × 12cm ・リボン 15cm 程度	①布端から約 5 mm のところに印をつける。 ②布の上半分に名前等を下書きし，二本取りで縫い取りをする。 ③布の上半分の裏側に接着芯をおき，接着面と布の間にリボンを挟んでアイロンをかけ，接着する。 ④ミシンで方向転換と返し縫いの仕方を確認した後，周囲を縫う（ミシンが使えない場合は，手縫いの並縫いで仕上げる）。

※本教材は，手縫いとミシン縫い，アイロン操作の基礎知識と技能，安全指導を確認する目的で考案した。児童に製作させるには，目的や時間に応じ，布や縫い代の大きさ等を変える必要がある。

1．の解答　①明るさ　②空間／動線　③点検　④可燃物　⑤マスク／缶　⑥床　⑦数　⑧針山／ピンクッション　⑨キャップ　⑩パー　⑪30　⑫針の下

1．ワーク9の「しおり」または，布を用いた小物の製作品を3〜5時間程度で児童に指導
　するものとする。製作計画から製作過程の記録，自己評価などが記入できる一枚のワーク
　シートを作成してみよう。ただし，製作手順の細かな図説は別に準備するものとし，含め
　なくて良い。

2．評価規準をつくって，完成した作品を評価しよう。

（1）ワーク9の「しおり」または，布を用いた小物の製作品を評価する評価規準を一つ立
　　てよう。

（2）（1）の達成度を判断するための基準A（十分満足），B（概ね満足）を設定しよう。

（3）ペアになり，お互いの作品を設定した基準にそって判定し，結果を伝え合おう。

（4）評価規準とその判断基準は適切であったか，意見交換しよう。

評価規準	A（十分満足）	B（概ね満足）

| ワーク 11 | 評価される側と評価する側を体験しよう |

① 児童の立場で下記のパフォーマンス課題に取り組もう。裏面のワークシートに記入すること。

② 友達とワークシートを交換し，教員の立場でルーブリックを使って評価してみよう。

③ できれば，数人で評価をして，評価結果を比較分析してみよう。

パフォーマンス課題

> 今日は日曜日，時間は 1 時 15 分。三好先生の家に，友だちから電話がかかってきました。
> 「もしもし，三好先生？今日は先生のうちに遊びに行く日だったよね！ケーキとジュースを買って行こうと思っています！じゃあ，2 時にはうかがいますね。」
> 「はい。待っています。」
> と返事をした後，三好先生はあわてました。ここ 1 週間，先生は忙しくて掃除をしていなかったのです。掃除をしなければいけないところがたくさん目に付きましたが，着替えたり，お茶の準備をしたりしなけれぱいけないので，掃除ができる時間は 30 分程度です。お客様を迎えるために手際よくきれいに掃除することができるような計画を立てて，三好先生にアドバイスをしてください。三好先生の家にある掃除用具は，「ほうき・掃除機・土間ぼうき・ちりとり・はたき・台拭き・バケツ」です。環境についても考え，ごみが少なくなるように計画を立ててください。先生にアドバイスをしてほしいことは，次の 4 つです。
> ① 掃除をする場所　② 使用する掃除用具　③掃除の順序　④ そうじのこつ

「第四回全国小学校家庭科教育研究会全国大会佐賀大会 平成 24 年 11 月 8 日，指導者坂本康子・三好智恵，を基に一部変更

ルーブリック

<table>
<tr><th colspan="2">項目 ＼ レベル</th><th>レベル 3
すばらしい</th><th>レベル 2
合格</th><th>レベル 1
改善が必要</th></tr>
<tr><td rowspan="5">手際よくきれいに</td><td>場所</td><td>お客さんを迎えることを前提として，最低限掃除が必要な場所に加え，30 分でできる範囲で必要と考える場所を適切に選んでいる。</td><td>お客さんを迎えることを前提として，最低限掃除が必要な場所を選び掃除の計画を立てている。</td><td>お客さんを迎えることを前提として，最低限必要な場所の掃除を考えていない。</td></tr>
<tr><td>順序</td><td>汚れの種類や上から下，奥から手前などの順序を考えたり，状況に応じて掃除の工夫をしたりしている。</td><td>汚れの種類や上から下，奥から手前などの順序を考えている。</td><td>上から下，奥から手前など原則を考えずに計画を立てている。</td></tr>
<tr><td>掃除用具</td><td>汚れの種類や汚れ方に合わせ，きれいに手際よく掃除することができるように工夫して掃除用具を選んでいる。</td><td>汚れや汚れの種類に合った掃除用具を選んでいる</td><td>汚れや汚れの種類に合った掃除用具を選んでいない。</td></tr>
<tr><td>掃除のこつ</td><td>自分の経験を交えたり，お客さんを迎えるためきれいに手際よく掃除をするための視点を盛り込んだりして書いている。</td><td>学習したことを活かし，掃除のコツを書いている。</td><td>掃除のコツを書いていない。書いている内容が不適切である。</td></tr>
<tr><td>ごみの処理</td><td>環境について考え，地域のごみの処理方法に合わせて資源物として処理をしたり，人に譲ったり，再利用したりしようとしている。</td><td>環境について考え，地域のごみの処理方法に合わせて資源物として処理する計画を立てている。</td><td>ゴミの始末についてや，環境について考えていない。</td></tr>
<tr><td colspan="2">実現可能な時間</td><td>30 分間で掃除ができる範囲を適切に選んでいる。</td><td>30 分間で掃除ができる場所を適切に選んでいる。</td><td>30 分間で掃除ができる場所を適切に選んでいない。</td></tr>
</table>

「第四回全国小学校家庭科教育研究会全国大会佐賀大会 平成 24 年 11 月 8 日，指導者坂本康子・三好智恵，を基に一部変更

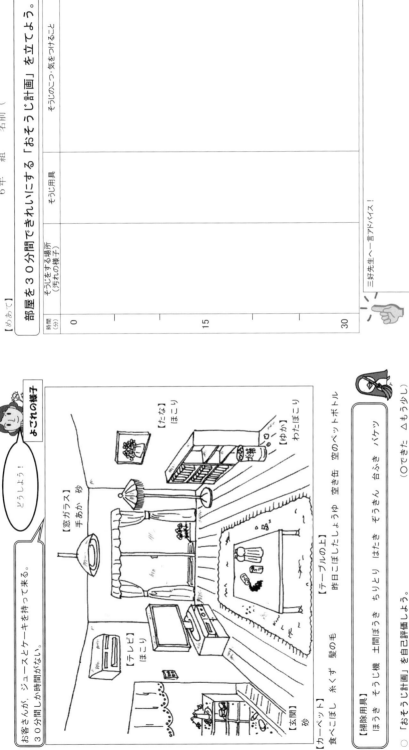

きれいにしよう クリーン大作戦 ～そうじをしてきれいにしよう～

お客さんが、ジュースとケーキを持って来る。
３０分間しか時間がない。

どうしよう！

よごれの様子

【窓ガラス】手あか 砂
【テレビ】ほこり
【たな】ほこり
【ゆか】わたぼこり
【テーブルの上】昨日こぼしたしょうゆ
【玄関】砂

【カーペット】
食べこぼし 糸くず 髪の毛 土間ぼうき そうじ機 ちりとり はたき そうきん 合ぶき バケツ

【掃除用具】
ぼうき そうじ機 土間ぼうき そうじ機 ちりとり はたき そうきん 合ぶき バケツ

【「おそうじ計画」を自己評価しよう。】 （○できた △もう少し）

	◎	○	△
① 時間を考えて、掃除が必要な場所を決めた。			
② 汚れにあったそうじ用具を選んだ。			
③ きれいにするために、掃除の順番を考えた。			
④ 学習したことを生かしたり、気をつけること（こつ）を考えたりした。			
⑤ 環境を考えて、ごみの始末や資源物の利用について書いた。			

◎（全部○） ○（○が３〜４） △（○が１〜２）

[めあて]

6年　組　名前（　　　　）

部屋を３０分間できれいにする「おそうじ計画」を立てよう。

時間（分）	そうじをする場所（汚れの様子）	そうじ用具	そうじのこつ・気をつけること
0			
15			
30			

三好先生へ一言アドバイス！

[振り返り]

分かった・できた
実際にやってみよう〜
調べてみよう〜
もっと知りたい〜
学習したことは大切！

模擬授業を受けた評価を記入してみましょう。

授業実施日　　　　月　　　日　　　　授業者＿＿＿＿＿＿＿＿＿＿＿＿さん

●それぞれ5段階で評価しよう。(あてはまる所に○をつける。それぞれ6個目の項目を追加してもよい。)

<table>
<tr><td>＜授業技術に関する項目＞</td><td>＜授業内容に関する項目＞</td></tr>
<tr><td>よくない　　　ふつう　　　とてもよい</td><td>よくない　　　ふつう　　　とてもよい</td></tr>
<tr><td>1．声の大きさ　　　1—2—3—4—5</td><td>1．導入の工夫　　　　　　1—2—3—4—5</td></tr>
<tr><td>2．板書（見やすさ）1—2—3—4—5</td><td>2．児童・生徒への発問の工夫 1—2—3—4—5</td></tr>
<tr><td>3．児童・生徒への目線 1—2—3—4—5</td><td>3．説明のわかりやすさ　　 1—2—3—4—5</td></tr>
<tr><td>4．教材・教具の工夫 1—2—3—4—5</td><td>4．学習活動の工夫　　　　 1—2—3—4—5</td></tr>
<tr><td>5．話し方　　　　　1—2—3—4—5</td><td>5．授業の流れのわかりやすさ 1—2—3—4—5</td></tr>
<tr><td>6．　　　　　　　　1—2—3—4—5</td><td>6．　　　　　　　　　　　1—2—3—4—5</td></tr>
</table>

●この授業のよかった所

```



```

●もう少し改善した方がよいと思った所

```



```

記入者＿＿＿＿＿＿＿＿＿＿＿＿＿＿

模擬授業を受けた評価を記入してみましょう。

授業実施日 　　　月　　　日　　　授業者＿＿＿＿＿＿＿＿＿＿＿さん

●それぞれ5段階で評価しよう。(あてはまる所に○をつける。それぞれ6個目の項目を追加してもよい。)

＜授業技術に関する項目＞　　　　　　　　＜授業内容に関する項目＞

	よくない　ふつう　とてもよい		よくない　ふつう　とてもよい
1．声の大きさ	1—2—3—4—5	1．導入の工夫	1—2—3—4—5
2．板書（見やすさ）	1—2—3—4—5	2．児童・生徒への発問の工夫	1—2—3—4—5
3．児童・生徒への目線	1—2—3—4—5	3．説明のわかりやすさ	1—2—3—4—5
4．教材・教具の工夫	1—2—3—4—5	4．学習活動の工夫	1—2—3—4—5
5．話し方	1—2—3—4—5	5．授業の流れのわかりやすさ	1—2—3—4—5
6．	1—2—3—4—5	6．	1—2—3—4—5

●この授業のよかった所

●もう少し改善した方がよいと思った所

記入者＿＿＿＿＿＿＿＿＿＿＿＿＿＿

単元および領域等の変遷

| 家庭科の誕生 | 試案の時期（試行錯誤の時期） | 教科等別学習指導要領の最後 | 現行学習指導要領の原型 発行から告示へ | 教科課程としての基準の明確化（「道徳の時間」の新設、系統的な学習を重視．基礎学力の充実，科学技術教育の向上等） | 教育内容の一層の向上（「教育内容の現代化」（時代の進展に対応した教育内容の導入（算数における集合の導入））） | ゆとりのある充実した学校生活の実現＝学習負担の適正化（各教科等の目標・内容を中核的事項にしぼる） | 社会の変化に自ら対応できる心豊かな人間の育成（生活科の新設、道徳教育の充実等）総合的な学習の時間誕生 | 基礎・基本を確実に身に付けさせ、自ら学び自ら考える力などの「生きる力」の育成（教育内容の厳選．「総合的な学習の時間」の新設等） | 「生きる力」の育成、基礎的・基本的な知識・技能の習得、思考力・判断力・表現力等の育成のバランス（授業時数の増、指導内容の充実．小学校外国語活動の導入） |

小学校

家庭科の誕生
学習指導要領 家庭科編（試案）昭和22年度
昭和22（1947）年5月15日翻刻発行
日本書籍他
学年別単元
第5学年
単元（一）主婦の仕事の重要さ
単元（二）家族における子供の仕事
単元（三）自分のことは自分で
単元（四）家庭における子供の世話
単元（五）自分のことは自分で（続き）
単元（六）家事の手伝い
第6学年
単元（一）健康な日常生活
単元（二）家庭と休息
単元（三）簡単な食事の支度
単元（四）老人の世話

第7学年
単元（一）家庭生活
単元（二）備える生活
単元（三）食物と栄養
単元（四）備える生活（続き）
単元（五）幼い家族の世話（乳幼児の生活）
第8学年
単元（一）わが国住居の長所、短所
単元（二）食物と、健康及び保健献立
単元（三）夏の生活
単元（四）夏の装い
単元（五）夏服の美しさ
単元（六）秋の装い
単元（七）上手な買い物
単元（八）冬の迎え方
単元（九）簡単な病気の手当と病気の予防
第9学年
単元（一）家庭生活と能率
単元（二）食生活の改善
単元（三）被服と活動
単元（四）乳幼児の保育
単元（五）被服の和楽
単元（六）病人の看護
単元（七）近所の交わり
単元（八）帯と羽織、またはドレス
単元（九）家事の経理

教科等別学習指導要領の最後
小学校における家庭生活指導の手引き
昭和26（1951）年11月20日
幼稚園～小学校第5，6学年
1 家族の一員
2 身なり
3 食物
4 すまい
5 時間・労力・金銭の使い方
6 植物や動物の世話
7 不時の出来事に対する予防と処置
8 レクリエーション

現行学習指導要領の原型
小学校学習指導要領家庭科編
昭和31年度
昭和31（1956）年2月24日発行
二葉株式会社
家族関係
生活管理
被服
食物
住居

教科課程としての基準の明確化
小学校学習指導要領
昭和33（1958）年10月1日告示
家庭
A 被服
B 食物
C すまい
D 家庭
［学校教育法施行規則］
第5学年70時間
第6学年70時間

教育内容の一層の向上
小学校学習指導要領
昭和43（1968）年7月11日告示
家庭
A 被服
B 食物
C すまい
D 家庭
［学校教育法施行規則］
第5学年70時間
第6学年70時間

ゆとりのある充実した学校生活
小学校学習指導要領
昭和52（1977）年7月23日告示
家庭
A 被服
B 食物
C 住居と家族
［学校教育法施行規則］
第5学年70時間
第6学年70時間

社会の変化に自ら対応
小学校学習指導要領
平成元（1989）年3月15日告示
家庭
A 被服
B 食物
C 家族の生活と住居
［学校教育法施行規則］
第5学年70時間
第6学年55時間

基礎・基本を確実に（平成10）
小学校学習指導要領
平成10（1998）年12月14日告示
家庭
1 家庭の仕事や家族とのふれあい
2 日常着の着方と手入れ
3 生活に役立つ物の製作
4 調和の良い食事のとり方
5 簡単な調理
6 快適な住まい方
7 計画的な買い物
8 近隣の人々との生活
［学校教育法施行規則］
第5学年60時間
第6学年55時間

平成20
小学校学習指導要領
平成20（2008）年3月28日告示
家庭
A 家庭生活と家族
B 日常の食事と調理の基礎
C 快適な衣服と住まい
D 身近な消費生活と環境
［学校教育法施行規則］
第5学年60時間
第6学年55時間

平成29
小学校学習指導要領
平成29（2017）年3月31日告示
家庭
A 家族・家庭生活
B 衣食住の生活
C 消費生活・環境
［学校教育法施行規則］
第5学年60時間
第6学年55時間

中学校

試案の時期
「新生中学校の教科と時間数の改正について」
昭和24（1949）年5月28日
職業及び家庭

「中学校における職業・家庭について」
昭和24（1949）年12月9日
職業・家庭

教科等別学習指導要領の最後
中学校学習指導要領 職業・家庭科編（試案）昭和26（1951）改訂版
昭和26（1951）年12月25日発行
（財）日本職業指導協会
「1 仕事」「2 技能」「3 技能に関する知識・理解」の3つの内容は以下の4分類か項目から構成
第1類 栽培、飼育、漁、食品加工
第2類 手技工作、機械操作、製図
第3類 文書事務、経営記帳、計算
第4類 調理、衛生保育

「4 家庭生活・職業生活についての社会的、経済的な知識・理解」は以下の10項目で構成
家庭生活のあり方、家族関係、家庭経済、衣食住の計画・管理、家庭と保育、能率と休養、わが国の産業と職業、各種産業における職業人、雇用と職業の安定、個性と過機

［学習指導要領 一般編（試案）昭和26（1951）改訂版
第1学年105～140時間（105～140）
第2学年105～140時間（105～140）
第3学年105～140時間（105～140）
（）内は選択教科「職業・家庭」の授業時数

現行学習指導要領の原型
中学校学習指導要領 職業・家庭科編 昭和32年度改訂版
昭和31（1956）年5月28日発行
開隆堂出版
第1群 栽培、飼育、農産加工
第2群 製図、機械、電気、建設
第3群 経営、簿記、計算事務、文書事務
第4群 漁業、水産製造、増殖
第5群 食物、被服、住居、家族、家庭経営
第6群 産業と職業、職業と進路、職業指導

［学習指導要領 一般編（試案）昭和26（1951）改訂版
第1学年105～140時間（105～140）
第2学年105～140時間（105～140）
第3学年105～140時間（105～140）
（）内は選択教科「職業・家庭」の授業時数

教科課程としての基準の明確化
中学校学習指導要領
昭和33（1958）年10月1日告示
技術・家庭
（男子向き）
設計・製図
木材加工・金属加工
栽培
機械
電気
総合実習
（女子向き）
調理
被服製作
設計・製図
家庭機械・家庭工作
保育

［学校教育法施行規則］
第1学年105時間（70）
第2学年105時間（70）
第3学年105時間（70）
（）内は選択教科「家庭」の授業時数

教育内容の一層の向上
中学校学習指導要領
昭和44（1969）年4月14日告示
技術・家庭
（男子向き）
製図
木材加工
金属加工
機械
電気
栽培
（女子向き）
被服
食物
住居
家庭機械
保育

［学校教育法施行規則］
第1学年105時間（140）
第2学年105時間（140）
第3学年105時間（140）
（）内は選択教科等に充てる授業時数

ゆとりのある充実した学校生活
中学校学習指導要領
昭和52（1977）年7月23日告示
技術・家庭
A 木材加工1・2
B 金属加工1・2
C 機械1・2
D 電気1・2
E 栽培
F 被服1・2・3
G 食物1・2・3
H 住居
I 保育

男女いずれもA～Iまでの17領域の中から7以上の領域を選択履修させる。
男子はA～Eから5領域
　　　　F～Iから1領域
女子はF～Iから5領域
　　　　A～Eから1領域を含む。
（男女相互乗り入れ）
［学校教育法施行規則］
第1学年70時間（105）
第2学年70時間（105）
第3学年105時間（140）
（）内は選択教科等に充てる授業時

社会の変化に自ら対応
中学校学習指導要領
平成元（1989）年3月15日告示
技術・家庭
A 木材加工*
B 電気*
C 金属加工
D 機械
E 栽培
F 情報基礎
G 食物*
H 被服
I 住居
J 家族
K 保育

11領域の中から7領域以上を履修させる。
*はすべての生徒に履修させ、AとGは第1学年で履修させる。
［学校教育法施行規則］
第1学年70時間（105～140）
第2学年70時間（105～210）
第3学年70～105時間（105～280）
（）内は選択教科等に充てる授業時数

基礎・基本を確実に（平成10）
中学校学習指導要領
平成10（1998）年12月14日告示
技術・家庭
（技術分野）
A 技術とものづくり
B 情報とコンピュータ
（家庭分野）
A 生活の自立と衣食住
(1) 中学生の栄養と食事
(2) 食品の選択と日常食の調理の基礎
(3) 衣服の選択と手入れ
(4) 室内環境の整備と住まい方
(5) 食生活の課題と調理の応用
(6) 簡単な衣服の製作
B 家族と家庭生活
(1) 自分の成長と家族や家庭生活との関わり
(2) 幼児の発達と家族
(3) 家庭と消費
(4) 幼児の生活と幼児との触れ合い
(5) 家庭生活と地域とのかかわり
それぞれの分野の項目のうち(1)～(4)はすべての生徒に履修させ、(5)・(6)は選択履修させる。
［学校教育法施行規則］
第1学年70時間（0～30）
第2学年70時間（50～85）
第3学年35時間（105～165）
（）内は選択教科等に充てる授業時数

平成20
中学校学習指導要領
平成20（2008）年3月28日告示
技術・家庭
（技術分野）
A 材料と加工に関する技術
B エネルギー変換に関する技術
C 生物育成に関する技術
D 情報に関する技術
（家庭分野）
A 家族・家庭と子どもの成長
B 食生活と自立
C 衣生活・住生活と自立
D 身近な消費生活と環境
［学校教育法施行規則］
第1学年70時間
第2学年70時間
第3学年35時間

平成29
中学校学習指導要領
平成29（2017）年3月31日告示
技術・家庭
（技術分野）
A 材料と加工の技術
B 生物育成の技術
C エネルギー変換の技術
D 情報の技術
（家庭分野）
A 家族・家庭生活
B 衣食住の生活
C 消費生活・環境
［学校教育法施行規則］
第1学年70時間
第2学年70時間
第3学年35時間

高等学校

家庭科の誕生
各学年別目標
第十ないし十二学年
一 家事経理
二 家庭看護
三 食物
四 被服
五 育児
※第五学年から第九学年までは、単元ごとに指導内容が詳細に示された。
第十学年から第十二学年は単元の目標のみしか示されなかった。

試案の時期
学習指導要領 家庭編（中学校四、五学年用）（試案）昭和22年度
昭和22（1947）年7月16日翻刻発行
中学校教科書株式会社
指導単元
一 被服
二 食物
三 住居と家事経理
四 家庭衛生
五 家族関係と子供

新制高等学校の教科課程に関する件
1947年4月7日
選択教科「実業」（農業，工業，商業；水産，家庭）40単位
第1学年 350（10）時間
第2学年 525（15）時間
第3学年 525（15）時間
（）内は当該たり時間数

新制高等学校教科課程の改正について
1947年10月11日
「家庭」
一般家庭 7～14単位
家族 2単位
保育 2～4単位
家事経理 2～4単位
食物 5～10単位
被服 5～10単位

（続き）学習指導要領 家庭編（高等学校用）（試案）
昭和22（1947）年11月17日再版発行
同日再版翻刻発行
中学校教科書株式会社
1 被服
2 食物
3 住居と家事経理
4 家事衛生
5 家族関係と子供

教科等別学習指導要領の最後
学習指導要領 家庭科編 高等学校用
昭和24年度
昭和24（1949）年8月29日発行
中学校教科書株式会社
I 被服
II 家庭経済
III 家庭管理
IV 家族
V 育児
VI 衛生
VII 食物
VIII 住居

男女にひとしく必要なことであるが、特に女子はその将来の生活の要求にもとづき、いっそう深い理解と能力を身につける必要があるので、家庭生活の一般に関する学を、少なくとも十四単位必修させることが望ましい。
第1学年 350（10）時間
第2学年 525（15）時間
第3学年 525（15）時間
（）内は当該たり時間数

学習指導要領 一般編（試案）昭和26（1951）改訂版
昭和26（1951）年7月10日発行
明治図書
必修「一般家庭」7～14単位
選択「家族」2単位
「保育」2～4単位
「家事経理」2～4単位
「食物」5～10単位
「被服」5～10単位

現行学習指導要領の原型
高等学校学習指導要領 家庭編
昭和31年度改訂版
昭和31（1956）年2月1日発行
教育図書
「家庭一般」
その 被服
その2 食物
その3 住居
その4 家族

［高等学校学習指導要領 一般編
昭和31年度改訂版（昭和31年12月再訂版）
全日制の普通課程のすべての生徒に、芸能科、家庭、職業に関する教科のうちから、6単位以上を履修させる。
この場合女子については、家庭の一般に関する学を、少なくとも4単位履修させることが望ましい。

教科課程としての基準の明確化
高等学校学習指導要領
昭和35（1960）年10月15日告示
家庭
「家庭一般」
(1) 家庭生活と家庭経営
(2) 計画的な経済生活
(3) 能率的な家庭生活
(4) 食生活の経営
(5) 衣生活の経営
(6) 住生活の経営
(7) 乳幼児の保育
(8) 家庭生活の改善向上
［総則］
普通科の生徒
女子について「家庭一般」4単位、ただし特別の事情がある場合には2単位まで減ずることができる。
職業教育を主とする学科の生徒女子については、「家庭一般」ないし4単位を履修させることが望ましい。

教育内容の一層の向上
高等学校学習指導要領
昭和45（1970）年10月15日告示
家庭
「家庭一般」
(1) 家族と家庭経営
(2) 家族の生活時間と労力
(3) 家庭の経済生活
(4) 食生活の設計・調理
(5) 衣生活の管理
(6) 住生活の設計・住居の管理
(7) 母性の健康・乳幼児の保育
(8) 家庭生活の設計
［総則］
「家庭一般」は、すべての女子に履修させるものとし、その単位数は4単位を下らないようにすること。専門教育を主とする学科においては、女子生徒がきわめて少数である場合など特別の事情がある場合はこの限りでない。

ゆとりのある充実した学校生活
高等学校学習指導要領
昭和53（1978）年8月30日告示
家庭
「家庭一般」
(1) 家族と家庭生活
(2) 家庭の経済と消費
(3) 被服の管理と被服製作
(4) 食生活の管理と調理
(5) 住生活の設計と住居の管理
(6) 性生活の健康・乳幼児の保育
(7) ホームプロジェクトの実践と学校家庭クラブ活動
［総則］
「家庭一般」は、すべての女子に履修させるものとし、その単位数は4単位を下らないようにすること。専門教育を主とする学科においては、女子生徒がきわめて少数である場合など特別の事情がある場合はこの限りでない。
男子が選択して履修する場合には、基礎的・基本的事項に重点を置くなどその内容を適切に選択して指導することができる。

社会の変化に自ら対応
高等学校学習指導要領
平成元（1989）年3月15日告示
家庭
「家庭一般」
(1) 家族と家庭生活
(2) 家庭経済と消費
(3) 被服の管理と被服製作
(4) 食生活の管理と調理
(5) 住生活の設計と住居の管理
(6) 幼児の発達と保育
(7) ホームプロジェクトの実践と学校家庭クラブ活動
「生活技術」
(1) 家族と家庭生活
(2) 子供の成長と親の役割
(3) 家庭経済と消費
(4) 衣食住の生活管理と技術
(5) 家庭生活と情報
(6) 家庭生活と電気・機械
(7) ホームプロジェクトの実践と学校家庭クラブ活動
(8) 家庭園芸
「生活一般」
(1)～(3)は生活技術と同じ
(4) 家族の健康管理
(5) 衣生活と被服製作
(6) 食生活と調理
(7) 住生活と住居の計画
(8) 乳幼児の保育
(9) 家庭生活と情報
(10) ホームプロジェクトの実践と学校家庭クラブ活動
「家庭一般」「生活技術」「生活一般」のうちから1科目必修。
［教育課程審議会答申］「生活一般」を履修する場合には、後半の2単位については、施設・設備の整備や担当教員の確保等の問題や学校の実態からみて止むを得ない場合には、当分の間、「生活一般」と関係の深い技術や情報などに関する内容の科目又は「体育」の履修をもって代替できるものとする。

基礎・基本を確実に（平成11）
高等学校学習指導要領
平成11（1999）年3月29日告示
家庭
「家庭基礎」
(1) 人の一生と家族・福祉
(2) 家族の生活と健康
(3) 消費生活と環境
(4) ホームプロジェクトと学校家庭クラブ活動
「家庭総合」
(1) 人の一生と家族・家庭
(2) 子どもの発達と保育・福祉
(3) 高齢者の生活と福祉
(4) 生活における経済の計画と消費
(5) 生活の科学と文化
(6) ホームプロジェクトと学校家庭クラブ活動
「生活技術」
(1) 人の一生と家族・家庭
(2) 消費生活と環境
(3) 食生活と技術革新
(4) 衣生活の設計と製作
(5) 住生活の設計と環境
(6) 住生活の設計とインテリアデザイン
(7) ホームプロジェクトと学校家庭クラブ
［総則］
「家庭基礎」(2単位)、「家庭総合」(4単位)、「生活技術」(4単位)のうちから1科目を必修。

平成21
高等学校学習指導要領
平成21（2009）年3月9日告示
家庭
「家庭基礎」
(1) 人の一生と家族・家庭及び福祉
(2) 生活の自立及び消費と環境
(3) ホームプロジェクトと学校家庭クラブ活動
「家庭総合」
(1) 人の一生と家族・家庭
(2) 子どもや高齢者とのかかわりと福祉
(3) 生活における経済の計画と消費
(4) 生活の科学と環境
(5) 生活の設計と創造
(6) ホームプロジェクトと学校家庭クラブ活動
「生活デザイン」
(1) 人の一生と家族・家庭及び福祉
(2) 消費生活と環境
(3) 食生活の設計と創造
(4) 衣生活の設計と創造
(5) 住生活の設計と創造
(6) ホームプロジェクトと学校家庭クラブ活動
［総則］
「家庭基礎」(2単位)、「家庭総合」(4単位)、「生活デザイン」(4単位)のうちから1科目を必修。

平成30
高等学校学習指導要領
平成30（2018）年3月1日告示
家庭
「家庭基礎」
A 人の一生と家族・家庭及び福祉
B 衣食住の生活の自立と設計
C 持続可能な消費生活・環境
D ホームプロジェクトと学校家庭クラブ活動
「家庭総合」
A 人の一生と家族・家庭及び福祉
B 衣食住の生活の自立と設計
C 持続可能な消費生活・環境
D ホームプロジェクトと学校家庭クラブ活動
［総則］
「家庭基礎」(2単位)、「家庭総合」(4単位)のうちから1科目を必修。